京都町触研究会編

京都町触集成

別巻三　参考資料・拾遺

岩波書店

凡　例

一　本集成は、京都の町に布達された触をできる限り蒐集し、校訂を加えたうえ、編年翻刻したものである。触の様式や布達手続等を示す注記、触に付随した請書・届書の類も、底本の記載に従って併せ収録し、別に高札・禁制等を加え、各巻ごとに通し番号を付した。但し、触以外の分については、触番号の下に、参考の意味で(参)と注記した。

一　本巻には、参考資料として「所司代戸田因幡守殿御役中、町奉行丸毛和泉守殿ゟ被差出候いろは帳」(個人蔵)・「武辺大秘録」(国立国会図書館所蔵)・「洛中之内上下京七拾町用人共古来勤書」(個人蔵)・「年行事故来書」(個人蔵)・「籠屋諸事仕置改書」「板倉伊賀守殿籠屋法度書等覚」「雑色中座諸役勤方覚」(京都市歴史資料館所蔵「荻野家文書」)・「科定類聚　下(抄)」(関西大学文学部所蔵)、および『京都町触集成』(一～十三巻、別巻二)に採録できなかった町触正文・町触拾遺を翻刻した。これら史料の解題、収録基準は巻末に掲げた。

一　参考資料の異同表記について

(一)「所司代戸田因幡守殿御役中、町奉行丸毛和泉守殿ゟ被差出候いろは帳」は大阪府立中之島図書館所蔵「雑録　一二　いろは帳写」、「武辺大秘録」は国立公文書館本を参考本として異同表記を行った。但し、文章の脱落や大きな文意の差異がある場合に限った。

　なお、「武辺大秘録」の各条項に記されている「○」「・」は、いずれも朱書であるが、特別に注記しなかった。

(二)異同表記は、該当する字句の左側に・を打って、右側に参考本の字句を表記した。

(三)底本に条文の脱落、または語句・事項の脱落、およびこれに準ずる異同がある場合、該当部分を〔　〕で囲み表記した。

一　本巻の町触拾遺の翻刻にあたっては、触番号の下にそれぞれ依拠した諸史料の文書名を示すか、新たに次の記号を用いた。

[永]は梅忠町・永楽屋文書、[月]は「月堂見聞集」、[浦]は杉浦家文書、[御]は「御所司阿部伊予守様御触書写」、[真]は真町触留、[天]は「天明火災実録」、[文]は「大文字町史」、[海]は海老屋町触留、[控]は大文字屋触留、[夕]は夕顔町触書綴からの収録であることを示す。

一　漢字は原則として常用字体を用い、それにないものは正字を用いた。かなはすべて現行の字体に改めた。但し、次の異体字・俗字・合体字・かななどは残した。

刕(州)　躰(体)　帋(紙)　叓(事)　麁(粗)　欤(敷)
吴(異)　早(畢)　灵(霊)　ヿ(寅)　嶋(島)　桧(檜)
侭(儘)　忰(悴)　噯(扱)　吪(嘩)　錺(飾)　扣(控)
燈(灯)　笋(筍)　〆(貫)　〆(しめて)　ソ(して)
ゟ(より)　江(え)　茂(も)　与(と)　而(て)

なお、者(は)については、二字連続した場合のみ、第二字を小さくした。

一　触の排列は、京都での発布の時間的順序に従い、同一日に複数の触が出されている時は史料の記載順とした。日付の記載がない場合や、触留の記載順に混入が認められる場合は、諸本を考慮のうえ排列した。

一　翻刻にあたっては原本の体裁を重んじたが、読解の便を考えて、読点をほどこしたほか、左記の諸点は改めた。

㈠　同種の触は原本の記載様式の如何にかかわらず、なるべく形式上の統一をはかるよう心がけた。

㈡　平出・台頭・欠字は、原本の様式に統一が見られないため、省略した。

㈢　虫損・汚損などによる判読不能部分は、字数の明らかなものは字数分を□で示し、不明なものは［　］で示した。

㈣　抹消・改変が、単なる誤字・誤記の場合は正された文字を記し、意味の変更になる場合のみ、該当字の左側に抹消記号ミを打ち、改変を右側に記した。

㈤　印判・花押は、実際に捺印されたものは(印)・(花押)とし、写しの場合は印・花押とした。但し、京都町奉行が押印している触書に限り(黒印)と示した。

㈥　原本にある触の注記や説明の類いは8ポイント活字で示した。

㈦　触・請書などの発給者は、上意下達の場合、奉行などは日付下二字下り、役人・町代以下は同じく版面地より五字上りとし、下意上達の場合、請人等は同じく地より二字上りとした。また、受領者は、奉行など下意上達の場合は、版面天より一字下り、上意下達の場合は同じく地より二字上り、町宛など互達の場合は同じく天より四または五字下りとした。

一　校訂者による注記は、短いものは(　)内に示した。

㈠　後筆・朱書・付箋・貼紙などは、文を「　」で囲み、右肩に(朱書)などと注記した。

㈡　明らかな誤字・脱字、文意不明の箇所は、その字の右側に、(　)をもって正しい字を示すか、(何脱カ)・(ママ)などと注記した。

一　校訂者による注記のうち、長文にわたるもの、組版上煩瑣となる場合などは、適宜＊を付して説明を加えた。

一　本巻に収めた触には、『御触書集成』・『幕末御触書集成』・『徳川禁令考』・『法令全書』などとの照合は行わなかった。但し、新たに触書正文から再翻刻したものについては、〔　〕内に集成に収録されている番号を記した。例えば別巻二の三〇六であれば、〔別二-三〇六〕のように記した。

目次

宵山の図(『山鉾由来記』より)

凡　例

参考資料

吉符入・四条東洞院の辻(『山鉾由来記』より)

所司代戸田因幡守殿御役中、　町奉行丸毛和泉守殿ゟ被差出候いろは帳

「（表紙）所司代戸田因幡守殿御役中
町奉行丸毛和泉守殿ゟ被差出候　　いろは帳」

「（朱書）い之部　トアリ
充均云、○原本いろは之部分ナシ附込トミユ
○一本部立アリ、是以部立長短不定ニ而錯乱有之
難証、サレト外題いろは帳トアルユヱ記之」

一禁裏御構并表向重立候御殿之事
東側南北　百五拾間
西側南北　百五拾間
御構　南側東西　百廿五間半
北側東西　百廿三間半
外ニ
北ノ方ニ　東西六拾七間
南北拾三間　出張有之
地坪数壱万九千五百四拾六坪
建坪数四千八百九拾坪
一日之御門　東側南ニ有之
一南御門　南側紫宸殿前に有之
一四ツ脚御門　南側西ニ有之
一唐御門　西側御車寄前ニ有之
一御台所御門　西側北ニ有之
右之外穴御門四ヶ所壱ヶ所南 壱ヶ所西 壱ヶ所東 壱ヶ所北
重立候御殿向　三十三ヶ所
紫宸殿　長橋廊　孔雀之間　陣之座　宜陽殿　西腋　日花門　月花門　東腋　相殿　御鳳輦宿　清涼殿　殿上 公卿 諸太夫之間
御車寄　内侍所　小御所　記録所　御学問所　御三家御殿
御献之間　常御殿　参内殿　・本〔奏〕者所　内玄関　武家休息所
溜之間　武家伺公之間申口　御詰所廊下取合　内々御番所
御台所　御清所　外様御番所
一仙洞御所御構并表向重立候御殿之事
南側東西　百二間半余
北側東西　六十八間半余
御構　西側東西　百八間半余
東側南北　〔所々入込有之〕

地坪数一万三百十九坪余、建坪数二千九百六十一坪余
　東側南北　百七十五間半
　南側東西　五十五間半
御庭
　北側東西　七十六間
　西側は所々入込有之
　内、艮隅ニ而東西九間南北拾六間　欠在之
地坪数壱万千九百九十三坪余
　重立候御殿向　十六ヶ所
御車寄　石之間廊下部や　御中門廊　殿上　公卿之間　渡殿　弘御所　小御所　御書院　常御殿申口　御輿寄　同公之間　溜り間　奏〔者〕所　御台所

一大女院御所御構并表向重立候御殿之事
　東側南北　六十五間半
　西側南北　七十間
御構
　南側東西　七十八間半余
　北側東西　七十九間半
　内、艮〔巽〕隅ニ而東西十間南北二間　欠有之
〔地坪数五万三百三拾弐坪余
建坪数千四百九拾坪余〕
　重立候御殿向　十二ヶ所
常御殿　西御次　小御座之間申口　姫宮御殿　西御間　御輿寄　御車寄　石之間　東御座敷　御客間　奏者所　御台所

一女院御所御構并表向重立候御殿之事
　東側南北七十七間余
　西側南方三十二間余 北方四十五間余
御構
　南側東方四十五間余 西方四十間余
　北側東西八十六間余
　内、鍋〔艮隅〕ニ而壱間壱間　欠有之
地坪数五千三百四十三坪余、建坪数千四百六十二坪余
　重立候御殿向　八ヶ所
常御殿　御次申口　南御殿　御輿寄　御客ノ間　御車寄
石之間　御台所

一盛化門院御旧殿御構并表向重立候御殿之事

御構　南北　五十間
東西　七十九間半
内、艮隅ニ而二間　欠在之
外ニ御構巽隅ニ而東西十二間半南北十三間　出張在之
地坪数四千二百十三坪、建坪数千三百九十九坪余
重立候御殿向　拾六ヶ所
御車寄　北西所　公卿之間　石之門間　東座敷　奏〔者〕所
溜り間　御輿寄　常御殿申口　男居　若宮御殿　〔元殿上〕
元殿上渡殿　姫宮御殿　御車寄　御台所

一御里御殿御構并表向重立候御殿之事
御構　南北廿九間
東西三十間三尺
内、艮隅ニ而東西三間一尺南北五間　欠有之
御構続東之方南北廿四間東西十八間明地有之
地坪数千二百九十九坪余、建坪数三百四拾二坪余
重立候御殿向　七ヶ所
御玄関　同北之間　御輿寄続間迄常御殿　御小座敷申口
御台所

一東山院御旧地御構之事
北側　九十九間
西側百廿五間
東側百廿五間
南側八十九間半
内、艮隅ニ而十間　欠在之
地坪数壱万千二百四十三坪余

一親王摂家清華并堂上方之事
親王家　四室
千石 閑院宮　三千六百石余 京極宮　千十六石九斗 伏見宮　千石 有栖川宮
摂家　五軒
二千八百六十石余 近衛殿　千七百八石余 二条殿　二千四十四石余 一条殿
二千四十三石余 九条殿　千五百石余 鷹司殿
清華　九軒
五百石 広幡　五百九十七石余 西園寺　三百石 醍醐　七百石 久我　七百十五石余 花山院
千三百九十五石余 今出川菊亭与唱　四百石 大炊御門　四百六十九石余 三条転法輪与唱
四百十石余 徳大寺

堂上方之分

大臣家　三軒

中院 五百石　正親町三条 二百石　三条西 五百二石余

閑院家　廿弐軒

正親町 三百五十二石余　滋野井 百八十石　姉小路 二百石　清水谷 二百石　四辻 二百石
小倉 百五十石　河鰭 百五十石　阿野 四百七十八石余　橋本 二百石　花園 百五十石
裏辻 百五十石　梅園 百五十石　山本 百五十石　大宮 百三十石　武者小路 百三十石
風早 御蔵米　押小路 百三十石　高松 御蔵米　園地(池) 御蔵米　藪 百八十石　中園 百五十石　高丘 御蔵米
西四辻 御蔵米

花山院家　五軒

中山 二百石　飛鳥井 九百廿八石余　難波 三百石　野々宮 二百石　今城 百八十石

中御門家　八軒

中御門 三百四十一石余 松木与唱　持明院 二百石　園 百八十石　壬生 百三十石　高野 百五十石
石山 御蔵米　六角 百五十石　東園 百八十石

御子左家　四軒

上冷泉 三百石　下冷泉 百八十石　藤谷 二百石　入江 御蔵米

日野家　十一軒

日野 千百五十三石余　広橋 八百五十石余　烏丸 九百五十四石余　柳原 二百二石余
日野西 百八十石　勘解(由)小路 百卅石　裏松 百三十石　三室戸 百三十石　外山 御蔵米
豊岡 御蔵米　北小路 御蔵米　竹や 百八十石

勧修寺家　拾三軒

甘露寺 二百石　葉室 百八十三石　勧修寺 七百八石余　万里小路 三百九十九石余
清閑寺 百八十石　中御門 二百石　坊城 百八十石　芝山 御蔵米百石　池尻 御蔵米
梅小路 御蔵米五十石　岡崎 御蔵米　穂波 御蔵米　堤 御蔵米

四条家　七軒

四条 百八十石　山科 三百石　鷲尾 百八十石　油小路 百五十石　櫛笥 百八十三石
西大路 百石　八条 百五十石

水無瀬家　五軒

水無瀬 六百三十一石余　七条 二百石　町尻 御蔵米　桜井 御蔵米　山井 御蔵米

高倉家

高倉 八百十六石余　堀川 百八十石　樋口 二百石　外ニ　富小路 二百石

村上源家

六条 二百六十五石余　久世 二百石　岩倉 百五十石　千種 百五十石　梅渓 百五十石
愛宕 百三十石　東久世 御蔵米　植松 百三十石

宇多源家　八軒

庭田 三百五十石　綾小路 二百石　五辻 二百石　大原 御蔵米　慈光寺 御蔵米

花山院源家　白川 二百石

清和源家　竹内 百八十七石余

菅家　六軒
二百石 高辻　百四十一石余 五条　三百石 東坊城　百八十二石 唐橋　御蔵米 清岡
同上 長谷
平家　四軒
二百六十石 西洞院　二百石 平松　御蔵米 桑原　同上 交野　百卅石 石井
清水家(ママ)　三軒
四百石 船橋　二百卅二石 伏原　御蔵米 沢　百七十七石 土清(御)門
百五十石 金橋(ママ)　△安家一軒
△大中臣家　千石 藤沢
卜家　四軒
七百六十石余 吉田　千石 荻原　御蔵米 錦職(織)　御蔵米 藤井　△丹家　錦小路
右自源家至丹家数三十七惣合家数百三十六、右外ニ六位蔵
人三
江蔵人三 北小路(主脱カ)税介大江俊幹
縫殿一百石 細川縫殿介源常(芳)房
新蔵人四 北小路大学介大江□(俊)冬
善次蔵人二 藤嶋右馬助藤原助具(ママ)
右同断
七十六石 押小路大外記中久師資朝臣
百石 壬生官務小槻敬義宿祢・科

一諸門跡宮方比丘尼御所之事
宮方　拾二室
但　門跡方　十一室
一万三千石 輪王寺宮但日光御門主　千五百二石余 仁和寺宮　千六十四石 梶井宮　千四百九十二石 一乗院宮
千六百卅三石 青蓮院宮　千八十石 知恩院宮　千六百卅三石 妙法院宮
千十二石 勧修寺宮　四百十二石五斗 実相院宮　千七十石 毘沙門堂　千四百卅石余 聖護院宮
千石 照光院宮　七百廿七石 曼修(殊)〔院〕宮　九百四十三石 大乗院御門跡　千十六石余 大学(覚)寺御門跡
六百五十石 三室(宝)院御門跡　六百十二石 随心院御門跡　円満院御門跡
三百石 安井御門跡　三百石 西本願寺御門跡　東本願寺御門跡
百五十石 興正寺御門跡　六石八斗 仏光寺御門跡　三百五十石 学修(ママ)寺御門跡　廿石 錦織寺
一比丘尼御所之事　但十ケ室
三百石 林丘寺　三百八十七石 宝鏡寺　四百五十二石 大聖寺宮　三百廿八石 光照院　三百廿八石 曇華院宮
百廿石 霊鑑寺宮　百四十六石 三時知恩寺宮　二百廿石 法華寺宮　九百石 瑞竜寺宮
八石余 慈受院　三百石 円照寺　四十六石余 中宮寺

一四御所御料之事
禁裏御料　高三万弐百九石八升三合
内、弐万八千七百八拾石九斗九升四合五夕　山城国
千四百廿八石八升四合五夕　丹波国
一仙洞御所　高壱万石
内、五千三百卅七石九斗四升三合九夕　山城国
二千八百四拾八石弐斗五升六合五夕　摂津国
千八百拾三石七斗四(九)升四(九)合六夕　丹波国
一大女院御料　高三千石　山城国
一女院御料　高三千石
内、二千四百七十四石九斗二升二合　山城国
五百七十五石七升八合　丹波国
一女一宮御料　高三百石　丹波国
一伊勢日光例幣使料　高千〔拾〕石　山城国
右五御所御料幷例幣使料共小堀御預りニ而取斗候事
(朱書)「ろ之部 トアリ」
一二条御城外例(側)御構四方番場幷小堀間数之事

惣御構
東側ニ而南北百八十五間半
西側ニ而南北百六十五間半
北側ニ而東西二百四十九間　但軒有
南側ニ而東西二百四十九間半　但軒有
東側七間
西側拾壱間
御堀
南側東ゟ軒迄九間、軒より西十一軒(間)
北側東ゟ軒迄七間、軒より西十一軒
東御(番)場道幡(巾)北ニ而廿三軒南ニ而廿八間、御堀ゟ堀川木柵迄
西番場道幡(巾)東(北)ニ而十一間半南ニ而十一間
北番場道幡東ニ而十一間西ニ而十七間半
南番場道幡東ニ而廿一間中ニ而十五間半西ニ而拾四間
但し、中之間数ハ神泉苑出張候処
三条口辻番　二条口辻番　*上猪熊口　日暮口　嵯峨口辻番
野口　丹波口辻番　樋口　大宮口辻番　新シ丁口　猪熊口
一同外例(側)御破損小屋東西廿八間南北廿四間半
地坪数四百四十一坪余
外ニ御納竹置場東西十六間南北廿間壱尺
地坪数二百四十壱坪余

＊「上猪熊口」の箇所に「竹屋町口辻番」の貼紙あり。

一二条御城間数并金銀鉄

城州葛野郡

一御城槨
　東西南ニ而弐百四十九間半、北ニ而二百四十九間
　南北東ニ而百八十九間半、西ニ而百六十五間半
　但し、西ニ而欠ケ廿間

一御太守(ママ)　梁行十一間壱尺六寸
　桁行拾壱間二尺六寸　高サ拾四間程

一金壱万両御本丸御蔵ニ有、元録(禄)十二年納
　但し、御番頭東西御門番三輪市十郎御□(蔵)衆四人立会封
　在之

一銅六千六百八十七〆二ノ丸御蔵ニ在之、但し御蔵衆四人
　預り

一鉄三百拾三〆目　右同断

御城内

一二ノ丸御台所御蔵　八戸前

一同所御花畑御蔵五戸前、高麗橋前御蔵弐戸前

一御天守下御蔵、但シ寛政三亥年有来弐万三千六百九十八
俵

一二条御城内泉水江水掛り之事
右者加茂川筋ゟ二俣川江水を取、夫ゟ今宮御旅所江埋樋ニ
仕、大宮通を直ニ横神明丁迄、横神明町ゟ猪熊通ヲ直ニ御
城北之門之下へ水道ニ而御泉水へ水懸り中候

一御諸所司代屋鋪坪数之事

一上屋敷東西九十七間南北平均八十二間
　但し、西南之方出張東西廿六間半南北卅四間半
　地坪数八千七百九十九坪余

一堀川中屋敷東西五十二間半余南北平均卅三間半余
　但し、北之方出張東西廿間半余南北平均三十五間半
　地坪数二千五百三坪余

一千本屋敷　東側六十九間余　西側六十七間余
　南側二百九間　北側二百九間
　東之方ニ而東西四間南北五十八間余出張地有之
　西之方ニ而東西十七間余南北拾六間出張有之

右之外千本地

内
惣坪数合弐万三百五拾壱坪余
壱万七千七百八拾弐坪　建地
此地子銀壱ヶ年壱坪ニ付四分八厘宛
地子銀合八貫五百三十五匁七分四厘四毛
弐百七拾六坪八分社地分除、四拾四坪東西入込道筋除之
弐千弐百八拾八坪余道筋長延九拾九間弐分一厘巾弐間半除
之
右御用地京都町人四拾四人引受、毎年地子銀東御役所江相
納、右銀子ハ所司代上屋敷小破御修復御入用ニ相成候事
一所司代組与力同心屋敷地之事
東西百廿二間五尺二寸南北百廿五間
但し、艮之方ニ而東西四十八間南北四十間半欠地在之
与力五十人
同心百人
一東町奉行御役屋敷并組屋敷之事
東西北ニ而八拾九間五尺余、南ニ而九十弐間弐尺余
但、西之隅ニ而四尺余弐間弐尺余欠有之
南北東ニ而五十九間余、西ニ而五拾二間二尺余
地坪数四千六百拾八坪余　御役屋敷構之分
外ニ四百壱坪　外公事人溜明地共
五百拾一坪余　組屋敷与力廿人之内二人入組
一東御役所附組屋敷地之事
東西北ニ而八拾九間五尺余、南ニ而九十二間弐尺余
但、西之隅ニ而四尺余二間弐尺余欠有之
南北東ニ而五拾九間余、西ニ而五十二間二尺余
但、西南之隅ニ而東西二間五尺余南北九間壱尺余
地坪数四千六百十八坪余　御役屋鋪構之分
外ニ四百壱坪　外公事人溜明地共
五百十一坪余　組屋敷与力廿人之内二人入組
一東御役所附組屋敷地之事
東西八拾七間余巽之方南北八拾二間余、艮之方ニ而欠地
在之
地坪数六千八百拾七坪半
与力廿人之内二人者町奉行御役屋敷
裏へ入組在之、残十八人同心五十人
一西御町奉行御役屋敷并組屋敷之事

東西　北ニ而四拾六間　但し、軒ゟ東出張四十二間
　　南ニ而五十四間　但し、軒ゟ東出張五十三間余
南北　西ニ而五十七間半余東北之方軒拾六間半
　　同南ノ方軒拾五軒半
地坪数三千七百弐坪余　御役屋鋪構之分
外ニ百八拾四坪　外公事溜明地共

一西御役所附組屋敷地之事　与力廿人
地坪数六千八百五十六坪　同心五十人
古屋敷方　与力拾人
三条屋敷方　同心卅四人
与力拾人
同心拾六人
右之通ニ構ニ相成有之

一禁裏御附元百万遍屋敷石谷肥前守御役屋敷并組屋敷之事
東西卅八間南北三十間　但、艮隅欠在之
地坪数千百拾二坪

一右屋敷元百万遍屋敷之方
東西三十五間四尺南北七間五尺
地坪数千百拾弐坪　与力拾人同心四拾人

一禁裏御附相国寺門前石橋町御役屋敷之事
東西北ニ而三十九間四尺、南ニ而四十四間二尺　但、南
入込在之
南北西ニ而廿四間四尺余、東ニ而一間弐尺　但、南之方ニ
而欠有之
地坪数九百四十四坪

一右組屋敷同所石橋丁ニ在之候
東外側四十三間五尺北外側八拾九間壱尺八寸
西外側拾三間五尺三寸南外側七拾弐間弐尺余
与力拾人同心四拾人

一右組屋敷元百万遍屋敷之内江相分レ有之分
南北四拾八間南ニ而東北拾三間、北ニ而東西廿七間半
石谷明(ママ)前守屋敷之方江入込有之　与力拾人同心四拾人之
内同心九人与力三人此所江相分レ在之

一院御附福嶋備後守御役屋敷
南北弐拾間壱尺九寸東西三十八間
外ニ九間半(三)之間巽隅〔出〕張在之
地坪数七百九十九坪余

一右御附組屋敷
南北西ニ而三拾壱間、東ニ而三十六間四尺
東西北ニ而三拾八間、南ニ而三十六間五尺
地坪数千弐百四拾六坪九分余　与力六人同心三拾人
一院御附安部駿河守御役屋敷
南北廿壱間東西三拾八間、地坪数七百九拾八坪
一右御附組屋敷
南北西ニ而三拾壱間東ニ而三十弐間半、東西三拾七間半
地坪数千弐百坪　与力六人同心三十人
一御代官小堀殿御役屋敷
東西　南ニ而四拾四間半北ニ而四拾八間半
南北　六十四間三尺余、地坪数三千坪
一右手代屋敷
東西三拾壱間弐尺余南北五拾間、地坪数千五百七十一坪
一御門番之頭本多橘五郎御役屋敷
東西北ニ而三十二間南ニ而三十一間半、南北三十一間余
一右同断小林弥兵衛御役屋敷
東西卅間南北ニ而東ニ而廿五間余西ニ而廿五間、地坪数八百五十坪
一右御門番附両組与力同心屋敷
両地坪数六千坪　片組与力拾人同心廿人宛
一御鉄炮奉行大岡右門御役屋敷
東西廿間半南北三十間、地坪数六百拾五坪
一元御鉄炮奉行木村宗十郎御役屋敷
東西廿間南北三十間、地坪数六百坪
一右御鉄炮奉行両組同心組屋敷
東西三十弐間余南北廿二間半
地坪数七百四坪余　片組同心五人定
一御蔵奉行小嶋平五郎御役屋敷
東西拾間南北三十間、地坪数三百坪
一御蔵奉行三宅左近御役屋敷
東西拾間南北三拾間、地坪数三百坪
一御蔵奉行仮役御役宅
東西三十間南北拾間半、地坪数三百拾五坪
一右ニ付候御蔵手代屋敷地

東西拾二間五尺余南北三拾間二尺余
地坪数三百六拾坪弐分余　御蔵手代八人
外ニ御蔵番三人御蔵場之内在之　小揚小頭三人
但し、御地（池）通之上猪熊西入所長屋在之　小揚三十五人
一御殿預り三輪市十郎御役宅
内　東西八拾間南北廿壱間、地坪数千六百八拾坪
東西三十八間南北廿壱間組屋敷江入組在之
此坪数七百九拾八坪　御太鼓坊主六人　内掃除方拾壱人
御代官淀川筋過書書（衍カ）船木津川筋上荷船御入木山
支配　木村宗左衛門
一高二百石山城、摂津国之内
屋敷表江拾七軒裏行三拾三間
右買得屋敷ニ而屋敷名代壱人引請、尤破損之節自分修覆
一御代官所高弐万千四百五拾三石五斗弐升四合五夕　大和国
一高六千弐百九拾二石弐斗八升二合四夕　河内国石川郡古市郡
一高三千五百三拾三石八斗五升九合六夕　和泉国南郡日根郡

高合三万千二百七拾九石六斗六升六合五夕　大和河内和泉国
右諸入用金三百三十両四拾人扶持
一城州北山之内鹿ヶ谷大原梅ヶ畑御入木山黒木役
壱ケ年分
黒木高弐万弐千九十壱把　但、銀壱匁ニ付弐拾把ツヽ
此運上銀壱〆百四拾五匁五分五厘　定納
但、壬月在之年は一月分相僧（ママ）
十三月分
黒木高弐万四千八百廿四匁弐分五厘　定納
右三ヶ所黒木壱把之枚木江指渡廿六寸ツヽ古来ゟ銀壱匁ニ
付、黒木廿把家（ママ）之積を以、代銀取立、年々大坂御金蔵江上
納仕候勘定ヲ仕上ケ申候
一鹿ヶ谷山内札山、此札数四拾七枚、壱枚ニ付米五升宛、増
減無御座候
米合弐石三斗五升
但し十二月分
山城国三分一直段を以取立申候
是ハ山城国鹿ヶ谷御入木山之内字竜王谷より青井谷等申迄、
鹿ヶ谷山持共ゟ岡崎村雲谷門前西番口村聖護院村、此四ヶ
村江おろし山仕、一ヶ年札壱枚米五升ツヽ札数四拾七枚渡
置米二石三斗五升之もの年々三分一直段を以取立之、大坂
御金蔵江上納仕候、勘定仕立申候、右鹿ヶ谷大原梅ヶ畑三

ヶ(ママ)前御入木山黒木之儀、御上洛之節ハ黒木ニ而為相納、二条御城御台所へ差上申候、常ゝ薪御用無御座候ニ付、古来ゟ銀納仕来申候、延宝十三年未年前ゝ仕来之通御勘定可仕上ニ而、御勘定所江置御証文被下候、右御入木山支配被仰付候儀者、権現様 台徳院様 駿府へ還御前、二条御城江先組(祖)宗左衛門同倅孫次郎罷出候　御見へ被仰付候
御懇之奉蒙上意、土井大炊頭殿を以前ゝ之通支配可仕旨被仰付候、右以前之儀者、年久敷儀故、年暦相知承(ママ)申候
一北大原御入用木山之内御用之木五拾四本、是ハ貞享三寅年被仰候立置申候、追ゝ枯木相成、当時立木数三拾二本御座候、尤枯木ニ相成候ニ付、相応之代り木在之候得者、代り木申付、枯木ハ持主江被下候、代り無之節は御届ケ申上候、入用ニ無御座候へ者、於御役所ニ入札を以御払ニ被仰付候、代銀私方江取立、御役所江相納、御印形帳御渡被成候
一鹿ケ谷北大原梅ケ畑三ケ所御入木山之内御用立木二百九拾九本、是ハ寛保元酉年被仰付立置申候、追ゝ枯木ニ相成、当時立木数弐百九拾四本御座候、尤枯木之節者、右同様ニ取斗御座候
一御入木山雑木下草等焼失在之節ハ御届申上、家来之者見分為仕り上、猶又麁絵図を以申上、下知之趣、私方ニ而山持之ものへ申渡、一札を取置申候
一御入木山支配ニ付、御役料御宛行、且非常之節出方等無御座候、尤御入木支配ニ付、手代無之候、且筆紙墨等も右被下置、自分入用を以相勤

御代官并過書船支配　角倉与一

御役宅拝領自分修覆
南北三拾壱間余東西南ニ而五拾六間余、北ニ而四拾九間余
屋敷地樋之口屋敷等は買取屋敷ニ而町役等相勤候事
大和国十市郡式下郡山辺郡平群郡葛下郡添上郡
高三万五百拾八石八斗四升八合
河内国丹南郡茨田郡、右諸入用金三百三拾両四拾二人扶持
京ゟ伏見高瀬船御運上銀弐百枚宛元録(禄)三年ゟ依願差上之
一船数百五十八艘　組前(ママ)ゝゟ船数増威(減)在之
取銀拾年平均四百拾五貫目余、払方引残百五貫八百目余
角倉江取分余
船寸尺長サ七間半巾中船梁ニ而六尺四寸五部(分)　但、何れ茂如此大小無之、深サ壱尺三寸

船賃伏見ゟ京二条迄壱艘ニ付　八匁五分
伏見ゟ七条迄同　八匁五分
　但、米直段高下又者渇水之節御増威有之
一京二条ゟ伏見迄下船壱艘ニ付五匁　但、道法二里半余
一角倉与一郎(ママ)通書高瀬支配之儀、七代以前吉田了意権現様上意を以、嵯峨川加茂川高瀬川船支配仕、其後大坂御陣之節了意忰与一郎以方便兵粮大坂御蔵より伏見江為積上、其外御陣中御奉公仕候ニ付、元和元卯年淀川通書船支配并ニ江州ニ而御代官被仰付、与市入道素庵隠居惣領与市ニ家督被仰付候、(了脱カ)意二男平次郎嵯峨川高瀬船之儀御分ヶ被下、今平次郎支配仕候由　高瀬船積石常水之節、上り船壱艘拾五石積下り船壱艘七石五斗積
　但し、渇水之節上下共積石相減候
右高瀬船番所
伏見　竹田　七条　此三ヶ所ニ与一家来差置
加茂川堤奉行并ニ修覆料　支配　角倉帯刀
高廿人扶持、嵯峨屋敷　東西百二間南北百廿二間地坪数六千弐百坪
　但、買取屋敷年貢地之由

一先祖平次郎嵯峨川高瀬支配之由、諸前ニ記之、元録(禄)二卯年
一伏見新船江被仰付候其支配相勤、元録十四年巳十月廿人扶持被下、且又帯刀候様ニ被仰付、是は伏見新船ニ本役被仰付候ニ付而也
一加茂川堤奉行并修覆料支配之儀者、宝永七寅年被仰付候、夫ゟ代々被仰付相勤候
一加茂川筋川上鞍馬川岩川落合候七条音羽川迄、間数凡六千八百余
　但、里数ニ〆二里半拾町余
東西御堤筋并松木雑木在之候松木之内追々御用木ニ被仰付、伐出申候、植足之儀ハ相伺被仰付候、且又出水之砌右雑木竹等水防ニ相用候、立枯風折等有之候得者相伺御払ニ相成候、代銀大坂御金蔵江上納仕候、右御堤并堂上方御構裏石垣、且三条大橋台敷石等国役御普請所ニ而、破損之砌吟味仕、目論見帳面を以相伺候、武家屋敷裏并町家石垣破損之節(ママ)之出候得者、吟味之上有来候之通取繕申渡、川筋ニ而異変之品在之候得者、其所ゟ申出候節、早速其段御届ヶ申上候
一西御堤筋大宮渡ゟ今出川口下ル伏見殿下屋敷北境迄、公儀

御藪間数凡千九百拾八間余、右御藪竹茂り候得者隔年ニ相
伺違伐被仰付、御払代銀大坂御金蔵江上納仕候
一高二百四拾六石壱斗五升壱合三夕　加茂川通村々
　内、拾五石四斗六升三合　享保九辰改出高入
　　廿八石七斗八合五夕　永荒年々川欠引
残弐百拾七石四斗四升二合八夕　役高
右之通年々立花検見仕候、御取箇帳面を以相伺、御物成銀
ハ大坂御金蔵上納、嵯峨川筋運上并私家領
高形船覚(ママ)
一筏上積御運上　丹波川筋城州嵯峨川筋迄
右川筋乗出候筏上積薪廿分一御運上取立之、御役所へ上納
仕候、尤参候増減在之　船数七拾一艘　私家領船
　但し、年々川筋□ニ寄船数増減在之候、尤四月八日ゟ
　　此外ニ屋形船猟船渡船等御座候
四月八日ゟ八月十五日迄丹州保津川上ゟ嵯峨川下耕作為用
水井関相立候ゆへ、高形船往来難相成、保津ゟ嵯峨迄山間
三里之間ハ井関無之候得共巌石在之、水之多少ニ寄船往来
難相成、夏中川上ニ而田地用地(ママ)ニ取分候付、列(ママ)而甲(ママ)水仕候
通降(ママ)水加減宜敷候得者、保津より嵯峨迄ハ通船仕候、嵯峨
川ゟ川下淀鳥羽迄井関在之候得共、水加減ニ寄自然之通船
仕候、渇水ニ而通船難相成候節ハ馬并車ニ而運送仕候
一丹州　世木ゟ嵯峨迄　船賃壱石ニ付八升ツヽ　船送八里
一同　上河内ゟ嵯峨迄船賃石ニ付　七升ツヽ　同七里
一同　鳥羽ゟ同　同　六升ツヽ　同五里
一同　川関ゟ同　同　五升ツヽ　同四里
一同　宇津根ゟ同　同　四升ツヽ　同四里
一同　保津ゟ同　同　三升ツヽ　同三里
　但し、丹州世木ゟ保津迄ハ平川故石数廿石位迄積下申候、
保津ゟ嵯峨迄山間三里之間ハ荒川ゆへ石数拾三石目迄積
下り申候、荷物之儀者米穀炭薪諸色とも船積仕候
一嵯峨ゟ下鳥羽迄船賃上下壱艘ニ付二斗四升ツヽ　船道四里
一同　淀迄　同　二斗八升ツヽ　船道五里
　但、右両所之船ハ拾石目程積下り申候
右嵯峨川高瀬船之儀者権現様御代慶長九年、先祖吉田より
以奉上意丹波国船井郡世木ゟ城刕葛野郡嵯峨迄送程八里之
間川筋開発仕、慶長十一年始而通仕、為知行代家領ニ被成
下、夫ゟ以来代々相続仕候
一銀廿枚　元録三午年奉願為冥加自分ゟ差上之、毎年大坂御

金蔵江上納仕候
右之通御座候、以上
月日　角倉帯刀
一御入用取調役両御役宅
南北拾一間東西九間宛地坪数九十九坪宛
但、当時取調役壱人ニ付壱軒ハ大災後在京御普請役寄
宿罷有候
一禁裏御賄頭御役宅
南北拾二間半東西九間弐部（分）
外ニ在之方南ニ而五間二部弐間七部出張在之、地坪数
百廿九坪四分
一禁裏勅使買物使兼上座両御役宅
但、東屋敷南北拾二間半東西八間　内西之方南ニ而弐間
半八部欠有之、地坪数九拾八坪
西屋敷南北拾弐間半東西八間
内、西之方南ニ而五間二部　弐間四分欠在之、地坪数八
拾七坪九分六厘
一御城外西番場南之方寄宿屋敷　当時明地
東西三拾間壱尺南北拾間五尺、地坪数三百廿四坪
一上使屋敷　但、高家衆上使上京之節寄宿
東西廿間三尺南北廿間、地坪数四百拾坪余
一御目附西屋敷
東西拾六間南北三拾三間、地坪数三百七拾九坪
一御目附東屋敷
東西廿間南北拾六間、地坪数三百廿坪
一三雲施薬院
表口南ニ而三十三間北ニ而三十四間　組入（ママ）組在之
裏行六拾六間余、地坪数千四百八拾六坪五分余
一藤林《鷹ケ峰》道寿御薬園御役宅共
東西八拾間南北七拾間、地坪数五千六百坪　御切米三石

五斗壱人扶持ツヽ荒子拾人、御切米五石弐斗五升弐人扶
持小頭壱人
一（大津町支配兼）御代官石原清左衛門御役宅
東西三拾二間南北平均四拾六間　但、西境入組在之、地
坪数千五百坪余
右ニ付大津町支配ニ付同心廿人在之、惣坪数千四百八拾
三坪
一（御代官所）高拾万五千三百拾八石七斗六升五合二夕五才
壱万五千弐百九拾六石壱斗壱升四夕　河内国
三万九千五百七拾七石六斗二合壱夕　摂津国
弐万八千弐百八拾石壱斗二升六合二夕八才　和泉国
二万弐千百六拾四石九斗二升二合四夕七才　近江国
一（右同断）御林山三十四ヶ所
内、壱ヶ所河内国、拾四ヶ所摂津国、拾九ヶ所近江国江
州折(朽)木谷ゟ安曇川筋川下材木
一拾分一運上取立番所壱ヶ所、近江国高嶋郡船木村
但し、石原清左衛門組同心壱人宛交代相詰申候
一銀弐百四拾目三人扶持

右番所附中間弐人　但、壱人百二十匁壱人半扶持宛
一大津御蔵方御蔵屋敷坪数
南北五拾六間東西五拾七間、三千二百拾壱坪余
一御蔵六棟組八戸前　此訳壱番桁行拾三間梁間三間　土間
此平構二(ママ)千四百三十七石、透詰千九百五拾三石
弐番桁行拾一間梁行三間　土間
此平構二千六十弐石、透詰千六百四十石
三番桁行九間梁行四間　土間
此平詰弐千四百四十壱石、透詰弐千拾七石
五(四)番桁行拾三間梁行三間　板敷
此平詰弐千弐百三拾三石、透詰千七百九拾石
七(六)番桁行廿間梁行三間　板敷
此平詰三千五百九十四石、透詰二千九百廿石
八番桁行拾二間梁行四間　同
此平詰三千石、透詰弐千五百拾石
合平詰壱万五千七百六拾七石、透詰壱万弐千八百卅五石
一（寛政二戌年御年貢米大津御蔵詰）米七千三拾八石八斗五升四合壱夕
内、五千九百三石九斗壱升壱合九夕　石原清左衛門納

千百三十四石八斗六升弐合弐夕　多羅尾四郎右衛門
　納
内、米六千六百九拾九石六斗七升三合七夕
御切米御扶持方御代官前諸入用米并納払小揚賃当分迄渡相
続候
　残米三百三拾九石壱升八合四夕
一亥四年貢米之内御蔵詰米百九拾二石五斗　石原清左衛門納
　合米五百三十壱石六斗八升四合　寿御蔵有米
定渡米五百七十九石五斗　寛政三亥年分
此訳弐百三拾石七斗五升　石原清左衛門御代官諸入用米
同　五石三斗二升五合　大津御蔵手代壱人御扶持方　組（ママ）、
三人扶持
拾石五斗　大津御蔵番三人御切米　但、壱人ニ付三石五斗
ツヽ
五石三斗弐升五合　同御扶持方　但、壱人ニ付壱人扶持ツ
ヽ
拾四石　湖上船改手代壱人御切米
三石五斗五升　御扶持方　但、二人扶持

三石五斗五升　下役壱人扶持方　組、二人扶持
弐百石　大津同心廿人切米　但、壱人ニ付拾石ツヽ
百六石五斗　同御扶持方　但、壱人ニ付三人扶持ツヽ
一御蔵小揚八拾人　但し、納米石ニ付九人江渡米壱石ニ付一
人ツヽ賃米被下候、前々ゟ証人もの共賃米被下相勤来候ニ
付、雇小揚与乍申御蔵小揚者株相立、外人数壱人も御蔵江
立入不申候
一銀六百五拾四匁四分　大津御蔵湖上船改御入用日吉御神事
　内、四百卅壱匁九分　御蔵方二百廿弐匁五分　湖上方
但、年々増減在之、去戌十二月ゟ当亥十二月迄之分無行、
大坂御金蔵より請取申候　湖上船方
一船数合七千四百四拾七艘　但、年々増減在之、寛政三壬（ママ）年
分
　丸船七百廿六艘　此銀四貫五百六拾五匁
　内、壱艘三百八十五石積　此銀拾六匁
二艘二百八十石（衍カ）石積　此銀廿四匁
　但、壱艘ニ付拾二匁ツヽ
七拾艘二百石積ゟ弐百四十八石積　此銀七百目
　但、壱艘ニ付拾匁ツヽ

九拾七艘百石積ゟ百四拾八石積　此銀七百廿七匁五分
　但、一艘ニ付七匁五分
百拾一艘五拾石積ゟ九拾八石積　此銀壱〆百拾一匁五分
　但、壱艘ニ付五匁五分ツヽ
九拾五艘三拾石積ゟ四拾八石積　此銀五百廿二匁五分
　但、壱艘ニ付五匁五分ツヽ
九拾六艘拾二石積ゟ廿八石積満（カ）船　此銀四百三十弐匁
　但、壱艘ニ付三匁五分ツヽ
九拾壱艘石（ママ）七積ゟ九石積小伝馬船　此銀三百拾八匁五分
　但、壱艘ニ付三匁五分ツヽ
廿五艘繰漁船　此銀五拾匁
　但し、壱艘ニ付弐匁ツヽ
艜船千二百六拾六艘　此銀弐貫九百五匁
廿三艘幅五尺ゟ六尺五寸　此銀九十二匁
　但し、壱艘ニ付四匁ツヽ
四拾三艘幅四尺四寸ゟ四尺九寸　此銀百五拾匁五分
　但、壱艘ニ付三匁五分
百卅二艘幅三尺九寸ゟ四尺三寸　此銀二〆六拾匁
　但、壱艘ニ付二匁五分
百壱艘幅三尺并手繰漁船　此銀二百二匁
　但、壱艘ニ付二匁ツヽ
三艘幅三尺　此銀四匁五分
　但、壱艘ニ付壱匁五分ツヽ
艜船五千五百九拾五艘　此銀弐貫八百拾五匁七分
　内、九拾一艘田地養（カ）船　此銀六拾三匁七分
　　但、壱艘ニ付七分ツヽ
五千三百三拾九艘同断　此銀弐貫六百六拾九匁五分
　但、壱艘ニ付五分ツヽ
五拾弐艘安曇川漁船　此銀廿六匁
　但、右同断
百拾三艘勢多川蜆取船　此銀廿六匁五分
　但、右同断
船数合七千四百四拾七艘　此運上銀拾〆弐百八拾五匁七分
外三百八匁五分七厘口銀　但、百目ニ付三匁ツヽ
合銀拾貫五百九拾四匁弐分七厘

諸役御免許船

丸船弐艘堅田西之方切大綱伝馬船、丸船二艘竹生嶋御供通
船

小艜船卅艘同坊中持船、小艜船弐拾九艘長命寺持船
小艜船三艘大津御蔵番持船、小艜船壱艘　木浜村奥村権兵衛持船
〆六拾艘
一御給金拾両三人扶持御蔵手代壱人
一御給金米拾五石五斗三人扶持　御番蔵三人　壱人ニ付三石
五斗壱人扶持ツヽ
一御給金四両弐人扶持　湖上船懸り下役壱人
一御給米拾四石弐人扶持　湖上船改手代壱人
一銀百八拾目　湖上船改手代宿賃銀
但、右金銀者内藤重三郎小堀方より受取相渡申候
右之通御座候、已上
石原清左衛門
亥十一月

御用御茶御代官格四百九拾石　上林六郎
三百石　上林又兵衛
御物御茶師拾壱人　上林味卜　上林青松　長井貞甫
上林平入　酒井宗有　尾崎有広
星野宗以　上林三入　堀真都
長葉宗味　辻善徳

御袋御茶師七人　堀正法　上林斗加　長井仙助
祝甚兵衛　八嶋徳庵　上林送庵
木村宗二
一御通り御茶師四拾一人
此内御袋茶師七人在之、是ハ御通り御壺壱ツ宛詰上候、外ニ袋茶半弐ツヽ又兵衛詰上候、正敷御茶壺之内江請合差上申候

御茶料
一金拾弐枚ツヽ　外ニ白銀拾五枚毎年拝領之由
但シ、御壺一ツニ付金一枚ツヽ　上林峰順
一金十一枚白銀拾枚　右同断
但、御壺壱ツニ付金一枚ツヽ　上林又兵衛
一金拾八枚　御物茶師拾一人
一銀七百六拾七匁　花御真茶壺料　是ハ増上寺御壺
星野宗以詰上ケ之内
一銀三〆七百六拾七匁五分　御袋茶師御通り茶師御茶料
右御茶師壱人前銀拾匁又者八拾二匁五分ツヽ被下之由、御袋茶師与申候者、又兵衛詰上候正敷御茶壺之内へ半二ツ宛詰上候故、御袋茶師与申候由

一御物御茶師ゟ年礼ニ御茶筌差上候由、峯順又兵衛儀者歳暮
年頭ニ御柄杓御茶洗差上候由、御茶師中惣代者不被下勿(ママ)之、
手代を以差上候由

一御茶壺蔵構東西拾二間南北廿間外廻り堀石垣有之、地坪数
弐百四拾四坪、御清蔵江壺蔵三間四方壱ヶ所、常御壺蔵三
間四方壱ヶ所、御番所棚行拾間梁行三間、御徒衆御部屋棚
行八間梁行三間

右元禄七戌年被仰付候、御入用銀者大坂御金蔵ゟ請取、愛
宕山教学院ニ在之御茶蔵梁行三間棚行三間半、此建坪拾五
坪五分

中井藤三郎屋敷拝借地共

　東西北ニ而廿七間南ニ而廿四間北南(ママ)四拾間三尺弐寸、地
　坪数千三十一坪六分

御扶持人構(ママ)梁拝領屋敷地

　東西拾六間南北廿二間、地坪数三百五拾坪

右三ツ割住居罷在候　知行高七拾石　池上五郎右衛門
知行高百石　弁慶仁右衛門　三拾八石七斗八升　矢倉新
次郎

一中井藤三郎方江罷出候平構梁之内拝領地
東西北ニ而拾四間五尺南ニ而拾二間三尺五寸、南北東ニ而
廿九間三尺西ニ而三拾間五尺、右之構梁九人江拝領罷在
候由

一二条御蔵屋敷地并御蔵棟数戸前之事
東側南北五拾間乾之欠、西側南北五拾八間坤之方出張在
之、北側東西七拾六間壱尺南側東西七拾五間一尺、地坪
数四千百六拾七坪余　御米蔵三間梁廿間ツヽ八棟十八
番ゟ卅三番迄拾六戸前

御米蔵三間廿五間ツヽ弐棟三十四、三十五、三十八、三十
九番四戸前

同　三間廿間　一棟　三十六、三十七番　弐戸前

同　弐間梁廿間一棟　四十、四十一番　弐戸前

　〆拾弐棟

一御証文蔵壱間半弐間壱ヶ所　縄茶入御蔵二間七間壱
一御城内二ノ丸御台所御蔵八戸前　同前御花畑前御蔵五戸前
一右同断、高麗橋御前蔵二戸前　御天守下御蔵弐戸前
一大名衆拝領屋敷并買取屋敷、且屋敷無之京住居家来

拝領屋敷之分八軒

東堀川三条上ル丁　板倉周防守屋敷
祇園下　本多隠岐守屋敷
東堀川蛸薬師下ル丁　藤堂和泉守屋敷
三本木上之丁　松平伯耆守屋敷
七本松下立売下ル　松平伊賀守屋敷
西洞院四条上ル丁　有馬中務大輔屋敷
姉小路神泉苑丁西入　酒井若狭守屋敷
油小路御池上ル丁　土井大炊（頭）守屋敷

〆

買得屋敷之分四拾六軒

醒ケ井松原下ル丁　小出伊勢守屋敷
富小路二条下ル丁　戸田釆女正屋敷
東洞院四条下ル丁　加藤佐渡守屋敷
河原丁三条上ル丁　宗対馬守屋敷
城州岡崎村　南部慶次郎屋敷
四条大宮西入ル丁　永井信濃守屋敷

買得屋敷之分

丸太丁両替丁行当り　（朱書）「△一」井伊掃部頭守（衍カ）屋敷
松屋丁下長者丁上ル丁　稲葉丹後守屋敷
室丁五条上ル丁　伊達遠江守屋敷
夷川土手丁東入ル丁　石川日向守屋敷
清水門前二丁目　市橋伊豆守屋敷
松屋丁中立売下ル丁　丹羽加賀守屋鋪
知恩院古門前丁　細川越中守屋敷
松原新丁東入ル丁　松平紀伊守屋敷
壬生村帰命院前　牧野佐渡守屋敷
柳馬場蛸薬師下ル　小笠原佐（ママ）京太夫屋敷
夷川土手丁東入ル丁　分部左京亮屋敷
東洞院四条下丁　松平安芸守屋敷
釜座姉小路下ル丁　津軽越中守屋敷
蛸薬師大宮西入ル丁　永井日向守屋敷

錦高倉西入丁　松平豊後守屋敷
中長者丁小川東入　松平陸奥守屋敷
城州壬生村　松平甲斐守屋敷
高倉六角下ル　松平隠岐守屋敷
油小路下立売下ル　松平相模守屋敷
四条室丁東入　松平阿波守屋敷
烏丸六角下ル　青山下野守屋敷
東堀川二条上ル　酒井雅楽頭屋敷
上長者丁室丁西入　水戸殿屋敷
仏光寺大宮西入　本多中務大輔屋敷
堺丁三条上ル　上杉弾正大弼屋敷
西洞院蛸薬師下ル　成瀬隼人正屋敷
烏丸下立売下ル　松平遠江守屋敷（朱書）「△一」

河原丁二条下ル丁　松平加賀守屋敷
河原丁蛸薬師上ル　松平土佐守屋敷
上立売室丁西江入　松平筑前守屋敷
河原丁二条下ル　松平大膳太夫屋敷
烏丸四条下ル丁　松平肥前守屋敷
猪熊中立売下ル　松平内蔵頭守（衍カ）屋敷
東洞院蛸薬師下ル　松平下総守屋敷
柳馬場四条上ル　佐竹右京太夫屋敷
西洞院五条下ル弐丁目　京極能登守屋敷
西洞院二条上ル丁　松平出羽守屋敷
麩屋丁二条上ル　杉（朽）木権佐（ママ）守屋敷
雪踏屋丁室丁東入　九鬼大隅守屋敷
松屋丁出水上ル丁　水野出羽守屋敷

屋鋪無之候得共京都ニ家来在之候分

稲葉能登守家来
室丁丸太丁上ル　田中善兵衛
土井山城守家来
下立売油小路西入　松井九郎右衛門
保科弾正忠家来
上京畠山丁　西地栄次郎
藤堂山城守家来
神泉苑丁御池下ル　村田弥左衛門

尾張殿御家来
錦新丁西入
五味伝内
松平讃岐守家来
西洞院下立売下ル
岡本元之進
松平佐兵衛督(ママ)家来
河原丁三条下ル丁
向井宇八郎
杉浦丹波守家来
蛸薬師(カ)
小畑茂右衛門
仙石越前守家来
川端二条下ル丁
小川縫殿

奥平大膳太夫家来
出水堀川東入
猪飼太兵衛
松平出雲守家来
塔之段桜木丁
古谷九右衛門
京極壱岐守家来
下立売釜座東入ル丁
福本現一
毛利和泉守家来
新丁出水上ル
荒川文之丞

一両奉行所公事訴訟并御役所門前江例月差出候訴状箱、且町々ゟ家屋敷譲ニ付願出候割印日

公事訴訟日
毎月 二日七日十三日廿三日
廿七日 十六日(ママ)

追訴公事訴訟日
毎月 五日九日十九日
廿五日

訴状御箱日
毎月 二日十三日廿七日 但御箱明ケ
六ツ時ゟ差出九ツ時ニ取入候事

譲り日
毎月 四日十四日
廿四日

一在京御目附掛り訴状御箱、例年両度月番御役所門前江差出候、右ニ付、所々江相立札ヶ所

御箱日 二月四日 七月九日
右御箱出候ヶ所 三条大橋詰 江州大津 堀川(ママ) 市原村
城州千束村 同勧修寺村 同向日町

(朱書)「は之部 トアリ」
一山門座主三井寺長吏東寺長者事

山門座主
妙法院宮 青蓮院宮 梶井宮
三井寺長吏
実相院宮 聖護院宮 円満院御門跡
東寺長者
仁和寺宮 大覚寺御門跡 勧修寺宮 三宝院御門跡
随心院御門宮(ママ) 安井御門跡

一山城大和近江丹波四ヶ国京都町奉行支配御朱印地寺社

真言宗之部
千五百石
真言惣法務 城州葛野郡御室仁和寺宮、御室御所と言

右宮院家
卅壱石六斗 真乗院 廿石八斗 勝宝院 十一石七斗 理証院
廿八石 真光院

千拾六石二斗城州葛野郡嵯峨大覚寺御門跡、嵯峨御所ト言
祇園下河原三百石蓮華光院安井御門跡
七石右御門跡兼帯所真性寺
聖護院村千四百三十石山伏之本山聖護院宮
右宮院宮七拾五石八斗余若王子、廿一石積善院
愛宕郡長谷村右聖護院宮末流壱石六斗余花台院
南都東大寺別当勧修寺村千拾二石勧修寺宮
醍醐御判物三千九百九拾八石余御領六百五拾石修験道法務当
山と言　三宝院御門跡　右院家
百三十石無量寿院、三百拾四石四斗余理正院
百五十石報恩院、百石釈迦院、百石金剛王院、四拾石右学侶竜光院
醍醐三宝院御門跡御利(判)物高之内七百六拾石五斗配方　醍醐寺
寺院拾六ヶ院下法師五十一坊上下之預り諸堂山ヲ上醍醐ト
申、麓を下醍醐ト言、同所下醍醐一言寺三宝院御門跡御判
物之内宇次(治)郡日野村三宝院御門跡御支配法界寺
宇次郡小野村六百拾二石随心院御門跡、曼荼座(羅)寺ト言

葛野郡弐千廿石教王護国寺、東寺ト言
西七条村東寺江被下候御朱印之内三石配当竹林庵
東山真言新義惣本寺五百石智積院
七本松一条上ル丁知積院兼帯所百石大報恩寺
右同断百石養命坊、下嵯峨五拾石法輪寺
葛野郡高雄山二百九拾石余神護寺
同郡槙尾山律宗西明寺ト言、右神護寺御朱印之内廿石配分
平等心王院
同郡栂尾山五拾八石高山寺、同郡槙尾山卅三石四斗西明寺
愛宕郡西加茂村三宝院御門跡兼帯所六十五石神光院
葛野郡太秦六百石広隆寺、竹田村五百石安楽寿院、城南寺ト
言
愛宕郡東山下河はら無本寺拾九石余七観音院
愛宕郡蓮台寺村御朱印之内境内免除上品蓮台寺
千本通寺之内上ル丁蓮台寺兼帯所五百石六斗八升引接寺、洞
摩堂ト言
愛宕郡東山無本寺七拾石普門院、六波羅蜜(密)寺ト言
乙刑(訓)郡今里村百石乙訓寺、同郡山崎壱石一斗観音寺
久世郡白川村宇次恵心院兼帯三拾石蔵坊

葛野郡松尾社内松尾拾八石配当松尾社内神宮寺
宇次(治)郡山科御陵村高野宝性院兼帯拾石安祥院
乙訓郡山崎大山崎八幡宮神領之内六拾一石配当宝積寺、又
宝寺とも云
愛宕郡東山四宗兼学千壱石二斗泉涌寺
右泉涌寺塔頭百六石戒光寺、壱石余悲田院
百廿石安楽光院、九石八斗長福寺
葛野郡北野泉涌寺末拾石観音寺
同郡谷村泉涌寺末廿一石余本願寺
寺丁蛸薬師上ル丁泉涌寺末拾石誠心院
葛野郡西八条村弐百八拾三石遍照心院、大通寺共尼寺トモ言
同所在之候百石六孫王
乙訓郡山崎泉涌寺法金剛院両末五十石神宮寺、外ニ四石六
斗大山崎八幡宮神領之内配当
同所栂尾山高山寺末壱石八斗五升余神照院
葛野郡壬生村四拾六石壬生寺、宝鐘三昧寺ト言
同郡法金剛院村六拾五石法金剛院
出水七本松西江入北野随心院御門跡兼帯所四石福勝寺
烏丸松原上ル丁四拾石平等寺、因幡堂トモ云
七本松一条上ル丁一本寺四十一石清和院

天台宗之部

愛宕郡白川村聖護院宮御兼帯所千石照高院御門跡
同郡大仏山内三百石養源院、同郡東山百五石真正極楽寺、真
如堂と言
右塔頭四百石法伝寺、宇治郡山科四宮村三十六石八斗十禅寺、
河原観音堂と言
愛宕郡鞍馬山弐百廿六石鞍馬寺
葛野郡愛宕山朝日山白雲寺六百廿二石
乙訓郡山崎大山崎八幡宮私領之内六拾三石余配当、勧音寺
城州葛野郡嵯峨小倉山三百廿石二尊院
乙訓郡西山五拾石善峰寺
同郡坂本村二百石金竜寺、西岩倉寺ト言
西加茂上加茂供僧三石五斗千手院、右同所御朱(ママ)之境内地子
以下免除供僧印
愛宕郡北大原梶井宮支配六拾九石来迎院
右同前同断六十七石勝林院、大原寺ト云
六角烏丸東江入丁六角堂壱石頂法寺
寺町清和院口上ル丁日光宮下五拾七石廬山寺

上京継光院丁大聖寺宮末六拾八石継光寺
同吉田口山門下六百三(ママ)斗常施寺、清荒神ト言
寺丁竹屋丁行当り山門下革堂廿石行願寺
上京畠中丁大聖寺宮末三拾石養林庵
今出川千本東入丁日光宮下百五拾石般舟院
北野廿三(ママ)斗本光院
愛宕郡下鴨私領之内六拾二石神宮寺
寺丁石薬師下ル丁五拾三石遣迎院

禅宗之部

愛宕郡東山八百九拾二石南禅寺
五山惣縁(僧録)右境内五百石金地院、同境内二百石聴松院
葛野郡下嵯峨五山之内千七百廿石天竜寺
右天竜寺十刹卅三石五斗臨川寺、右臨川寺中四十石五斗三会院
天竜寺十刹九拾六石余鹿王院
愛宕郡東山五山之内八百廿一石建仁寺
葛野郡鳴滝村右建仁寺十刹拾四石余妙光寺
愛宕郡東山五山之内千八百五拾石四斗余東福寺
右東福寺中五山之内五拾石万寿寺
同郡東山三百石光雲寺、同郡西加茂百七石正伝寺
右同所拾五石正受寺、葛野郡東梅津村三百石長福寺
愛宕郡一乗寺村弐百石円光寺
葛野郡嵯峨八石四斗禅昌院、同郡北山三百廿石等持院
同所三百五拾石鹿苑院、金閣寺ト云
愛宕郡浄土寺村三拾五石慈照寺、銀閣寺ト言
同郡八坂郷五百石高台寺、乙訓郡大山崎四拾石妙喜庵
大山崎八幡宮私領之内六斗九升余配当同所阿弥陀寺
右同所同断八石壱斗配当実松庵
愛宕郡東山六石大興寺、同郡紫野二千十一石大徳寺
同郡千束村五石讃州寺、綴喜郡薪村九十五石酬恩庵
葛野郡花園四百九拾一石妙心寺、同郡木辻村二百石麟祥院
同郡谷口村七百廿石竜安寺
宇治郡大和田村黄檗山四百石万福寺
愛宕郡大原野草生村三拾石寂光院
寺町今出川上ル六丁目大聖寺宮支配四拾一石余歓喜寺
上京下木之下町日野殿支配六拾石宝慈院
小川寺之内上ル弐町目三拾石宝厳院
愛宕郡嵯峨今林大聖寺宮抱寺七拾五石蓮華清浄寺
上立売烏丸東五山之内千七百六拾二石相国寺

浄土宗之部

城州愛宕郡東山千八拾石知恩院宮
右同所華頂山鎮西派四ヶ本山之内七百三石弐斗知恩院
右同所知恩院末拾世本寺廿石一心院
同郡黒谷鎮西派四ヶ本山之内百三十石金戒光明寺
同郡鹿ヶ谷卅石法然院
同郡東山西山派本山之内四拾石禅林寺、永観堂ト言
同郡田中村鎮西派四ヶ本山之内廿石知恩寺、百万遍ト言
右知恩院今家壱石西光寺、葛野郡西ノ京拾一石花開院
葛野郡嵯峨九拾七石清凉寺、釈迦堂ト言
乙訓郡粟西山派本山之内三拾石光明寺
寺丁六角行当り拾七石誓願寺、同所拾八石円福寺
寺丁蛸薬師下ル丁三石善長寺、円福寺塔頭三石宝幢院
寺丁今出川下ル三丁目鎮西派四ヶ本山之内五拾石清浄華院
二条河東五斗大恩寺、同所廿五石三福寺
同拾七石見性寺、寺丁今出川上ル三町目廿六石仏陀寺
小川上立売上ル丁七石壱斗報恩寺
千本五辻上ル丁弐丁目六石九斗九升石像寺
寺丁四条下ル丁六石浄教寺、寺丁綾小路下丁四石永養寺
五条下寺丁三十一石本覚寺
同所四拾五石九斗新善光寺、来迎堂ト言
同廿七石長譲《(ママ)》堂、同拾八石四斗延寿寺、金仏ト言
浄福寺一条上ル丁三石浄福寺

日蓮宗之部

二条川東廿一石頂妙寺、同所四石妙泉寺、同四石寂光寺
小川頭拾一石妙顕寺、同所妙蓮寺
寺丁御地《(ママ)》下ル丁四拾石本能寺、堀川松はら下ル丁百七十七石
本圀寺
本圀寺塔頭百石瑞雲院、同二石大妙院

本願寺宗之部

一西六条御朱印三百石境内町数四丁四方西本願寺御門跡
同所百五拾石興正寺御門跡
東山五条西大谷祖廟所御朱印地面壱万坪竜谷山鳥部山
東六条御朱印境内四丁四方東本願寺御門跡
右御門跡拝領地東大谷祖廟所
五条坊門東洞院東入ル丁六石八升仏光寺御門跡

時宗之部

寺丁錦小路下ル丁卅八石余歓喜光寺、六条道場ト言

寺町四条上ル丁廿三石壱斗金連(蓮)寺、四条道場ト云
二条川東七拾四石六斗聞名寺、大炊道場ト云
右聞名寺塔頭並三石称名寺、秋セ道場と言
五条下寺丁廿八石四斗余金光寺、市屋道場と云
右同所六石八斗福田寺、滑谷道場ト云
同六石荘厳寺、高辻道場ト云、七条間之丁百九拾七石金光寺、
七□(条カ)道場ト云
愛宕郡中山六石東北院、同拾七石極楽院
同郡東山廿三石余正法寺、同東山廿四石双林寺
双林寺同断拾一石安養寺、同八石四斗長楽寺
同郡中山廿三石迎称寺

社之分

一二千六百七拾弐石　上鴨社
上加茂祝子
表(カ)遠江守
廿石五斗
林主馬
同社家
百拾一石八斗　岡本越後守
四拾石　松下丹波守
葛野郡松尾社領
同郡西七条村松尾御旅所
神主
百四拾五石　渡辺備後守
同郡百石　平野社領
紀伊郡
百六石稲荷社領

同燈明領
三拾八石　中大路甚助
岡本下野守
愛宕郡下鴨社
下鴨祝　鴨脚伊紀守(ママ)
拾石　梨石見守
大山崎
九百五十石余
離宮八幡社領
上京
拾九石　上御霊社領
北野
六百一石余　天神社領
二石三斗　八月十五日夜神供料
右天神社宮仕中
紫野
百石　今宮社領
愛宕郡
三石　貴布祢社領
五条坂

乙訓郡大原野村
拾二石　春日社領
愛宕郡八坂郷
百四十石　祇園社領
葛野郡梅津村
五拾石　梅津社領
幡枝
四石　幡枝八幡社領
紀伊郡淀
拾九石　淀明神社領
拾四石　右社家中
乙訓郡向日丁
廿七石　向日明神社領
紀伊郡深草
弐百石　藤森社領
伏見

七十三石　若宮八幡社領　　三百石　御香宮社領
綴喜郡　　吉田山
石清水神領之部　　五百九拾三石吉田斎場所
百六石四斗　社務 田中 東竹分　　九拾六石七斗余所司四人
百石　社務　新善法寺　　六石　杉本坊 松本坊 桜本坊
百五十三石　社務　善法寺
六拾石　社務　善法寺　　百九十九石七斗　岩本坊 橘坊 横坊 梅本坊
八幡宮神供領
百四十八石三斗余　善法寺
七拾三石　俗別当 宮太夫 検知太夫 神子　　三百十六石一斗　内陣燈明料 愛染堂領 勤行料 御八講料 入院勤行料 執行料 手水田 鐘撞田 承仕料
八幡山下

三百七拾石　善法律寺 法園寺 金剛寺 大乗院 寿徳院
社僧
二百四拾石　神応禅寺 常徳寺 全昌寺 度春庵 栄林庵　　千九十四石二斗余　閼伽井坊 滝本坊 此外六人
百石　豊蔵坊
志水　　八幡社人
五百石　正法寺　　四拾七石二斗余　他性座七人
八幡　　五拾四石六斗余　六位座二人
神宝所　　百五十二石五斗余　大禰宜座八
安居院本頭　　三十九石八斗余　小禰宜座四人
百九十九石九斗余之内八人
神宝座
十人組

四百廿七石四斗余　綱座五人　宮守五拾人　加輿丁座七人　相撲座弐人　達所小綱座五人　神楽座八人　神馬副三人

百五石一斗余　鉾座十七人

百五十八石九斗　安居脇頭　神人拾九人

百五十五石七斗　山下寺　浄土宗　三十六ヶ所

五十七石八斗余　獅子太夫　童子　宮鍛治　宮大工　畳刺

五十五石八斗余　神馬領　仕丁拾人　香算座三人

四百九十二石七斗余　安居本頭　神人拾八人

五百卅二石四斗余　安居本頭　神人二拾三人

二百八十三石八斗余　安居本頭　神人十二人

四百六拾六石六斗　安居脇頭　神人四十一人　同他所より居住四十八人

廿八石四斗余　山下寺庵　法華宗　三ケ所

一大仏殿寸尺

釈迦像　長サ六丈　□幅五丈　同高八尺

堂　桁行四拾五間二尺三寸　梁行廿七間五尺五寸　棟高廿五間

二王門　桁行十五間二尺五寸　梁行六間五尺　棟高十壱間二尺

廻廊　四方長サ四百六間一尺　梁行三間四尺七寸　棟高三間半

南門　桁行六間六尺　梁行四間壱尺　棟高五間

鐘楼堂　四間四方　棟高七間半

一堂間数、三十三間堂蓮華王院

桁行六十間壱尺四寸六分　梁行八間三尺七寸　棟高六間四尺六寸

右堂之内ニ千手観音千体堂内左右ニ有之

三条大橋西詰之高札ハ、前〻ゟ所司代被相建候文言に替儀無之候得共、先代被建候侭ニ而被差置候、勿論所司代名書無之札者無之候、元録(禄)三卯年公儀ゟ被仰出御文言相改、道中宿〻大津迄高札従江戸御徒目附持参、前〻之高札者、建替候ニ付而、三条之高札道中之通り被建替候、朝鮮人通り前ゆへ、札場共徒(ママ)紀伊守守(衍カ)殿修覆被申付候、場所少〻広被成候ニ付、町奉行組与力見分ニ被遣、修覆之儀、奉行者中井主水支配之棟

梁之内ゟ相勤、高札板も主水方ニ而仕立、所司代ニ而相認出、
出来之節、中井主水并最前場所見分御遣候奉行所与力両人遣
之、高札受取、三条へ持参、札数都合七枚相立申候、右之内
駄賃札之儀者、江戸品川ヲ始宿々馬次之儀、山坂或者海川ニ
而、道法之替在之ニ付而、所々ニ而駄賃之替り在之、徒古来
之准御定極置候、京都之儀者、江戸同前宿外ゆへ、相定候駄
賃を以、賃銭相極、高札被建置候、依之右建替之節茂、古来
ゟ之駄賃増減之被仰出ヲ相考、賃銭を相極、紀伊守殿江申達、
被相認相建候、左之通

　三条大橋際在之制札

一京都より駄賃并人足賃銭
　荷物壱駄　百六十九文　人足一人　八拾二文
　乗懸荷人共　同断　伏見迄荷物一駄　百四十四文
　から尻馬一疋　百十一文　乗物荷人共ニ　同断
　附、あふつけハから尻に同し、それより重き荷物者本駄賃
　銭に同し候へき
　から尻馬一疋　九拾一文
　淀迄荷物一駄　百六十一文　人足一人　七拾文
　乗掛荷人共　同断　泊りニ而木賃銭
　から尻馬一疋　百七文　主人壱人　三十五文
　召仕一人　十七文　馬壱疋　三十五文
右之通可取之、若於相背者可為曲事もの也
　正保元年五月日　奉行

右之通之高札者相建候得共、京都之儀者宿外故、宿人足与
申儀無之候、依之御朱印人足等入用之節者、差出候馬者馬
借出し申候、月次所司代ゟ江戸江被相立候宿次状箱之人足
者、馬借方ゟ出申候、御荷物相添候節者、荷物人足之儀、
小堀勝太郎ゟ出シ申候、但摂州富田紅屋一郎右衛門例年献
上之御香物荷物、且又両賀茂ゟ神事過之葵樫（カ）江戸江御下シ
節、人足者馬借ゟ出申候

一三条高札之内、左之通之高札者江戸ゟ参候御書附之通、写
之被相建候

　定

一駄賃并人馬荷物之次第
一御伝馬并駄賃の荷物一駄　（ママ）重介四拾貫目
一歩茂（ママ）者の荷物一人　重介五貫目
一長持壱杖　重介三拾貫匁

但、人足茂者重介五〆匁之積り、卅〆匁の荷物者六人して持べし、夫ゟ軽キ荷物者、貫匁にしたがひ人数減すべし、此外いづれの荷物も是に准ずへし

一乗物一挺　　次人足六人

一山乗物一挺　　次人足四人

一御朱印伝馬人足御書付之外ニ多く出すべからず

一道中次人足次馬の数たとひ国持大名たりといふども、其家中共に、東海道者一日ニ五十人五十疋ニ過べからす、此外の伝馬道者廿五人廿五疋に限べし、但江戸京大坂の外、道中におゐて人馬共に追通すへからさる事

一御伝馬駄賃の荷物者、其丁之馬残らず出すべし、若駄賃馬多く入時者、在ゝ所ゝゟやとひ、風雨之節といふとも、荷物遅ゝなきようニ相斗らふべき事

一人馬之賃御定之外増減を取ニ於而者、牢舎せしめ、其町之問屋年寄者、為過料鳥目五〆文ツヽ、人馬家者、家一軒ゟ百文ツヽ出すへき事

但、往還之輩理不尽之儀を申かけ、又者往還之ものニ対し、非分之事あるべからさる事

右条ゝ可相守之、若於相背者可為曲事もの也

正徳元五月日　　奉行

きりしたん宗門累年御制禁たり、自然不審成もの是あらハ申出へし、御褒美として

はてれんの訴人　　銀五百枚

いるまんの訴人　　同三百枚

立かへり者の訴人　　同断

同宿幷宗門の訴人　　同百枚

右之通下さるへし、たとひ同宿宗門之内たりといふとも、申出候品より銀五百枚下さるべし、かくし置他所よりあらはるヽにおゐてハ、其所之名主幷五人組迄一類共に可被行罪科もの也

正徳元年五月日　　奉行

定

一忠孝をはけまし、夫婦兄弟諸親類にむつましく、召仕之ものニ至迄、憐愍をくハふべし、若不忠不孝のものあらは可為重罪事

一万事をこりいたすべからす、屋作衣服飲食等ニ及ふまで倹

約を可相守事
一悪心を以て或ハいつはり、或は無理を申懸、或ハ利欲をかまへ人の害をなすへからず、惣而家業をつとむへき事
一盗賊并悪党もの在之者、訴人に出へし、急度御褒美可被下候事
　附、博奕堅其(ママ)制禁叓
一喧嘩口論令停止之、自然在之時其場江猥ニ不可出向、又手負たるものを隠置へからさる事
一被行死罪之族在之刻、被仰付輩之外不可馳集事
一人売買堅令停止之、并年季に召仕下人男女共ニ拾ヶ年を限るべし、其定過者可為罪科事
　附、譜代之家人又者其所に従来輩他所江相越在付、妻子をも(ママ)其持其上科なきものを不可呼返事
右条々可相守之、若於違犯之有輩ハ可被行厳科会(ママ)所被仰出也、
仍下知如件
　天和二年五月日　　奉行

定

一毒薬并似寄薬種売買之事禁制す、若違犯の者あらは其罪重かるべし、たとひ同類といふとも申出るにおゐては其罪をゆるされ、急度御褒美下さるべき事
一似セ金銀売買一切に停止ス、若似セ金銀あらハ金座銀座へつかわし相改むべし、はつしの金銀も是又金座銀座へつかわし相改むべき事
　附、惣して似セ物すべからす事
一寛永之新銭金子一両に四貫文、壱歩には壱貫文たるへし、御料私領共に年貢収納等にも御定の如くたるへき事
一新銭之事銭座の外一切鋳出すべからざる事
一新作之慥ならさる書物商売すべからさる事
一諸職人いひ合、作料手間賃等高直にすべからす、諸商売物或は買置しめうりし、或はいひあわせて高直ニすべからざる事
一何事によらす誓約をなし徒党を結べからざる事
右之条々可相守之、若於相背可被行罪科者也
　正徳元年五月日　奉行

定

人売買弥堅停止之、召つかひ之下人男女共ニ、年季ハ拾ヶ年

を限るといへども向後年季之限無之、譜代に召抱候共可為相対次第之間可存其旨もの也、仍如件

元録拾二年卯三月日　　奉　行

定

一親子兄弟夫婦を始〆諸親類にしたしく、下人等に至迄是をあはれむべし、主人ある輩ハをの〳〵其奉公ニ情を出すへき㕝

一家業を専にし懈る事なく万事其分限にすくべからす事

一いつはりをなし、又者無理をいひ、惣して人の害になるへき事をすべからさる㕝

一博奕の類一切に禁制之事

一喧吼口論をつゝしみ、若其事ある時みたりに出合へからず、手負たるもの隠し置へからさる事

一盗賊悪党之類あらハ申出べし、急度御ほうび被下候事

一鉄炮猥ニ打へからす、若違犯之者あらハ申出べし、隠置他所よりあらはるゝにおゐてハ其罪重かるべき事

一死罪に行はるゝ者ある時、馳集るべからさる事

一人売買かたく停止す、但、男女の下人、或者永年季、或者譜代に召置事は相対に任すべき事

附、譜代の下人又者其所に住来得（ママ）輩他所へ罷越、妻子をもち当時召遣はるゝもの呼返すへからす、但、罪科ある者は制外事

右条々可相守之、若於相背者可被行罪科者也

正徳元年五月日　　奉　行

定

一火を付る者をしらは早々申出へし、若隠し置に於ハ其罪重かるへし、たとひ同類たりといふとも申出るにおゐては、其罪をゆるされ、急度御褒美下さるへき事

一火を付るものを見付はこれを捕へ、早々申出べし、見のかしニすへからさる事

附、あやしきものあらはせんさくをかけて、早々奉行所江召連来るへき事

一火事出来之時猥ニ馳集るべからす

但、役人差図之ものハ各別たるへき事

一火事場江下々相越理不尽に通るに於ては、御法度之旨□きかせ通すべからず、承引なきものは搦捕へし、万一旲儀ニ

及はゝ討捨たるへき事
一火事場其外いつれの所にても、金銀諸色ひろひとらは奉行所まて持参すべし、若隠置他所よりあらハるゝに於ては其罪重かるへし、たとひ同類たりといふとも申出輩は、罪をゆるされ御褒美下さるへき事
一火事之節地車たいはち車にて荷物をつみのくべからす、鑓、長刀、刀、脇差等ぬき身にすべからさる事
一車長持停止す、たとへあつらへ候ものありとも、造（ママ）かへからす、一切に商売すべからさる事
右条々可相守之、若於相背者可被行罪科もの也
享保四年四月日　奉行

高札寸法

親子兄弟
長七尺八寸
山壱尺九寸五部（分）
軒一尺七寸五部
板厚弐寸二部

駄賃并人足
長六尺
山壱尺九寸五部
軒壱尺四寸
板厚壱寸七部

何ゟ之駄賃
長三尺六寸
山壱尺四寸五部
軒壱尺二寸七部
板厚壱寸六部

きりしたん
長三尺五寸
山壱尺四寸
軒壱尺二寸五部
板厚一寸六部

毒薬并似
長七尺三寸五部
山壱尺七寸五部
軒壱尺五寸二部
板厚二寸

火を付る者
長四尺三寸五部
山壱尺六寸
軒壱尺三寸五部
板厚一寸七部

火事出来の時
長四尺五寸
山壱尺六寸五部
軒壱尺四寸
板厚壱寸七部

右正徳三卯年被仰出候御文言札板寸法茂徒（ママ）江戸御書付到来、三条西橋詰之札場松平紀伊守殿ゟ御修覆被仰付、高札江相認、役所江御渡相建申候

京都町奉行所ゟ相建置候高札ヶ所
一親子兄弟札　一人馬札　一毒薬札　一切支丹札　一火付札
右者三条大橋西詰
一親子兄弟札　一毒薬札　一切支丹札　一火付札
右城州上鳥羽村、同追分村、同木津郷
一忠孝札　一切支丹札　一毒薬札　一人売買札
右城州分
西七条村　西院村　上嵯峨　鷹峰　上加茂　修学院村　鞍馬　向日丁　大山崎　東九条村　平川村　宇治本郷　和束

郷中村　宇治田原郷之口　井手村　祝園村　江州海津
〆十七ヶ所
一切支丹札　百七拾五ヶ所ニ建候
右城州分
上加茂竹ヶ鼻村　梅小路村　御菩薩池村　横大路村　柳原
庄　山科安朱村　聖護院村　大徳寺門前　壬生村　東塩小
路村　川勝寺村　御所之内村　牛ヶ瀬村　下桂村　郡村
徳大寺村　千代原村　御陵村　塚原村　下山田村　上桂村
上野　東梅津　上山田　松尾　高田村　生田村　天竜寺門
前　川端村　広隆寺門前　安養寺村　安井村　市川村　山
之内村　西京　等持院村　池上村　山越村　常盤村　中野
村　池裏村　上嵯峨大門村　八軒村　鳴滝村　福王寺村
御室門前　平岡村　二ノ瀬村　中嶋村　善妙寺村　水尾村
原村　越畑村　中川村　松原村　大北山村　千束村　蓮台
寺村　雲林院村　紫野村　大門村　上野村　東土手丁　川
上村　惣門村　林村　貴布祢　野中村　市原村　静はら村
幡枝村　勝林院村　来迎院村　大長瀬村　戸寺村　長谷村
中村　花園村　下鴨村　田中村　一乗寺村　白川村　吉田
村　川崎村　鹿ヶ谷村　南禅寺門前　清閑寺村　勧修寺村

小野村　醍醐村　西笠取村　炭山村　二尾村　日野村　岡
屋村　新田村　広芝村　北小栗栖村　南小栗栖村　林村
僧坊村　北稲八妻（間）村　大住村　内里村　深草村　中嶋村
芹川村　竹田村　塔森村　吉祥院村　枇杷庄　中村　上津
屋村　円明寺村　金ヶ原村　出灰村　灰谷村　坂本村　長
峰村　大原野村　灰方村　小塩村　奥海印高（ママ）村　粟生（ママ）村
下奥海院村　調子村　下植野村　馬場村　開田村　今里村
井内村　岩見　上里村　物集女村　寺戸村　中久世村　大
藪村　石金村　西土川村　東土川村　久我村　志水村　鶏
冠井村　菱川村　上植野村　古川村　樋爪村　西院村　竜
安寺門前　山本村　石原村　嶋村　水乗（垂）村　下林津（津林）村　上
久世村
江州之分
一上羽戸村　下羽戸村　九ノ里村　穴太村　山中村　見世村
南桜村　木戸村　国友村　野口村　永はら村　松本村　馬
場村
丹劦之分
比賀江村　田尻　細川村　並河村　新丁塔村　下大久保村
〆百七拾五丁

五条東西橋詰江壱数（枚）宛両奉行名前ニ而建候制札文言

条々

一往還之人并牛馬ニ至迄停滞いたしすへからさる叓

一橋下敷石より上下一丁之内ニ而石沙（ママ）魚取へからさる事

一敷石之上へちりあくた捨、又ハものあらひ、水をあひ申ましき事

一敷石上下壱丁之外たりといふとも、東西石垣近所惣而川峰（ママ）を除中筋にて石砂可取之事

右条々可相守此旨、若於有違背之族者可為曲事者也

辰十二月　和泉

大隅

五条橋下西川端に両丁奉行名前ニ而建置候制札

条々

一五条橋下敷石より上下壱丁の内ニ而石砂魚を取へからす、たとひ壱丁之外たりといふとも、東西之石垣近所惣而川岸を除中筋ニ而石砂可取之事

一敷石の上下ちりあくたを捨、又者ものをあらひ、水をあひ申間敷事

一町裏の石垣一切築出すへからさる事

右条々可相守此旨、若於有違犯之族者可為曲事者也

辰十二月　和泉

大隅　○三条大橋東詰に建在之候

○

条々

一往還之人并牛馬に至迄橋上に停滞いたすへからさる事

一橋下敷石より壱丁上壱町下之内ニ而石砂并魚を取ましき事

一敷石上壱丁下四丁之外たりといふとも、東西之石垣近所惣而川岸を除、中筋ニ而石砂可取之事

一敷石上江ちりあくたを捨、又はものをあらひ、水をあひ申間敷事

一町裏石垣一切築出する事堅停止事

右条々可相守此旨、若於違犯之族者可為曲事者也

辰十二月　和泉　○上加茂小山村二ケ所壱枚ツヽ建在之

大隅

○

条々

一加茂川筋堤まはりの石土砂堀取ましき事

一堤道之外ニて捨石のうへ通へからさる事
附、竹を(伐脱カ)笋を折取間敷事
一堤上車引へからさる事
右条々可相守此旨、若於有違犯之輩者可為曲事もの也
辰十二月　和泉
大隅
上加茂中大路口　同所大宮渡西院　鞍馬口　清和院口
右四ヶ所壱枚ツヽ建在之

条々
一加茂川筋蛇籠水刎の上へあかるべからさる事
一堤伏芝ふみちらし竹を伐笋を折取ましき事
一堤際水刎籠近所の石土砂魚取へからさる事
右条々可相守、若於有違犯之輩者可為曲事もの也
辰十二月　和泉　○加茂川筋鞍馬口御土居際ニ建在之候
大隅

○
条々
一鞍馬口川除近所にて石砂魚を取べからさる事

一土居之竹木を伐採藪垣をあらすましき事
一土居に道を付土居へ上るへからさる事
右条々可相守、此旨若於有違犯之輩者可為曲事者也
辰十二月　和泉
大隅
清和院口堤上ニ建在之、尤加茂八丁組は土居際
此所犬はしりの竹木笋伐採へからす、若違背於有之者可為曲事者也
辰十二月　和泉
大隅
梅津　長福寺門前　伏原　郡村　川端村四ヶ所ニ建在之
大井川桂川堤川際の土取べからす、若違背之輩於在之者其所之ものおさへ置可申来者也
辰十二月　和泉
大隅
上野村　久我村　筑山村　三ヶ所建在之候
桂川筋の堤川除石刎の石取へからず、若違犯之もの在之者可為曲事者也
辰十二月　和泉

大　隅

高瀬川筋

二条下ル丁　車屋丁　松原下ル丁　三条上ル丁　四条上ル丁　五条西橋詰　三条小橋　四条小橋　六条　九ヶ所ニ壱枚ツヽ建在之

高瀬川筋両川端埋出ちりあくた、其外何にても障りニなり候もの一切捨べからす、若違背之族於在之者可為曲事もの也

辰十二月　和　泉

大　隅

江州河原一村ニ二枚、同上古賀村ニ壱枚、同途中村ニ壱枚建在之候

朽木谷より十分一運上ニ而出し候竹木之儀者、船木番所江無断して安曇川并枝川脇道江一切不可出之、惣而所々より安曇川江出し候竹木者、有来通運上差ゐだし可通之、若違犯之輩於有之者可為曲事者也

辰十二月　和　泉

大　隅

丹州八丁山河内谷御留山所々拾ヶ所江建在之候

此八丁山上弓削庄四ヶ村庄屋年寄共運上相納一円請負候条、外より立入堅伐採間敷候、若於有違背者可為曲事者也

辰十二月　和　泉

大　隅

知恩院御門跡御寺領ニ建在之候制札

当村知恩院御門跡御寺領たる条、山林竹木等伐取べからす、若違背之族在之者可為曲事者也

辰十二月　和　泉

大　隅

金地院領山林之内所々六ヶ所ニ建在之候

金地院領之山林竹木をきりとり、又ハ下草を刈取べからず、若違背之族於有之者可為曲事者也

辰十二月　和　泉

大　隅

嵯峨嵐山ニ建在之制札

天竜寺領嵐山之立木をきりとり、又は木之根石等堀(掘)取へからす、若違背之族在之者可為曲事者也

辰十二月　和　泉

大　隅

鞍馬寺江建置候制札

当山花之枝を猥ニ折取事、任先例堅停止者也

辰十二月　　和泉

　　　　　　大隅

東山ニ在之本圀寺領之内江建置候制札

東山之内本圀寺領之竹木を取并猟人往還又は牛馬をはなし飼べからず、若違背之族在之者可為曲事者也

辰十二月　　和泉

　　　　　　大隅

浄土寺村之内麟祥院持山ニ建在之候制札

浄土寺鄙(邑カ)之内麟祥院持山之竹木同枝をきりとり并下草等刈べからず、若違背之輩於在之者可為曲事者也

辰十二月　　和泉

　　　　　　大隅

瑞水(ママ)寺境内ニ建在之候制札

西園(岡調)寺子村瑞泉寺境内抱之竹木を伐取并殺生之事堅令停止者也

辰十二月　　和泉

　　　　　　大隅

江刕大津宿橋本町ニ建在之候制札

定

一当津にて諸旅人内荷物ニ轤(艫お)多りにあたり船(候脱カ)之外、入船にのセ申間敷候事

附、彦根蔵着上積船者、荷物旅人共ニ積下ヶ候儀、町家百艘共ニ差構申間敷事

一当所役船たりとも無遅滞順番ニ荷物等可積請、勿論当所江役儀不仕船ニ旅人并荷物等のセ申間敷事

一当津之ふね他浦にかゝり合候節、御用与申立引寄候て(ママ)可来、然者御朱印又者支配之証文於有之者呉儀有問敷事

附、御用にて船遣ひ候節者、上乗荷主差図無之内、船頭加子荷物積揚申(ママ)仕間敷事

右之通急度可相守者也

辰十二月　　和泉

　　　　　　大隅

城刕淀納所村ニ建在之候制札

条々

一川筋葭之儀、たとひ高ニむすひ在之与いふとも、一ヶ年之内四度ツゝ四月五月七月九月、此四ヶ月ニ懈怠なく苅捨べし、且又なかれ作かたく御停止之事

附、流作り并よしかり捨之所土いつ方之者にても望次第
取可申事
一堤に水よけのためならすして猥ニ竹木をうへ并堤之うへに
家作候儀御停止、惣而堤筋あらハに相見候様ニ可仕事
一川際(除)之儀、本堤斗に仕外嶋之川よけ無用いたし、川端猥ニ
不筑(ママ)出様に可仕事
一川筋嶋〻在之竹木柳其外雑木茨之類にても堀捨可申候、惣
而外嶋へ葭の根をうへ、又ハさし木仕候儀御停止之事
一外嶋ニ小堤いたし候儀御停止之事
右之条〻可相守之、若違背之輩於在之者可為曲事もの也
天明四年辰十二月　丸毛和泉守
山崎大隅守

嵯峨御運上所ニ建在之制札
一丹波川より乗下候筏に積候薪、此所にをゐて運上廿分一上
ニ夜ニ入候ハヽ番所ニ筏留置翌日可改請之、抜乗いたすに
於ては可為曲事者也
辰十二月　和泉
大隅

宇治田原郷山田村ニ建在之候制札
山城国近江国境相定在之候へ者、互ニ領境を越柴木を刈取、
又者牛馬をハなし飼へからす、若違背之者可為曲事もの也
辰十二月　和泉
大隅

加茂川筋御用水樋之口ニ建在之候制札
条〻
一此水門之戸猥ニあけおろすましき事
一石垣蛇竜(ママ)水関溝筋ニ而魚取べからさる事
右之条〻可相守、若於有違犯之輩者可為曲事もの也
辰十二月　和泉
大隅

江州船木運上場赤岩村途中村武曽村ニ建在之候制札
十分一御運上竹木品訳
一諸材木　但、六尺以上　竹類　但、大小共　臼木　但、大小
共陸持出候分御運上除之
右之分御運上可差出候
一板類　六尺以上　小割物　六尺以上　杭木　六尺以上
桶榑　但、三尺限川流候とも
一小木　但、鋤ひら□ひら松復炭薪等之るい古家道具

右之類御運上不及差出候
右朽木山中葛川村より差出候諸色明王山売木共
右之趣相守、武曽村於改所御運上在之材木者通す間敷候、若脇道より差出候もの在之候ハヽ押江置、早々可訴出候、御運上無之分者通達可仕者也、亦(赤)岩於改所与相認候途中村於改所
本文言ニ而三ヶ村江壱枚ツヽ
辰十二月　和泉
大隅

一京都町奉行より建置候芥札其外杭木奉行名前無之分
今出川通華(革)堂町之辻ニ建有之候
此溝筋へちりあくた捨べからず、若違犯之輩於在之ハ可為曲事者也
月日

今出川口東長徳寺北之方字犬馬場、二条川東頂妙寺之北字犬馬場、聚楽天秤之西、三条西御土居在除(東際)、此四ヶ所ニ壱枚ツヽ建在之候
此所江ちりあくた捨べし、相定る場所之外江堅捨べからざるもの也

七条出屋敷木津屋橋通油小路東入藪除(際)、七条出屋敷、堀川木津屋橋下ル所二ヶ所一まいづヽ
定
此藪内江ちりあくた捨べし、相定る場所之外へ捨べからさる事
月日

室丁頭小山口字小山芝ニ建在之候
此垣の内江ちりあくた捨べし、垣より外へ捨べからす
月日

加茂川筋二条西川端、丸太丁西川端、四条西川端一枚ツヽ建在之
此川筋へちりあくた捨べからさる事
月日

醒ヶ井通五条下ル丁西側井戸除(際)ニ建在之候
此井戸ニ於て水をあひものあらゐ、ちりあくた捨べからさる者也
月日

中立売堀川東西橋詰、下立売堀川東西詰(橋脱カ)四ヶ所ニ建在之候杭
此橋車引通へからず

加茂川四条西川端ニ建在之候杭
此仮橋小荷駄牛馬引通べからず
右同所東川端に建在之候杭
此仮橋小荷駄馬并牛牽通べからず
五条橋下川下東方ニ建在之候杭
是より土砂并魚取べからす
同下東方ニ建在之候杭
是より下土砂并魚取べからず
三条大橋下川上東方ニ建在之候杭
石砂并魚取べからす
三条五条橋下川上西之方ニ壱本ツヽ建在之候分水杭木

鞍馬口　寺町通歓喜院前通新道
今出川口　東洞院通御土居之外
荒神口　油小路稲荷旅所之所
四ツ塚口橋除（際）　朱雀御土居出口
四条通御土居出口　三条通御土居出口　二条通御土居出口
下立売通御土居出口　寺之内通出口　一条大将軍御土居出口　千本通北ノ出口　元誓願寺通紙屋川出口　大宮通北之出口　北野天神後出口　室丁通北之出口　寺丁通御所八幡出口
右拾二ヶ所ニ建在之候石杭
是より洛中荷馬口付之もの乗べからず
二条口　加茂川西川端　三条大橋東詰　五条通大橋東詰
七条通高瀬川端　八条通御土居之内　七条通御土居除
水火天神図子清蔵口　上御灵前町出口
右九ヶ所ニ一本宛在之候杭
此杭より洛中荷馬口付のもの乗べからず
西岩倉金蔵寺境内往還筋四ヶ所ニ一本ツヽ建在之候杭
往還之輩火取ちらすべからす
加茂川筋二条仮橋東西ニ建在之候杭
此仮橋小荷駄馬并牛牽通べからず
伐採竹木諸殺生并狼藉放飼牛馬等之儀ニ付、諸司代御制札并御下知状御折紙被成御渡候箇所左之通
紙札壱枚板札壱枚宛被下候寺社之分

南禅寺　天竜寺　臨川寺　相国寺　建仁寺　東福寺　梅津
長福寺　等持院　北鹿苑院　高台寺　万福寺　葉室山浄住
寺　上品蓮台寺　栂尾高山寺　山崎観音寺　西山善峰寺
西岩倉金蔵寺　若王子　山科十禅寺　清水寺　大原郷小塩
山勝持寺　嵯峨清涼寺　頂妙寺　深草宝塔寺　大山崎離宮
八幡宮　平野社　梅宮　吉祥院天満宮　西岡向日明神　高
雄山神護寺　大仏殿

〆

北野社紙札壱枚板札弐枚

紙札斗被下候銘ゝ手前ニ而板札ニ写之建候寺社之分左
之通

光雲寺　鹿王院　妙光寺　竜安寺　嵯峨法幡(輪)寺　西岡物集
女村永正寺　槙尾山西明寺　千本釈迦堂　大報恩寺　西八
条遍照心院　西岡鶏冠井村奥陸寺　本国寺　妙顕寺　立本
寺　本態(ママ)寺　妙覚寺　松尾社　安楽寿院

紙札壱枚御下知状壱通左之所二ヶ所へ

祇園　妙心寺

板札壱枚宛左之寺社江

西山三鈷寺　西岡上久世蔵王堂　妙蓮寺　深草山　稲荷山

板札壱枚宛御下知状壱通左ニ

慈済院

御下知状壱通宛左之寺社江

鞍馬寺　招慶院　上加茂　八瀬庄

板札壱枚　貴布(ママ)社江

板札壱枚西加茂氷室山、御折紙壱通西岡但馬坊、紙札壱
枚板札壱枚伏見仏国寺

御土居藪前ゝ所司代支配寛文九子どし角倉与一支配ニ被仰
付、享保七寅年前ゝ之通所司代支配ニ成、同十四酉年又ゝ
与一支配被仰付、寛文(ママ)三亥どし七月丁奉行菅(ママ)根下野守殿支
配ニ相成、延享二丑どし御土居絵図出来

五条橋下新道ゟ下鴨口上十念寺裏迄、御土居間数平均拾二
間

一長延九千三百六十五間、里数ニメ四里十二丁余
根張十五間ゟ十間迄、馬踏三間ゟ四間迄、高二間ゟ三間迄
凡例(側カ)長延九千三百卅七間二尺三寸
内例同九千三百六十間壱尺
二千四百四十五間所ゝ道筋并丁家屋敷地藪無之分
上加茂随念寺藪三千四百九十坪五合六夕

内藪十ヶ所、内三ヶ所者御土居続
上加茂入口堤通り西側西念寺百七十九坪八合八夕
寺之内千本東入ル丁南側西陣姥ヶ寺前丁鹿子藪五百六拾三
坪五合五夕
下立売北土居続南北折廻り的場藪五百十二坪二合六夕
鞍馬口寺丁西入ル丁丁家裏上御灵裏藪六百四十八坪三夕
上御灵前丁家裏八幡裏土居百五十八坪壱合
鞍馬口新丁東入南側丁家裏後藤長乗藪八百三坪六合四夕
妙心寺道御土居東入半丁程下ル西側百性家之間タ西京西昌
寺藪百拾一坪六夕
経王堂前西口出離北西之方平野藪三百廿五坪六合三夕
等待(ママ)院入口北之方松原藪三百五拾八坪七合三夕
坪数合七千百五拾壱坪四合四夕
〆拾三万八千五百卅三坪六夕

切戸七十行留り七ヶ所御土居高札十三ヶ所
清蔵口　大宮頭　鷹ヶ峰　高橋　一条　妙心寺道　嵯峨
道　四条　丹波海道　四ツ塚　信濃小路　七条　東洞院
此藪におゐて竹木をきりとり笋をぬき藪之内江入べからず、
若違背之族於有之者可為曲事者也
子正月　下　野
伊　勢

内藪高札弐ヶ所、平野藪　松原藪
此藪におゐて竹木をきりとり笋をぬき土居之内江入べからず、
若違背之族於有之者可為曲事者也
子正月　下　野
伊　勢

一御土居納地子米所御土居地八ヶ所、内藪弐ヶ所打出地四拾
ヶ所、都合五拾五ヶ所
合米卅八石七斗八升六合四夕四才、但山城国三分一直段ニ
而銀納、寛政三亥どし竹有高廿四万五千六百七拾弐本、但
尺廻りゟ三寸廻り迄、同断松木其外雑木共高千五百七拾八
本

御土居藪竹例年被下竹并御入用渡竹
稲荷神事旅所ニ建候住連(ママ)竹
一葉附竹拾本五寸廻り　稲荷旅所神主
同小稲荷前松明竹
一葉附竹拾五本四五寸廻り　塩小路村庄屋年寄

一葉附竹弐本七寸廻り　五辻大宮西入年寄五人組
　是は五辻大宮西入丁ニ建候住連竹
一竹二百本五寸廻　小堀勝太郎殿
　但し、御蔭下鴨葵祭入用
一竹千本三四五寸廻り　六孫王役者
　但、六孫王祭礼榊竹
一葉附竹廿八本　三輪市十郎殿二条御城内御煤払并御鎊
一竹四百本五六七廻り　仙銅(洞)御所御賄方仙銅御所障(カ)子魚串竹
一竹五百三拾本　御城中御入用御破損奉行并中井主水殿
年ゝ増減在之
一竹四百五拾八本六七寸迄　二条御城中外例(側)入用、外洲破損方之方　年ゝ増減在之
一竹五百八拾二本四寸ゟ八寸廻り迄　東御役所入用欠所方与力
東竹七拾九束　年ゝ増減在之
一竹六百八十七本　西御役所入用欠所方与力
東竹九十九束　同断
一竹五十本　定御修理方足代損候節受取　小堀勝太郎
一東竹廿束　所司代上屋敷御修覆入用　所司代御家来

但し、笹枝不残相渡、延相止束竹受取候様相成
右定例ニ受取、其外臨時篇立候御普請所申立在之受取候儀在之
垣長延壱万八千弐百七拾八間弐尺四寸
巾千七百八拾五間五尺五寸、内藪垣長巾共千百五十九間五尺二寸　御土居長巾并内藪とも
惣〆垣弐万千二百廿三間壱尺壱寸
　内小結之分、三千五百六拾八間九寸、外ニ埒(ママ)垣六拾二間在之

○大和国御朱印地寺社之分
和州添上郡南都二千石　東大寺
但、東大寺中屋敷地之年貢南院廿石余山林竹木以下免除
　尊勝院
同興ふく寺別当大乗院御門跡御領九百拾四石
同千四百九拾二石　一乗院宮
同弐万千百十九石五斗　春日社、興福寺
和劦五拾石　宗(崇)徳寺、同三十石　安養寺、同芝辻丁弐百石
鏈城寺、添上郡法華寺村芝辻町三十石　称名寺

吉野郡千十三石弐斗　金峰山寺蔵王権現
十市郡三千石　多武峰、式上郡六拾石　三輪明神社領
葛下郡三十石　達摩寺、山辺郡柳生村二百石　法徳寺
十市郡新堂村二百石　興福院、興福寺中、弐百八拾石　喜多院
添上郡九百七拾弐石　内山寺、添上郡初瀬村五百石　長谷寺小地防（ママ）
十市郡番久山（ママ）卅石　興善寺、添上郡五拾石　十輪院
添上郡菩堤（ママ）山三百石正暦寺、同郡忍辱山村弐百卅五石円成寺
同郡宝生村百石宝生寺、添下郡脇寺村百石霊山寺
高市郡清水谷五拾石壺坂寺、高市郡廿石岡寺
山辺郡百石竜福寺、式上郡三輪八拾石平等寺
式上郡拾七石余長岳寺、箸屋村卅石大福寺
添下郡砂村三百石薬師寺、西之閑寺といふ
平群郡法隆寺村法隆寺
同郡五条三百石招提寺、同郡西大寺村三百石西大寺
平群郡立田村拾二石竜田明神社領、南都東大寺中三百石観音院　真言院、添上郡法蓮寺村百石負間（眉）寺

添上郡元興寺丁五拾石元興寺、烏飛寺（ママ）トモ言
南都東大寺中廿八石八幡宮、添上郡清水丁百石新薬師寺
和刕五石満願寺、添下郡秋篠村百石秋篠寺
式上郡卅五石三輪若宮、添上郡不空院丁廿石不空院
添上郡法華寺村百石海竜王寺、同郡般若坂三十石般若寺
宇陀郡極楽寺村百石極楽寺、添上郡福智院卅石福智院
南都五十石円証院、添下郡菅原村三十石喜光寺
添上郡森本村三石五斗余本光明寺
同郡不退寺、同郡南都百石伝香院
平群郡有里村山林竹木免除竹林寺　但、屋敷并寺廻り
添上郡紀寺丁廿石正覚寺、同郡馬円寺村五十石白毫寺
同郡法貴寺村拾七石法貴寺

○近江国御朱印地寺社之分

蒲生郡常楽寺村百石佐々木明神社領
同郡中村拾一石四斗余西光寺、同郡石塔村拾八石石塔寺
同郡次（須）田村弐百七石五斗摠見寺、同郡伊崎百石長命寺
浅井郡早崎村三百石竹生嶋弁才天領、同郡平塚村五十石実才庵

同郡高勝(ママ)寺村六十一石称名寺、同郡伊部村四十四石小谷寺
坂田郡長頃(浜)卅石同断(ママ)知善院徳勝寺
野洲郡永原村八石余天神社領、同郡永原村五石常念寺
同郡五条村九石五斗余笠主神社領、同郡木部村廿石錦織寺
愛知郡高野山林境内諸役免除永源寺
同郡松尾寺村三拾石金剛輪寺、同郡百済寺村百石百済寺
伊香郡菅並(ママ)寺村三拾石洞寿院、同郡本木村五十石浄信寺
同郡富永庄上防山屋敷并竹木免除石道寺
同郡坂口村五拾石菅山寺、犬上郡多里村三百五十石多賀明
神
犬上郡池留村三拾石西明寺
坂田郡八幡庄百七十石新放生寺、八幡宮社領
坂田郡柏原百六拾石成菩提院、同八幡宮廿石金(舎)那院
同郡八幡庄宮村田二反并屋敷免除妙覚院
同郡下司村百廿石惣持寺、同郡長浜百五十石妙法寺
同郡福永庄百五十石神照寺、甲賀郡水口廿九石三斗大徳寺
甲賀郡宮丁村弐百石飯導寺、高嶋郡海津十石上尾天神
高嶋郡海津廿五石宝幢院、同郡海津中村町五石大崎寺
観音堂領同所中小路町壱石九斗宗正寺、右二ヶ寺御朱印一
紙
同郡堀川村卅七石七斗余阿弥陀寺
滋賀郡鵜川村百石白髪明神社領、同郡坂本九十石西教寺
同郡堅田村四拾石祥端(瑞)寺、同郡伊香之村五拾石新知恩院
同郡比叡山山門之唱五千石延暦寺
同郡寺門与唱四千六百九石九斗余園城寺、三井寺トモ云
同郡五百七十石九(ママ)石余石山寺、栗田(栗太)郡原津村五拾石常善寺
栗田郡荒張村三拾石金勝寺、同郡芦浦五百五十六石観音寺
滋賀郡比叡山百石飯室谷安楽院

丹波国御朱印寺之分

氷上郡左油村廿四石円通寺、同郡太田村拾石恵日寺
同郡太田村境内山林竹林諸役免除神池寺
桑田郡山国庄五拾石常照寺、船井郡西光寺廿五石

一御朱印地之外巡見ヶ所ノ寺社
寺丁竹屋丁上ル丁下御灵社末社拾ヶ所
寺丁今出川上ル浄土宗知恩院末阿弥陀寺塔頭十四軒
高瀬川筋三条下ル両山末浄土宗瑞泉寺、畜生寺トモ言

寺丁四条下ル丁知恩院末浄土宗大雲院
五条寺丁東入ル丁時宗新善光寺塔頭廿一軒、御影堂ト言
扇屋（ママ）作某
御池大宮西入ル丁真言宗護国寺、神泉苑トモ言
八坂禅宗法観寺五重塔有、八坂塔トモ言
東山清水坂法相真言兼学来迎院、経書堂共言
松原建仁寺町東入弐丁目禅宗建仁寺珍皇寺、俗ニ六道トモ
言
北山麓紫野禅宗雲林院、大徳寺トモ言
大宮通北七ノ社町七野社、高妙大明神トモ言
城刕葛野郡松尾下山田村禅宗無本寺浄住寺黄檗派
右同所松ノ尾之内天竜寺末西芳寺
嵯峨天竜寺境内伊勢斎宮之旧地野々宮
松尾社之内月読社
城刕葛野郡太秦村木嶋大明神
同郡双岡麓浄土宗浄華院末長泉寺、吉田兼好塚アリ
同郡清水巽巳清閑寺、歌中山共言
紀伊郡大亀谷禅宗仏国寺黄檗隠居所
宇治郡五ケ庄無本寺浄土宗西方寺、俗ニ阿弥陀次郎共云

同宇治円満院御門跡下天怠（ママ）宗三室戸寺
宇治郡真言宗朝日山恵心院、同興聖寺
同久世郡宇治院内天台浄土宗両宗ト持之平等院、扇芝在之
同葛野郡上嵯峨小倉山下浄土宗往生院、役（祇）王寺共云
嵯峨大学（覚）寺御門跡末真言宗浄息院、十王堂ト言
同愛宕郡大学寺御門跡末福寿院支配真言宗月輪寺鎌倉山
同郡幡枝妙心寺末禅宗円通寺
同郡静はら村浄土宗補陀落寺、小丁寺とも言
同紀伊郡上鳥羽村禅林寺末浄土宗浄禅寺、恋塚ト言
同下鳥羽村法転（伝）寺末浄土宗恋塚寺、け裟御前塚在之、恋塚
ト言
同葛野郡朱雀村知恩院末浄土宗権現寺
同乙訓郡浄土谷村粟（ママ）光明寺末浄土宗柳谷寺、柳谷ト言
同西山岩倉天台真言律浄土四宗兼学三鈷寺
同葛野郡沓掛村無本寺浄土宗大福寺、子安観音堂ト云
同乙訓郡小塩山三鈷寺末四宗兼学勝持寺、花ノ寺ト云
同愛宕郡小野出灰村無本寺真言宗金峰寺
同葛野郡西加茂無本寺禅宗霊源寺
同紀伊郡竹田村無本寺真言宗不動院

江州滋賀郡大津四ノ宮同所関清水大明神
山王末秋（ママ）唐崎大明神
江州滋賀郡大津領三井寺南院之内天台宗正法寺
洛東妙法院宮境内東山大仏殿方広寺
右同所同断天台宗近松寺、高観音ト云

　一加茂川筋之内角倉与一支配川筋堤并御薮之分
一加茂川筋川上鞍馬川岩屋川落合ゟ下七条音羽川迄
右間数凡六千百間余　　但、里数ニ而弐里拾丁余
西堤大宮渡より今出川下ル伏見殿下屋敷ゟ北境迄
御藪凡間数千九百八拾間余　　但、里数ニ而凡壱里程
一洛外大川筋ニ在之橋十四ヶ所
嵯峨川渡月橋　此二ヶ所、当時土橋嵯峨小橋法輪寺ゟ相懸
　城州下鳥羽境加茂川末
小枝橋　当時土橋、往来人ゟ借銭取之請負橋ニ相成　長サ
四十二間半巾三間
同桂川筋上野橋　此土橋所ゟ懸ヶ置
同断久世橋　此土橋請負願人在之、冥加銭六拾貫文宛東御
役所へ相納
桂川土橋　此橋所ゟ懸ヶ置
城州愛宕坂　此橋先ニ徒（ママ）公儀ゟ御懸ヶ置、御修覆被（ママ）清滝川
流仰付候ニ付、此橋以後愛宕山ゟ懸ヶ修覆
　清滝橋とも引受被仰付候、長七間巾壱尺五寸
城州小倉橋　公儀御入用ニ而御懸ヶ替修覆共被仰付候
　小堀勝太郎殿御代官所長七間二尺巾二間
宇治川筋久世郡宇治橋　長八十三間四尺巾三間
但、橋姫社通円茶屋并ニ所小橋一ヶ所在之御修覆、宝暦
六子年流失、其後宇治郷中ゟ相願仮橋懸ヶ往来人ゟ橋銭
を取、寛政五巳年御懸ヶ替御修覆在之
城州八幡反り橋　長サ拾三間六尺巾二間五尺
　従御公儀御懸ヶ替御修覆共被仰付候
安居橋　長サ十五間四尺巾二間五尺
　城州紀伊郡淀木津川筋
大橋　長百三十七間巾三間五尺五寸　徒（ママ）公儀御替御修覆
宇治川筋小橋　長サ拾九間五尺巾三間
　江州勢多
大橋　長九拾間巾四間　徒公儀御替御修覆被仰付候
小橋　長廿五間巾四間　但、竜王秀郷社并鳥居橋共

一洛中并洛外町続ニ在之候分、橋数百三十三ヶ所内
加茂川筋三条大橋　長サ五拾七間三尺八寸巾三間五尺六寸
五部
内(ママ)小橋　長サ四間三尺八寸巾三間五尺六寸
五条橋　長サ六拾四間巾四間八寸　徒公儀掛ヶ替被仰付候
堀川筋油小路一条　但、当時町橋ニ相成、長サ三間六尺
巾二間
同中立売橋　但、焼失後巾弐間三尺長七間三尺五寸巾四
間五尺
同下立売橋　右同断、長サ七間三尺五寸巾三間六尺
右懸直之段徒公(ママ)儀七歩通橋懸り町々ゟ三歩通出銀、小破之
分ハ橋懸り町々自分入用ニ而取詰
伏見海道一ノ橋　北南(ママ)長サ四間四尺五寸東西巾三間五寸
二ノ橋　南北長サ二間四尺東西巾二間一尺
三ノ橋　同長サ三間巾三間　従公儀御懸ヶ替、修復者所
入用
泉(ママ)桶寺門前大路橋　長三間五尺余巾二間　尤徒公儀御替
被仰付候

伏見海道五条ゟ泉桶寺門前迄在之橋七ヶ所
右御葬送節者従公儀懸ヶ直御修覆等在之、平日破損之分者
橋懸り町々ゟ破損修復共取斗
堀川下立売上ル丁、同姉小路上ル丁、同松原、同七条、四
条黒門
右五ヶ所者車屋仲ヶ間ゟ懸直、修覆者致来候
右口之外洛中洛外ニ在之候橋々之内百拾一ヶ所、向寄橋懸
り丁々ゟ懸直修覆共可致候、明和年中申渡
一京都牛車数之事
三条車車廿八輛牛四拾九疋、伏見車車八拾五輛牛百卅六疋、
嵯峨車車四十三輛牛四十三疋、九条車車五十五輛牛九十七
疋、鳥羽車車百十三輛牛二百卅疋
一京都役馬数并馬借所之事
役馬数当時五拾疋、内十疋弱馬ニ付(ママ)御用相勤申候
馬持人数当時廿六人
馬借所宿縺御用共相勤候　東堀川御池上ル丁熊谷仁左衛門

一山城国境、北者八升村領を限、丹波国境北野郷を限、東は
比叡山峰通り并山科郷其外醍醐笠立(置)山領を限、近江境南は
一坂村領を限、大和国境八幡領を限、河内国境西は大山崎
庄を限、摂津国境沓懸村領を限、丹波国境原村越畑村を限
丹波国境

一大川筋川々堤支配之事
木津川　上は城刕相楽郡瓶原郷并木津郷境内ゟ川下淀川落
合迄、両例(側)堤御普請国役懸り小堀勝太郎殿支配、川中支配
伏見奉行
宇治川　上者城州久世郡槙嶋村領ゟ淀小橋之間、両側堤御
普請国役懸り伏見奉行小堀勝太郎殿支配入組、川中伏見支
配
淀川　上は城刕淀大橋ゟ川下左者小倉橋右へ山崎領を限、
両側堤御普請国役懸り小堀勝太郎殿支配
桂川　上は城刕上山田村西梅津村領分ゟ淀川落合迄、両側
堤ハ御普請国役懸り小堀勝太郎殿支配
加茂川　上ハ城刕柊野ゟ下高瀬川落合迄、両側堤御普請国
役懸りニ而角倉帯刀支配并高瀬川落合より下桂川落合迄、
両側堤御普請国役懸り小堀勝太郎殿支配
過書座年寄当時在京
大坂住森源三郎、同甲賀利兵衛、京住橋本喜六

一過書惣船数之事
惣舟数七百四十艘
内、四百艘当時働船、但、六十艘程尼か崎天道船、百八
十五艘程大坂天道船、三十五艘程所々天道船、百廿艘程
甲登卅石
尤、時々増減御座候
淀二十石船数五百七艘
内、二百六拾艘当時働船、此内五十艘摂津道并浜ニ罷在
候
木津川上荷船　笠置拾七艘、加茂六艘、瓶原六艘、吐師(マヽ)九
艘、一口村拾八艘

一京都町奉行所支配四ヶ国郡数村数之事
山城国八郡村数合四百五拾九ヶ村
内、葛野郡七拾九ヶ村高三万五千弐百廿四石一斗一升一

合八夕
愛宕郡七十四ヶ村高弐万七千弐百九十九石四斗三升五合一夕
宇治郡四十四ヶ村高一万五千三百九十六石五斗七升八合夕
紀伊郡廿九ヶ村高二万六千四百九十六石六斗八升六合三夕
乙訓郡五拾ヶ村高二万六千三百四十一石七斗六合弐夕
久世郡卅九ヶ村高二万六千四百七十八石五斗九升九合二夕
綴喜郡五十二ヶ村高三万百七石六斗五升三合六夕
相楽郡九拾二ヶ村高三万六千九十三石壱升八合

山城国

惣高廿二万四千二百五十七石七斗八升八合壱夕六夕（ママ）
城劢淀稲葉丹後守、京都ゟ淀迄道法三里
同伏見御役所、京都ゟ伏見迄道法三里

大和国拾五郡村数千四百五ヶ村
添上郡百三十ヶ村高六万八拾六石八斗九升三合九夕八才
添下郡六十六ヶ村高三万九千百七十六石八斗五升
平群郡七拾七ヶ村高三万千七百五十六石九斗三升二合九夕
山辺郡百四十四ヶ村高四万八千八百廿五石五升九合
宇治（ママ）郡百十二ヶ村高三万千四百四十二石五斗四升三合
式上郡五十七ヶ村高二万四千六百四十九石壱斗七夕
十市郡七十八ヶ村高三万七千三百九十二石五斗六升九合六夕
広瀬郡卅二ヶ村高一万八千五百八十石五斗九升壱合
葛下郡七十八ヶ村高四万二千九百四十九石九斗五升五合
高市郡百拾一ヶ村高四万千四百八石六合五夕
忍海郡拾九ヶ村高五千五百七十六石壱斗九合
葛上郡六拾二ヶ村高二万二千八十四石八斗四合九夕
宇智郡六十ヶ村高一万八千弐百九十一石四斗七合
吉野郡三百四十ヶ村高四万五千四十八石六斗三升一合

大和国

惣高五拾万四百九十七石三斗八合六夕八才
大和国郡山松平甲斐守、京都ゟ（道脱カ）法十三里
同小泉片桐岩見（ママ）守、京都ゟ道法拾四里
同新庄織田筑前守、京都ゟ拾五里
同芝村織田豊後守、京都ゟ拾六里

同高取植村出羽守、京都ゟ廿里
同南都江京都ゟ道法十里余
近江国拾二郡村数合千五百十六ヶ村
犬上郡百廿四ヶ村高六(脱アルカ)千八百七十九石八斗三升一合
愛知郡百拾八ヶ村高六万四千三百十九石二斗八升六夕
神崎郡八拾三ヶ村高四万七千八百七十七石六斗六升七合
甲賀郡二百廿七ヶ村高七万五千八百卅八石八斗六升九合
野洲郡八拾一ヶ村高六万五千三百六拾一石七升六夕
粟田(栗太)郡百十三ヶ村高六万四千五百七拾三石五斗七合
滋賀郡八拾七ヶ村高四万五千三百十四石三斗六升七合二
夕
高嶋郡百五十弐ヶ村高七万三千四百六十八石二斗八升五
合
伊賀(香)郡七十一ヶ村高三万六千二百九石八斗七升一合
浅井郡百七十八ヶ村高七万六千二百九石八斗七升一合
坂田郡百七十八ヶ村高九万六千卅八石六斗一升六合二夕
(蒲生郡脱カ)
惣高八十三万六千八百廿九石七斗二升七合六夕
江州彦根井伊掃部守(ママ)、京都ゟ拾八里

同仁正寺市橋主殿守、京都ゟ拾四里
同水口加藤能登守、京都ゟ拾二里半
同大構(大溝)分部左京亮、京都ゟ拾五里
同膳所本多隠岐守、京ゟ四里
同朽木朽木和泉守、京ゟ十里
同堅田堀田若狭守、京ゟ六里
同宮川堀田豊前守、京ゟ十三里
同三上遠藤下野守、京ゟ十里
丹波国六郡村数合九百二ヶ村
桑田郡弐百四拾ヶ村高五万三百八拾五石三斗四升五合六
夕
松井(船井)郡弐百四ヶ村高四万弐千三百拾三石四斗四升一合
何鹿郡七拾七ヶ村高四万千三百五石五斗五合三夕
天田郡百四ヶ村高五万百六石五斗三升四合八夕
氷上郡百七十一ヶ村高六万四千百六十九石九斗九升四合
五夕
多紀郡百三十弐ヶ村高四万五千百六十四石七斗七升五合
丹波国
惣高廿九万三千四百四十五石五斗四升七合四夕

丹劦亀山松平紀伊守、京ゟ五里
同園部小出伊勢守、京都ゟ九里
同篠山青山下野守、京ゟ拾六里
同山我（ママ）谷出羽守、京ゟ拾八里
同綾部九鬼大隅守、京ゟ十八里
同福智山朽木出羽守、京ゟ廿二里
同柏原織田出羽守、京ゟ廿弐里

京都公儀御連持（ママ）人医師

堀川下立売下ル丁
卅人扶持
山脇道作

富小路夷川上ル丁
米百俵
山科岱安

烏丸四条上ル丁
米百俵
畑柳安

一条新丁西江入丁
米百俵
浅野等安

禁裏仙銅（洞）御所御扶持医師

徒（ママ）禁裏米三十石上京狩野辻子　藤木駿河守
徒禁裏仙洞五人扶持寺丁丸太町下ル　御薗玄番（ママ）助
徒禁裏拾五人扶持富小路夷川上ル　山科岱安
徒禁裏五人扶持烏丸四条下ル　畑柳安
徒禁裏五人扶持烏丸御池上ル　山科養安

同拾人扶持竹屋丁東洞院東入ル丁　大津賀仲安
同卅人扶持仙洞ゟ五人扶持一条新丁西入ル丁　浦野等安
同三人扶持油小路出水上ル丁　百ゝ綾亮

一画師重立候分左ニ禁裏御扶持人三人

寺丁丸太丁下ル　土佐土佐守
油小路夷川上ル　靍沢欄之助
御幸丁二条上ル　狩野縫殿助

室丁中立売下ル
吉田元陳

塔之段
狩野正米（栄）

同　玉舟

下立売西洞院東入
嶋田主計頭

堺丁丸太丁下ル
山田宗隠

上京相国寺前
杦（杉）山元春

黒門下立売上ル
嶋士（通）道

岩上四条上ル
石田出（幽）汀

内丸太丁寺丁東入ル丁
勝山録（琢）舟

寺丁丸太丁下ル
高槻権之助

木屋丁三条下ル
堀素道

油小路二条上ル
大森捜月

四条富小路西入
円山主水

室丁二条下ル
江村玄甫

右者
禁裏御出入

一呉服所六軒

中立売西洞院角
二百石　後藤縫殿介

小川出水上ル
二百石　茶屋四郎八郎（ママ）

六角堀川東入
亀や米（采）之進　　西洞院蛸薬師上ル
茶屋長与
上長者丁大宮西入
在江戸　三嶋や吉兵衛　　小川出水下ル丁
在江戸　上柳彦兵衛
西洞院椹木丁上ル
右名代　板倉権右衛門　　名代　刀称弥惣次

一京都三職之者
御冠師　今出川小川東入　木村出雲守
御烏帽子師　室丁一条上ル丁　栖（杉）本美濃守
御（末広）薬炭師　小川今出川上ル　岡村淡路守

一本阿弥
上京実相院町弐百七石五十人扶持　本阿弥三郎兵衛
同堀之上町百石拾五人扶持　本阿弥七郎右衛門
同丁五十石四斗三升五合　本阿弥九郎左衛門

一分銅後藤大判座
江戸京橋南壱丁目　後藤四郎兵衛
同居四郎兵衛弟
後藤只吉　　江戸下谷泉瑞口院丁
後藤利兵衛
南都　後藤喜兵衛　　同居伜　同源市三郎

京都室丁頭後藤図子
分銅所　後藤四郎兵衛屋敷　　烏丸頭上立売上ル乗後家（ママ）
後藤文乗後家
住居　同四郎兵衛　　光月
同丁　同八郎兵衛　　室丁頭岩栖院丁
後藤勘兵衛
彫物兼帯
同七五郎

一京都針口天秤屋之事
御池烏丸東入
針口屋与一郎　　御池両替丁西江入丁
針口屋与一兵衛
同丁
針口屋与十郎　　綾小路高倉東入
同　藤五郎
夷川間之丁東入
同　太四郎　　間之丁押小路上ル
同　与三郎
東堀川松原下ル
同　伊八郎　　大宮中立売下ル
同　伊兵衛

〆

一京都紙漉兄頭部
東中筋松原上ル
年寄　橋本九郎兵衛　　七条高瀬東入
年寄　木村卯右衛門
禁裏御所へ紙漉ゟ差上来候紙品左之通
一宿紙七千五百枚　但、年料之分、此外臨時御用節も差上候
此紙者綸旨口定（宣）宣命御神楽、其外御用品〻御用

一強紙二百五十枚ゟ以下御用次第ニ差上候
此紙ハ将軍宣下之節、神社例幣之節、其外高官勅許之節
御用
吉書紙、右同断
此紙堂上方拝賀之節御用
一暦之宿紙五拾枚
此紙ハ職事方ゟ調進御暦之御用
一茅輪之白紙、右同断
此紙は名越(ママ)之御祓御用ニ相成を以、茅輪ヲ巻
御用
万歳之御用紙千枚
是ハ御即位之節御用
一薄様之御地紙百五十枚
是ハ毎年夏土用前長橋殿玄関ゟ差出
合七品
一金座　　江戸住、京屋敷姉小路烏丸東入ル丁
後藤庄三郎代役二人、金座年寄、同勘定役、同平座
一銀座　　両替丁二条下ル丁ゟ三条通迄四丁之内住居
銀座年寄、同勘定役、同戸棚勘定役、同戸棚役、同平座

一常是大黒作右衛門
一朱座役人江戸勤番、朱座年寄下村安之助、糸屋源蔵、尾本
与八郎、義村甚之助、在江戸平役四人
一京住居為御替御用達
新丁六角下ル丁
三井三郎助
三井組　三井吉之助
三井次郎右衛門
拾人組之内
室丁丸太丁上ル丁
荒木伊右衛門
室丁御池上ル
奥田仁左衛門
烏丸押小路上ル
小野善助
衣棚御池下ル
嶋田八郎左衛門
京都糸割符
下立売油小路西へ入
年寄　倉光喜左衛門
柳馬場御池下ル丁
小野寺三郎右衛門
釜座御池上ル
請払　得能作兵衛
大宮五辻上ル
同　寺尾清兵衛
烏丸六角下ル
組頭　森川吉左衛門
下長者丁烏丸西入
平割符　有木直次郎
五条大黒丁
磯村庄兵衛
蛸丁(ママ)五条下ル二丁目
年寄　鎌田源太郎
下長者丁西洞院東入
同　江原忠七
伏見海道正面下ル
請払　山村市左衛門
大宮一条上ル丁
同　中林長左衛門
四条烏丸東入
組頭　伊東権左衛門
室丁上長者丁下
佐藤源兵衛
大宮元誓願寺下
木村五兵衛

一条烏丸西入
石井鉄次郎

下立売新丁西江入
折建や三郎介

室丁丸太丁上ル
荒木伊兵衛

三条高倉東入
桂虎次郎

三条大橋東二丁目
篠田幸七

二条新丁東入
湯浅喜右衛門

新丁御池下ル丁
嶋田金蔵

烏丸椹木丁下ル
下村正太郎

室丁上長者丁上ル
伊藤善右衛門

御池堺丁東入
得能栄三郎

新丁二条下ル
蔵御払元方
村瀬喜右衛門

室丁丸太丁上ル丁
本両替仲ヶ間年寄
永原屋久兵衛

油小路下立売上ル
日野屋甚三郎

酒屋仲ヶ間年寄
重衝（カ）屋平右衛門

堺丁二条上ル
木村彦太郎

室丁御池下ル
鈴木吉右衛門

烏丸綾小路下ル
駒井左助

大宮元誓願寺下ル
八文字屋安五郎

竹屋丁小川東入
和久屋九郎右衛門

西洞院椹木丁上ル
比喜多権兵衛

柳馬場六角下ル
寺田屋繁松同居
富山浄悦

上長者丁烏丸東入
水戸屋敷　佐藤彦五郎

大宮五辻下ル丁
勝茂兵衛

大宮今出川下ル丁
藤田作兵衛

夷川西洞院東入
秤屋
神善四郎

油小路竹屋丁下ル
桝屋
福井作左衛門

寺丁松原角
本銭屋仲ヶ間年寄
津国や長兵衛

新丁三条下ル丁
堺屋利兵衛

堺丁三条下ル丁
多仁利藤兵衛

東洞院御池下ル丁
和原（ママ）間屋仲間年寄
若狭甚左衛門

五辻大宮西入ル丁
糸屋仲ヶ間年寄
東四郎兵衛

大宮高辻上ル
寺尾清兵衛

押小路柳馬場東江入
六条新地米会所
家質会所
貸物会所
嶋本三郎九郎

仏具屋松原下ル
扇地紙買元会所
藤屋庄兵衛

椹木丁小川西入
三店魚屋年寄
万代三郎兵衛

松之下中立売上ル
綿延売買会所
加嶋屋庄五郎

堀川三条上ル丁
大文字や吉右衛門

河原丁夷川北西角
升屋庄兵衛

神泉苑町御池下ル丁
銭小貸会所
倉光弁左衛門

小野寺金蔵

知恩院古門前
荒道具質店
常盤や秀三郎

四条油小路東入
田中屋余三右衛門

竹屋丁小川東入ル丁
質屋古手や会所
和久屋九郎右衛門

六角新丁西江入
上納会所
宮西九郎兵衛

二条油小路東江入
人参会所
角屋六兵衛

辻伝次郎

烏丸仏光寺下ル丁
油会所
日野や半三郎

室丁与新丁之間
三条下ル了頓之図子
金銭延売買会所
　矢野利右衛門
御用米会所
　頭取　沢屋武兵衛
　　伏見や八兵衛
組頭　伊丹屋与兵衛
　　加那屋九兵衛
　　矢谷屋利兵衛
西陣栄丁
茶宇織屋
　分銅屋八郎兵衛
同戌亥丁
　茶宇屋長兵衛
　此外三十軒
同丁
羽二重織屋
同中之丁　白粉屋九右衛門
　播摩(ママ)や吉兵衛
　外三十軒
河原丁三条下ル
阿蘭陀宿
　村上専八

堀川御池上ル丁
古道具改会所
　熊谷仁左衛門
烏丸御池東入ル丁
糸割符元方
長崎御蔵払上納貸付方
　村瀬喜右衛門
材木や仲ヶ間年寄
　久保藤左衛門
　此外五拾軒
堀川今出川上ル丁
御召高機織物屋
　俵屋平助
今出川小川西入
新在家熨斗目織屋
　熨斗目屋長兵衛
新町頭清蔵口
紗綾綸子織屋
　亀屋伊兵衛
同下清蔵口丁
　井筒屋嘉兵衛
今出川知恵光院西入
　亀屋善兵衛
西陣北いの熊丁
　健(ママ)屋伊兵衛

此外五十軒

一由緒在之浪人
先祖本多出雲守ニ相勤罷在候粟原権右衛門与申、其後代浪
人城刕葛野郡下桂村大藤権右衛門
但、町奉行所江親類書差出候
六角堂前先祖御直相勤長谷川忠兵衛与申者長谷川三平
城刕乙訓郡神足村ニ住浪人神足多門
同刕同郡上久世村住父次右衛門儀者松平日向守ニ相勤申候
　高畑次郎右衛門
同刕相楽郡槙(椿)井村住柳(生)庄備前守之浪人
　槙(椿)井利右衛門
同刕葛野郡川嶋村住革嶋瀬左衛門
　同　権之丞
同刕同郡壬生村住先祖小出伊勢守ニ相勤候節者服部甚五左
衛門与申候、其後代人浪人
　沢三左衛門
城刕相楽郡槙井村住先祖二条御城番与力相勤候節者得平清
左衛門与申候
　得平民宮
一茶道具宗匠家重立候分

紀劦殿家来上京本法寺前丁　千宗佐
松平隠岐守家来同丁　千・宗・守（玄室）
〔武者小路西洞院西入町、右同人家来　千宗寺
西洞院七条上ル丁戸田采女正家来　藪内縁（紹）智〕
・戸・田・采・女正（畠山式部）家来東堀川中立売下ル　藤村源右衛門
〔藤村輔軒　跡〕
高倉押小路上ル丁　久田宗浜
東洞院押小路上ル　松尾宗政
永井日向守家来釜座二条上ル丁　堀内宗真

一楽焼并茶具細工人重立候者
室丁一条上ル丁
柄杓師　黒田正玄
武者小路小川東入
数寄屋道具塗師　・堅（塗）師宗哲
烏丸三条上ル
紫服紗師　塩瀬九郎三郎
小川上立売上ル射場丁
数〔寄〕屋道具指物桧物師
出水油小路西江（来）入丁
一閑張細工　飛木一閑
烏丸上立売下ル
数寄屋道具金具師　長田浄益
油小路一条下ル
楽焼師　楽焼吉左衛門
新丁四条下ル唐金唐物細工　金や五郎三郎
綾小路室丁東入
釜師　名越弥右衛門
三条新丁西入
釜師　西村道也
釜屋浄元
・桧（指）物師利右衛門　利助トモ言
高倉竹屋丁下ル
数寄〔屋〕道具挽物師　戸沢左近
六角堂立花宗匠
頂法寺地之坊（池）

一定職重立候分
河原丁丸太丁下ル
連歌師御扶持人　里村昌逸
釜座出水上ル　石井了珉
新丁入江殿図子　猪苗代兼恵
烏丸出水上ル
左官触頭　池田喜兵衛
八坂上之丁
檜皮師触頭　平岡平七
寺丁四条下ル丁
大仏師職　七条左京
富小路押小路下ル
大経師　縫屋内匠
室丁下立売下ル
経師　浜岡道泉
上長者丁新丁西入
院経師　経師藤蔵
猪熊丸太丁下ル
具足師　岩井喜四郎
御幸丁御池上ル丁
具足師　岩井喜兵衛
同　七郎兵衛
西洞院竹屋丁下ル
日本刀鍛冶宗匠
刀鍛冶　三品伊賀守
建仁寺丁五条上ル
碟師　吉信勘左衛門
西木屋丁松原下ル
同　吉辻六左衛門
寺丁松原下ル
同　吉近伝兵衛
同丁
同　吉提（カ）茂右衛門
中立売
畳大工　大針助之丞
烏丸四条下ル
同　伊弥（阿脱カ）勝之助
同　伊阿弥新三郎
烏丸竹屋丁下ル
御翠簾所　望月徳助
寺丁丸太町上ル
同　谷口越後助
東堀川丸太丁上ル
鍛冶触頭　清水平兵衛
西洞院竹屋丁下ル丁
刀鍛冶　三品丹波守
小川一条上ル丁
御太刀師　広野播摩
寺丁松原下ル丁
弓師　羽伴（マヽ）半兵衛
同丁
同　高垣長左衛門
同丁
矢師　河村権兵衛
建仁寺丁五条下ル
同　大石佐兵衛
坂弓矢丁
同　甲左近事宗寿
油小路御池下ル
刀脇差硎師　竹屋太兵衛
竹屋七兵衛
此外四十五軒
堀川二条上ル鐺屋
武者師　桂伊兵衛
二条堀川東入鐺屋　鐺屋五兵衛

松原坂弓矢丁
弦師　服部越前事新平
同丁
同　山本周防事勝七
下長者丁室丁西入
香具師　大黒屋肥後大掾
衣棚下立売下ル丁
墨所　長田大和掾

白川橋三条下ル東入
鷹之鈴師　明珍三郎兵衛
中立売室丁角
香具師　藤井播摩(ママ)像
下長者丁室丁西入
同断　香具屋十右衛門
烏丸六角下ル丁
本山方修続(験)袈裟所　岡田左兵衛

烏丸下立売下ル
習(ママ)束師　高田出雲
室丁一条上ル
同　石原越中
室丁三条下ル
同　三宅近江
麩屋丁六角下ル丁
鐙師　鐙屋伝右衛門
烏丸六角下ル
東(ママ)山方修続袈裟所　岡田組馬(ママ)

一京都ニ而重立候儒者之分
東堀川下立売上ル丁　伊藤忠蔵
同二条下ル丁　松永昌輔
河原丁三条下ル　松永猪太郎
井伊掃部頭殿御扶持人　竜一郎
四条室丁東入
村瀬掃部

一能稽古場常舞台在之候ヶ所
観世流太夫方　大宮五辻上ル丁　観世屋敷留守居兼　片岡九郎右衛門
喜太(ママ)流太夫方　二条川東法星(皇)寺北門前丁　竹内平七

一能役者京住之分大概
金春流　新丁中立売下ル　加刕扶持人　寺田門次
悴　左門
喜多流　新丁中立売上ル　土刕扶持人　堀池庄兵衛
悴　弥三郎
金剛流　二条油小路東入　野村八郎兵衛
同　今出川室丁西入　川勝権之丞
観世流　西洞院二条上ル　片山九郎右衛門

脇方
加刕扶持人　春藤万右衛門
紀刕扶持人　藤田伊右衛門
室丁上立売上ル
紀刕扶持人　平野勘右衛門
新丁一条下ル
土刕扶持人　中村四郎三郎
室丁上立売上ル丁
土刕扶持人　中村勘兵衛
悴　猪八

笛方
西洞院武者小路行当
加刕扶持人　杉利兵衛
河原丁丸多(ママ)丁上ル二丁目
石井庄七
室丁仏光寺下ル丁
阿刕扶持人　高木利兵衛
小川丸太丁下ル丁
丹刕亀山扶持人　木村多左衛門
室丁一条上ル
仙台扶持人　平岡十三郎

相国寺門前二本松丁
加劦扶持人　岡田次郎左衛門
知恩院上長者丁下ル
加劦扶持人　山田佐左衛門

小鼓方

一条西洞院東入ル丁
加劦扶持人　北村千之丞
悴　猶次郎
新丁中立売下ル
同断　粕屋彦次郎
同丁
土劦扶持人　関口伝次郎
綾小路烏丸西入
阿劦扶持人　山崎才次郎
衣棚夷川上ル丁
亀山扶持人　清水庄九郎
室丁仏光寺下ル
高木利兵衛同居
讃劦高松扶持人　高木一十郎

狂言方

松之下一条下ル丁
尾劦扶持人　野村又三郎
東堀川中立売下ル丁
尾劦扶持人　山脇藤左衛門
高倉二条上ル丁
加劦扶持人　三宅乙九郎
右乙九郎同居
加劦扶持人　三宅藤五郎
葭屋丁中立売上ル　坂倉惣蔵

同丁
同断　平岩作十郎
室丁武者小路上ル
尾劦扶持人　平岩嘉兵衛
出水釜座西入
尾劦扶持人　三村善三郎
室丁上立売下ル
加劦扶持人　山本直吉
大宮今出川上ル
仙台扶持人　東永伝十郎

大鼓方

六角新丁東入
阿劦扶持人　櫛橋源八
油小路下立売下ル
仙台扶持人　北脇又吉
悴　善助
下珠数屋丁東洞院東入
高槻扶持人　村上新蔵
悴　希蔵
西洞院二条上ル丁　橋本平次
石薬師門前　内藤亦四郎

太鼓方

室丁四条下ル
加劦扶持人　小寺金七
悴　彦四郎
油小路丸太丁下ル
加劦扶持人　小寺吾左衛門
麩屋丁二条上ル
加劦扶持人　佐ゝ木寿六
新丁四条下ル丁
阿劦扶持人　谷田新六

謡方

武者小路西洞院東入
尾劦扶持人　山田半之丞
衣棚御池上ル　薗久兵衛
二条小川東入　皆山三郎右衛門
蛸薬師室丁東入　浅野太左衛門

新丁中立売下ル丁
加劦扶持人　加藤子勘蔵
錦小路烏丸西入　浅田藤助
新丁御池下ル　岩井七郎右衛門
同仏光寺下ル　林喜右衛門

一洛中丁数家数
丁数千五百七十丁、家数四万六軒
内、役家三万九百四十軒余　年ゝ増減在之
此役家相勤不申分、典薬禁裏御用并地下役相兼堂上方御内町人ニ而地下役相兼候者、商売筋ニ而諸役御免除之もの在之除之、六丁之儀、禁裏御庭并御築地内掃除役相勤候町在之、往古禁裏向寄町之内六丁ゟ相勤候間、段ゝ御所方御殿数多相成候故、右丁数ニ而ハ相勤不申候ニ付、追増丁出来、当時ニ而ハ八丁ニ相成候、依之此古例を以掃除丁六十丁《六町》与唱

但、関東江年頭拝礼献上物等之諸入用、其外町夫且火役人足并両役所町代部屋諸入用、見座中座小番等之給銀ニ差出候ニ付、一軒役壱分宛差出申、尤仕《竹》伐人足役相勤不

中分、刀脇差硎屋分之内ハ断罪之もの在之候節、場所江硎屋之内ゟ罷出硎仕候ニ付、家持之もの出銀出し不申候、借屋之者共其居丁ゟ壱軒役之分出申候

外ニ西寺内丁数六拾丁、家数千九百六十九軒

内、役家千二百十三軒、此訳書、前同断

但し、竹伐人足出銀斗出シ申候

東寺内丁数五十九丁、家数九百廿六軒

内、役家九百八軒、此訳書、右同断

但、竹伐人足出銀斗出申候

一洛外町続町数家数

町数三百拾八丁、家数六千三百四十六軒

役家千七百四拾六軒、此訳書、同断

但、竹伐人足出銀斗出不申候

一大仏妙法院宮境内　丁数五十丁

一粟田領青蓮院宮境内　丁数廿九丁

一上下京并聚楽西陣境内分

上京　南者二条北例《(側)》ゟ北者野はつれ迄、東加茂川限、西は千本限

右之内聚楽境　東は堀川限、北は中立売限、南二条城限

西陣境　東ハ堀川限、西ハ廬山寺限、北東ニ而今宮御旅所限、南ニ而一条通限

下京　北ハ二条通南側ゟ、南は七条通限、東者加茂川限、西は千本限

右之内

西寺内境　西大宮通、東新丁通、北魚棚通、南七条

東寺内境　西新丁通、東大宮通、北魚棚通、南七条

寛政六寅年洛中洛外寺社町方宗門数

洛中洛外町数千八百九十六丁、去丑年一丁減

家数四万四千八百八十九軒　去丑どし四十九軒僧《(ママ)》

合廿九万六千二百五十二人　去丑どし四千卅八人僧

内、僧五千七十三人、男十五万千五十人、女十四万百廿人

非人穢多宗門人数

合一万三千八百六十五人　去丑どし四百九十弐人僧

内、男七千八百九人、女六千五十六人

大津寺社宗門人数

合八百八人　去丑年ニ四拾七人僧

内、僧六十五人、男三百九十二人、女三百五十壱人

奈良町数弐百二丁、東西廿六丁、南北四拾丁

内、百三拾四丁奉行支配、六十八丁寺社方

一町代名前并持場役料并小番給銀等

上丁代拾二人、下丁代拾六人

持場百丁、銀二〆三百匁、新丁一条下ル《油小路二条上町》 本間又右衛門《上町代本間勇次》

内、六百五十匁茂左衛門へ遣、油小路中立売下ル《一条新町西南角》

〔下町代〕鵜飼茂左衛門

同　常次郎

一八十四《壱》丁、銀二〆三百目、六軒丁一条下《上》ル丁

〔上町代〕古久保勘十郎《新三郎》

同　文五郎

内、四百目惣八江遣ス、笹屋丁《今出川》千本東江入丁

岸惣八《下町代岸利三郎》

一百七十九《八拾弐》丁、銀三〆六百八十匁余、油小路高辻下ル丁

田内彦助《上町代田内米太郎》

内、六百四十匁伝六へ遣ス、油小路《岩上》三条下ル丁

藤沢伝六《下町代藤沢徳次郎》

〔下町代藤村孫一郎〕

一百七丁、二〆三百七十匁、蛸薬師新丁東入丁

〔上町代〕奥田佐兵衛

内、七百五十匁五兵衛へ遣、小川三条上ル丁

樫本五兵衛《下町代樫本五平》

一百六十七町、銀弐貫四百四十匁、新丁中立売上《下》ル丁

〔上町代〕梅村七左衛門

同　八十八

内、三百匁九兵衛へ遣ス、下長者丁烏丸西入丁

〔下町代〕杉本伊八

四百五十匁伊八へ遣ス、中長者丁新丁西入

橋本九兵衛《下町代橋本金七》

一九拾四丁、二〆五百匁、河原丁二条下ル丁

山内庄助《上町代山内吾橘郎》

内、五百四拾匁伊兵衛江遣、新椹木丁夷川上ル《竹屋町下ル丁》

中嶋伊兵衛《下町代中嶋猪作》

一百卅丁、銀二〆五百六十匁、黒門《油小路》下立売上ル《下ル丁》

早川喜八郎《上町代早川菊次郎》

内、五百匁又吉へ遣ス、日暮下立売上ル丁《大宮椹木町下ル丁》

本郷又吉《下町代本郷駒次郎》

一百九拾五丁、三〆五百五拾匁、北猪熊今出川上ル
〔上町代　早川孫三郎〕
西陣栄丁《大宮一条上町西江入丁》
石川五兵衛《下町代石川嘉兵衛》
内、七百五十匁嘉兵衛へ遣、七百匁定八江遣、
油小路元誓願寺下ル《一条新町西入丁》
一九拾七丁、銀三〆三十匁、車丸丁《東洞院》丸太丁下ル丁
梅林定八《下町代梅林友八》
〔上町代　松原雅之助〕
内、七百六十五匁伊右衛門江遣、下立売衣棚西入《間之町夷川下丁》
林伊右衛門《下町代高野源吉》
八百七十匁弥兵衛江遣、六角新丁西入
樫本弥兵衛〔下町代〕
一六拾《七拾》八丁、壱〆八百四拾匁余、新丁高辻下ル丁《仏光寺》
竹内要助《上町代竹内要蔵》
内、四百八拾匁権八江遣ス、仏光寺新丁東入
藤井権八〔下町代〕
一百三十八丁、弐〆七百匁余、烏丸綾小路下ル丁《烏丸仏光寺上ル丁》
石垣甚内〔上町代〕

内、六百匁権右衛門江遣ス、烏丸仏光寺下ル丁《仏光寺烏丸東入町》
西村権右衛門〔下町代〕
一百三《弐》丁、弐〆四百匁、西洞院御池上ル町《押小路下ル丁》
山中仁兵衛《上町代山中覚次郎》
内、六百七十匁長兵衛へ遣ス、油小路御池上《下》ル丁
塚本長兵衛《下町代塚本篤六》
六拾一丁、西寺内町代、新丁七条上ル丁　木元専蔵
西中筋七条上ル丁　麻田用三郎
東寺内五拾九丁、上町代、不明魚棚下ル丁
御門主ゟ給分廿五石七斗宛　木村弥惣右衛門
不明七条上ル丁　福岡佐右衛門
下丁代、不明七条上ル弐丁目、七石三斗宛　寺村五郎兵衛
三十丁古寺内
廿九丁新寺内
万年寺（寿）不明東入　橋本三次
小番六人給銀、壱人一日銀弐匁ツヽ之積、其年日数之通相渡シ
一京都社事（マヽ）并法会重立候分
正月節分禁裏内侍所　同五条天使宮参詣

同十九日ゟ同廿五日迄　円光大師御志（忌）
　但、知恩院并黒谷百万遍寺浄華院修行
二月初午ノ日　稲荷　　　右同日　東福寺懺法
廿五日　北野天神　　　　十五日　同寺涅槃会
　但、菜種之御供ト唱執行在之
三月午ノ日　稲荷
　　午ノ日二ツ有時初午也
三月十四日ゟ廿四日迄　壬生寺大念仏修行
廿一日　東寺弘法大師御影供
四月上ノ卯ノ日　稲荷神事
四月中ノ午ノ日　御蔭　　五月五日　競馬
五月十五日　今宮神事　　晦日　祇園御輿洗
六月五日　祇園会山鉾曳初
七日　祇園出輿　町〻ゟ山鉾等出し、鉾数廿三本
来ル十八日迄四条河原納涼在之
十四日　右同断神事、山数左ニ証在之
十八日　右同断御輿洗
廿日ゟ晦日迄下鴨御手洗紀《タヾス》納涼ト唱
七月六日　北野天神手洗　　七日　六角堂池之坊立花
九日　六道珍皇寺会式　　八月十八日　御霊神事
九月十二日　太秦牛祭　　十月十四日　誓願寺十夜
十月十五日　真如堂十夜
十二日　法華宗六本寺ニ而日蓮宗祖会式
十一月十三日ゟ四十八夜空也堂会仏《（ママ）》執行、踊念仏ト唱
廿二日ゟ廿八日迄親鸞上人報恩講
　但し、東西本願寺并仏光寺ニ而執行在之
十二月晦日　祇園社会式、削リ懸ケト唱
一祇園会山鉾在之候丁〻、六月七日分
　四条烏丸東入　長刀鉾　　室丁四条上ル　菊水鉾
　四条室丁東入　函谷鉾　　新丁四条上ル　放下鉾
　四条室丁西入　月鉾　　　新丁綾小路下ル丁　船鉾
　新丁仏光寺下ル　岩戸山　錦小路室丁東江入　占手山
　錦室丁西入　　天神山　　四条新丁西入　釜堀山
　綾小路室丁西入　傘鉾　　綾小路新丁西入　琴破山
　仏光寺油小路東入　木賊刈山　烏丸四条下ル丁　孟宗山
　東洞院高辻下ル　保昌山　　室丁錦上ル丁　山伏山
　室丁綾小路下ル　白楽天山　西洞院四条上ル　蟷螂山
　油小路綾小路下ル　天神山　油小路高辻下ル　太子山

四条油小路東入丁　傘鉾

六月十四日之分

蛸薬師室丁東入　橋弁慶山　　六角室丁東入ル丁常明山

三条室丁西入　鷹山　　烏丸三条上ル　鈴鹿山

室丁三条上ル　行者山　　室丁三条下ル　黒主山

室丁六角下ル丁　鯉山　　新丁三条下ル　八幡山

新丁四条下ル　船鉾　　新丁六角下ル　観音山

新丁蛸薬師下ル丁　観音山

右山鉾番附鬮取を以相定候ニ付、例年丁奉行連印之鬮札者雑色共へ相渡シ、夫〻山鉾丁〻年寄ども前日に六角堂へ呼寄、鬮取を以相渡、七日十四日共当日朝曳出候場所ニ而雑色請取之相延(改カ)候事

一毎年七月十六日送り火与申焼場所并間数

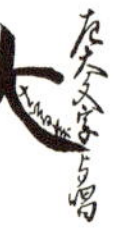

左大文字与唱
十六間余

城刕葛野郡大北山村

六十間
六十間

同刕同郡上嵯峨仙翁寺村

長凡九十間

同刕同郡北嵯峨村

長サ凡廿間

同刕同郡観空寺村

六十四間
四十八間
四十三間
四間
九十七間
百四十五間

同刕愛宕郡西加茂

〔今原村〕鎮守庵村　惣門付(村)

卅間余
凡十六間
五十五間余
四十間余

同刕同郡東山浄土寺村

五間
四十六間
九十六間
廿九間
廿六間

同愛宕郡松ヶ崎村

廿一間
十八間余
十八間
四間
五間
六間

同断

一雑色知行高并持場四方内見座中座牢賄之事

上雑色四人、下雑色八人

御朱印知行高百五十七石

内、配当卅二石九斗六升弐合五夕

方内坤之方、洛外村数百九十六ケ村、丁数卅三丁

右高之内扶持方三石八斗一升五合

綾小路大宮西江入　*松村三吾《三郎左衛門》
同前下雑色　小嶋吟次郎《十太》
右同断五石八斗　新シ丁錦上ル丁　永田貞五郎《太次右衛門》
三拾五石壱斗六升二合五夕
小川三条上ル丁　五十嵐仲輔《源吾》
方内乾之方、洛外村数六十六ヶ村、丁数六十七丁
右高之内扶持方五石　御池堀川東入　中井十《三》右衛門
同　五石　姥之図子　山村幸次
卅壱石四斗六升二合五夕
諏訪丁松原下ル丁　松尾佐兵衛
方内巽之方、洛外村数百八十九ヶ村、丁数百五十五丁
右高之内扶持方五石
醒ケ井四条下ル丁　村上英之助《平太》
五石　岩上四条上ル丁　津田正三郎《安之進》
三十石四斗六升二合五夕
柳馬場夷川上ル　荻野勝之助《七郎右衛門》
洛外村数四十二ヶ村、丁数六十五丁
右高之内扶持方三石五斗
釜座二条上ル　湯浅多一郎《角右衛門》

同断　五石　同　下ル丁　岡本徳三郎《栗坂文吾》
見座　池本藤右衛門《中西又兵衛》
田辺元次郎《福嶋郷助》

右見座共儀者洛中ニ見座家ト申もの共廿二軒半在之、一軒役ニ一ヶ年ニ銀十四匁ツヽ為番銀差出シ、前々ゟ右見座共へ洛中洛外丁々ゟ毎歳貰(ママ)ニ取集候、右丁年寄町代共年頭下リ入用銀等之内ニ而赦銀四百目両人江差遣、中座給銀之儀者洛中ニ年(ママ)頭事と申もの七拾丁在之、右中座拾弐人在之、

右丁ゟ差出候事

古丁ゟ銀壱匁新丁ゟ壱匁五分、中座壱人ニ一日銀二匁五分ツヽ

* 右の条文中の雑色、見座の所書と人名の抹消および修正は朱書である。

一牢賄五人扶持伊東貞次郎《古瀬加十郎》、下男一人下女弐人、三人江一人扶持ツヽ給銀一ヶ年ニ銀二百匁被下候

〆八人扶持

是は牢舎人御扶持方之内江詰込、二条御蔵米ニ而受取之、但シ、貞次郎受取手形ニ上雑色奥書町奉行裏書ニ而受取、牢舎人壱人一日米五合四合(ママ)六夕ト弐割之踏減縄俵被下候ニ

付、番ものごと味噌牢舎人へ遣候
　牢舎人江一日一人味噌三夕、汁ノミ代四毛
　塩弐夕、薪代六厘五毛
　揚り屋入之もの一日壱人薬代壱服ニ付四厘ツヽ
　薬代三分、壱ヶ月一度ツヽ牢舎人江入湯被仰付候節、一
　人湯代壱分三厘
一小屋下預ケもの壱人一日賄方
　味噌六厘、塩二厘、番もの弐厘、薪四厘
　　〆八厘六毛
　　但、米俵糠頓着無之、会所へ被納り（ママ）仕候由
一牢屋鋪惣地坪数千百弐坪
　壱棟本牢弐ツ間　但、外ニ詰牢壱間　梁行五間半桁行八間
　壱棟切支丹牢三間　梁行五間半桁行拾一間
　壱棟女牢一間　梁行四間半桁行五間
　揚り屋　揚り屋揚り場無請三間　梁行五間桁行二間
　雑色番所壱ヶ所、吟味場壱ヶ所、預りもの差置会所壱ヶ所
一悲田院村圏并居村小屋数等之事
　壱棟三間　梁行三間桁行三間半
　壱棟新宅与唱　梁行二間桁行二間五尺
　壱棟座敷与唱　桁行二間半梁行三間
　壱棟　梁行一間桁行四間二尺
　　内、女之間一ヶ所、番所壱ヶ所
　壱棟女入置候小屋　桁行二間梁行一間
　　〆五棟
　外ニ会所一ヶ所　桁行四間半梁行八間半
　悲田院居小屋五拾軒、右村方ニ居候手下之もの三十四人
　　但、村方一条殿家領年貢地
一悲（非）人小屋七拾ヶ所、小屋頭六拾九人、内小屋持廿人
一六波羅野ニ在之候小屋下預中相果候もの、無宿其外行倒非
人死骸取捨場
　惣坪地百拾九坪　但、南無地蔵与俗ニ唱
　　内、取捨場深サ弐間巾八尺四方
　　構高掃表込六間
右之外古穴在之、折々穴堀替候ニ付、深サ巾敷等時々増減
在之
一御仕置場之事
火罪磔等并洛中引廻之上死罪等相成候もの罪場、大津海道
京入口、粟田口与唱

死罪御仕置相成候もの断罪場
二条西御土居之外、西土手与唱
三条大橋東詰ニ而晒者申付候
去ル申年火災後ゟ同戌年迄、粟田口迄囚人引渡候儀差支
候ニ付、於此所火罪磔獄門、洛中洛外引廻死罪申付候
　　　　三条西土手際

一京都火葬場数之事
七条東洞院東江入南側　金光寺領之内焼場壱ヶ所
東山黒谷持中山　焼場壱ヶ所
下立売西木辻村領　方坂　同壱ヶ所
　右続ケニ壱ヶ所有之
唐橋村領之内　狐塚　焼場一ヶ所
千本之北　蓮台寺境内　焼場壱ヶ所
粟田領内　阿弥陀峰　焼場壱ヶ所
　但、近年者火葬不致候

一穢多村数之事
山城国中穢多村卅四ヶ村
内、牢屋敷外番役相勤候村数廿一ヶ所
断罪役牢屋敷掃除并外番内番役相勤候重立候村方五ヶ村
天部村　六条村　蓮台寺村　北小路村　川崎村

一傾城町間数并傾城屋揚屋等数
東西九拾九間　南北百廿三間
　但し、外側高塀共
地坪数壱万三千四百五十坪半
　但シ、丹波道ゟ惣門迄百五十三間、地坪四百五拾九坪
西新屋敷与唱、嶋原トモ言
　町数六丁
揚屋丁　下之丁　太夫丁　中堂寺丁　上ノ丁　中ノ丁
　傾城屋拾八軒　揚屋拾軒　茶屋拾六軒

一四条河原常芝居三ヶ所
但、四条通建仁寺丁西江入ニ在之、中之町与唱ル
壱ヶ所北側東之方　芝居主　井筒屋勝次郎
壱ヶ所西之方　同　両替屋与三右衛門
壱ヶ所南側　同　永楽屋九蔵
右芝居主共矢倉年寄与唱
　　　歌舞伎芝居名代
　　　　布袋屋梅之丞
　　　　亀谷粂之丞

蛭子屋吉郎兵衛
都万太夫
甲雲長太夫

右芝居札茶屋株

一七拾五軒

但、縄手四条上ル　四条中之丁　東石垣丁辺ニ在之候

一寺社境内ニ而臨時ニ日限相定、中小芝居致候ヶ所ニ而、右

芝居名代

寺丁丸太丁下ル下御灵社内
寺丁竹屋丁行当り革堂行願寺内　寺丁六角行当り誓願寺内
寺丁六角下ル丁和泉式部誠心院内　寺丁蛸薬師下ル円福寺内
寺丁錦小路行当り錦天神六条道場歓喜光寺内
寺丁四条上ル丁四条道場金蓮寺内　東洞院六角上ル丁住心院内
西洞院松原西南角俗ニ天使与言五条天神社内
烏丸松原東入因幡堂内　西洞院仏光寺下ル菅大臣内
六角烏丸東入六角堂内　五条西橋詰滅光院内
北野下之森　上京上御灵社内　安居院今宮御旅社内
綾小路東洞院東入神明社内　寺丁清和院口上ル中御灵社内
塩小路村稲荷旅所内　二条川東新建地聖護院領

傾城丁西新屋敷内

一中芝居（櫓名代）　津川大吉

但、壱ヶ年ニ五十日宛五ヶ度

一小供芝居（右同断）　宇治嘉太夫

但、度数無限、五十日宛百程宛日延願茂差赦

一同（同）　伊勢松左衛門

但、壱ヶ年ニ五十日宛五ヶ度

一右同断（同）　藤本正三

但、壱ヶ年ニ五十日宛三ヶ度

一同（同）　笠屋新太夫

但、壱ヶ年ニ五十日宛五ヶ度

一右同断（同）　日暮八太夫

但、壱ヶ年ニ三十日つゝ三ヶ度

一右同断（同断）　若竹庄九郎

但、五人仲ヶ間ニ而卅日つゝ之芝居　宮古路国太夫
二ヶ所二人江差免、尤庄九郎国太夫　陸竹大三郎
与廿日宛増日相願、五十日つゝ興行　竹嶋友之助

之事
寅屋喜太夫
但、喜太夫儀居所不相知、当時株無之

同
一右同断
但、三人仲ヶ間ニ而卅日つゝ之芝居
壱ヶ所壱人ヘ差免、法会開帳等有之
候節ハ残二人ゟ一人つゝ相勤、尤尤（衍カ）
大吉儀廿日増日相願、五十日つゝ興
行之事
宇治松之丞
喜世竹大吉
伊勢嶋左太夫

一京都洛中洛外茶屋株等軒数
風呂屋株　弐百八拾軒
薬湯株　四拾八軒
茶屋株　二千四百拾六軒
但、五条永代引請人持株、馬借所熊谷仁左衛門江御免之
株、茶屋行事差配之株、町々江御免之株共
貸座敷料理屋株　千五百八拾壱軒
旅籠屋株　百廿軒
生洲株　七十七軒
煎売屋株　五拾六軒
廻シ茶屋株　百軒
水茶屋株　百七十二軒
一日貸座敷株　廿四軒
煮売煮込茶屋株　弐軒
煮売水茶屋株　七十六軒
右茶屋商売人共有之町々
祇園町商売　祇園新地　縄手筋
二条川東　西石垣　新河原丁通　先斗丁
宮川丁　建仁寺門前　建仁寺新地
高台寺門前　祇園下河原　安井門前
高波羅南門前（マヽ）　清水寺門前　八坂
祇園南丁　五条橋下　六条新地
七条新地　坂弓屋丁　北野境内
内野新地　真如堂新地　中御灵裏

禁裏本御料

一高壱万百三十石二斗八升四合　山城国
愛宕郡四ヶ村
紀伊郡二ヶ村
宇治郡廿四ヶ村
東（相）楽郡四ヶ村
〆三十四ヶ村

同新御料

一高壱万七拾五石九斗二升八合
愛宕郡壱ヶ村
葛野郡一ヶ村
乙訓郡二ヶ村
宇治郡二ヶ村
綴喜郡十二ヶ村
相楽郡十五ヶ村
〆卅八（ママ）ヶ村

同増御料

一高一万拾九石八斗壱升九合
愛宕郡拾ヶ村
葛野郡三ヶ村
乙訓郡八ヶ村
綴喜郡拾ヶ村
相楽郡十五ヶ村
〆四十六ヶ村
丹波国桑田郡七ヶ村

山城丹波共禁裏御料

高合三万弐百廿六石三升五合

仙洞御料

一高壱万〇九石六斗二升六合　山城国愛宕郡七ヶ村
葛野郡七ヶ村
乙訓郡三ヶ村
紀伊郡二ヶ村
綴喜郡三ヶ村
相楽郡八ヶ村
久世郡壱ヶ村
〆卅壱ヶ村
摂津国嶋下郡四ヶ村
有馬郡二ヶ村
八部郡壱ヶ村
〆七ヶ村
丹波国桑田郡三ヶ村
船井郡四ヶ村
〆七ヶ村

女院本御料

一高二千四石七斗六升五合
紀伊郡壱ヶ村
宇治郡壱ヶ村
綴喜郡壱ヶ村
久世郡壱ヶ村
〆四ヶ村

同増御料

一高千石
愛宕郡二ヶ村
相楽郡一ヶ村
〆三ヶ村
丹波国船井郡四ヶ村

山城丹波共女院御料
高合三万四石七斗六升五合

一高三百石
女一宮御料
丹波国船井郡二ヶ村

一高千拾石
例幣使料
山城国相楽郡五ヶ村

一高九百拾石壱斗五合
女中明知
山城国愛宕郡二ヶ村
葛野郡二ヶ村
乙訓郡三ヶ村
紀伊郡三ヶ村
〆拾ヶ村

一高合二百石二斗
内侍所御料高
小堀勝太郎殿支配所
内
高廿九石三斗八升七合
城刕紀伊郡深草村

高四十一石六斗一升三合　同刕同郡下三栖村
高拾五石弐斗　同刕同郡吉祥院村
高百十四石　同州乙訓郡久我村

右御取箇附之儀者前ゝゟ小堀方ニ而吟味仕御取箇郷帳与唱、帳面仕立、出来次第内侍所江斗差出来、御所御料同様御取箇之儀、別段所司代江者相伺不申候由御座候事

二月十八日　寛政四子年二月十八日、菅沼下野守殿二条へ御持参

一高三千石
中宮御料
山城国乙訓郡二ヶ村
紀伊郡二ヶ村
久世郡壱ヶ村
相楽郡十ヶ村
〆十五ヶ村

所司代地組足軽

一二人扶持三両二歩　八拾人　内、四人小頭、外ニ二人内作事方、二人外例方
新組
一二人扶持三両　三十人
火之見方
一三人扶持四両　九人　内、壱人小頭
公用方使
一弐人扶持三両二歩　九人　内、壱人小頭、外ニ弐人進物方

御手大工
一同断　　　　　　　　　　二人
御目付番人
一二人半扶持一両　　　　　二人
大目付組
一二人扶持三両　　　　　　三人

元禄九子六月

八拾石宛　　京都丁奉行二組　与力四十騎

是者卅八人者壱人ニ付六十石宛、二人者八拾石宛之処、不残八十石つゝニ相成、廿石宛御加増

拾石三人扶持　　同二組　同心百人

右者有来通ニ御切米御扶持方被下候由

右之通ニ留ニ相見へ候

　本文之趣村山奥右衛門ゟ御蔵手代之ものニ承合候処、是より年古キ儀者相知レ不申候

正保四亥年郡代ニ而与力同心被仰付、寛政（マヽ）五巳年両郡代ニ成候而者与力同心増被仰付、同八申年町奉行東宮崎若狭守、西雨宮対馬守被仰付候節、増人在之、与力同心屋敷茂相渡り、与力廿人同心五十人宛ニ相成候由

　　嘉永六丑どし八月写之　　　　源充均

　　　卒忽ニ写之、頗書誤アリ　追而得善本校合スヘシ

武辺大秘録

（外表紙）「武辺大秘録　四、五」
（内表紙）「武辺大秘録　巻之三」

武辺大秘録　巻之三

目　録

一京都所司代并奉行所之濫觴
一所司代職掌之大概
一所司代職被仰付候節之振合之事
一京都町奉行職掌之大概
一京都町奉行江昇進之大概
一同町奉行ゟ昇進之大概
一同町奉行被命候節之振合之事
一同御役所御支配改正之事
　京都当時御支配所之事
一京都寺社掛り之事
一同奉行所を五役所と唱候事
一家屋敷御割印之事
一目安裏書一件
一家居一件
　後家を立夫之跡式相続致居候者之事
　女名前ニ而夫同居之事
　借家人金輪請并相請之事
　借屋人家主ゟ家明願之事
　致家出並欠落候者之事
　欠落者囲置候者之事
　従自分目上之者義絶不相成候ニ付願方之事
一不及検使之義与可請検使見分之事
　附
　出火之節町中心得之事
　町火消相止之事
　二条御城御堀へ身投者有之時之事
一建家普請之事
一町中懸り
　町々木戸門夜分建切之事
　捨子在之節之事
　行倒者取片付之事
　在々并町内ニ御咎之者有之節、正月住（注）連飾之事

武辺大秘録巻之三

○京都所司代並奉行所之濫觴

抑京都所司代並奉行所之一義、王家政務を執行ひ給ふ時、京師之中央ニ大路在之、是を朱雀門通と号、其東を長安と云、東市正之官人是を司り、其西を雄陽と云、西市正之官人是を司て政事をす、是従五位下之官人にて、今時東西之奉行人之如く也、其上ニ左京太夫右京太夫在て、何レも四位之殿上人なり、其次ニ左京亮右京亮あり、従五位下、夫より東西市正等之下〻之官人在りしか、右大将源頼朝卿惣追補使之任を蒙り給ひしより、左京右京之太夫も名而已ニて武家一統之政務を執行ひ、已ニ舎弟伊予守兼左衛門尉源義経を在京せしめて、雄陽長安之両京を司とらしむ、源廷尉都落之後ハ梶原平三景時、又釈道寛僧正、秩父次郎重忠等交る〳〵帝城を警衛し路を守る、然ニ北条家権を執之後ハ、一族之両人を差登し六波羅ニ居しめ是を守らしむ、所謂両六波羅是なり、足利之世ニ移て将軍京都ニ御所ヲ構へらる故、別ニ奉行人を不置、執事之府ニ於て執行る、其末ニ至る、天下静謐ならす、故ニ別ニ政事所を被建、則三好長慶之臣松永弾正少弼久秀を被置、所司代と称て政務を被令執行、其後足利家漸衰ひ、将軍義照(昭)公、織田信長之補佐ニ依て上洛し、二条之御所ニあり、此時木下藤吉(マヽ)ヲ以為所司代、終ニ足利家亡ひ、又織田家亡之後、豊臣秀吉公天下を掌握し給ふて前田徳善院玄以法印を以為所司代、夫より東照神君之御代と成、夫(更)ニ奥平美作守信昌を使て所司代職ニ被補、是ゟ代〻連綿として京兆大都督府と称す、其始ハ自分ニ公事裁許せられけるか、寛永(マヽ)年中ニ至て新御役所を被建、別ニ奉行人を置る、殊ニ寛永五丑年より弐人役と成り、于今東西歴代す、右之如く寛永以後ハ奉行所ニ在番して公事訴訟裁許し玉ふて、所司代ニハ訟を不被聴といへとも御政事向指揮者猶古来之如くなり

○所司代職掌之大概

一禁裡警衛第一之御役にて若変事在之節者、主上を奉守護、任先例山門へ臨幸奉成候旨、兼而御黒印賜之、其刻者御教書を以諸侯を招三軍を司る事第一也

一常〻西国大名之領所、其外知行所等迄委敷問者を以探糺し、其儀を御老中へ達し、急成時ハ其罪を討、又者事を糺、参勤交代とても旅行逗留等も被考糺、依之参勤交代之諸大名

所司代之役宅ニ候して安否を伺、不如斯なれは西国探題職ニ等く参向之諸大名尊敬す、其行ひ正敷して西国数州之教諭仕給ふ、第二也

一町奉行職ゟ伺ふ所之善悪被為差図之事、老職ニ等し、然ハ邪正等閑ならす、摂家以下竹薗之家ゝ堂上方官人ニいたる迄も所司代之下知ニ不任といふ事なし、若被相背之時ハ関東江言上ニ及ひ、其命ニ随て事を被執行けれ者、常ゝ月卿雲客又親王方迄も其所行を被勘見事、御役之第三也

所司代職被仰付候節之振合事

一所司代職被命候而より百日之支度ニ而被致上京候事、常例也

但、遠国諸御役人者惣而百日支度被仰付候事

(朱書)「右遠国といふ者箱根碓氷白川、此三関所之外ハ惣て遠国ニ相成候

江戸廿里四方近所并右三関所之内ハ近国ニ相成候間、其方境内ニ在処之御譜代大名者何れも半年ニ交代也」

一所司代江戸表発途ニ付御暇被下之節ハ、人払ニ而被仰含有之候上ニ而御墨印賜之候事

右御墨印ハ黒(天脱カ)鵞絨之袋ニ入、紅之紐ニ而襟ニ掛、昼夜守護之上京被致候也

(朱書)「大坂御城代ハ唐櫃ニ御黒印と記候札を建、行列之先へ被持之候へとも、是ハ櫃斗ニ而御黒印ハ自分襟ニ被掛候也」

一御暇之節ハ極而金弐拾枚、時服五、羽織拝領之被仰付候事

但、参府之後、諸役為引渡上京之節ハ金弐十枚、時服十、羽織被下之事

京都町奉行職掌之大概

一禁裏其外御所中之警衛、所司代之下知随而被相勤候事、尤所司代参府之節ハ是ニ代りて被相勤候事、御役之第一也

評ニ曰、京都所司代在府之節ハ、伏見奉行相替りて被勤候由、世俗ニ評すといへとも此儀決而無之事ニ候、本文之如く京都町奉行人所司代ニ相代りて被勤候事、第一之規模なり、既ニ天明八申歳正月晦日夜、京都大火之砌、所司代松平和泉守殿在府中ニ候間、奉行山崎大隅守殿、池田筑後守殿、晦日之夕方二条御城北大手江被相詰候処、

丹波亀山城主松平紀伊守殿五万石筑前（ママ）守殿ニ向ひ御所司代御在府ニ候へ者、兼而御法令之如く各方之御下知ヲ以て可相勤候間、宜敷御差図被下度とや、則筑前守殿、禁裏警衛等差図ニ及れ候事なり、此時伏見奉行ハ豊後国森領主久留嶋信濃守殿、是又筑前守殿之下知を得て、禁裏加茂へ御迂幸候路警衛被致候也

又、元禄年中、伏見奉行を被上、京都町奉行を三人役ニ成、彼地へ輪番役ニ被仰付候、所司代在府之節、是ニ代るの伏見奉行なれハ不止之筈欤、此等ニ寄て不考知

一所司代之掌ハ、禁裏守護及西国三十三州之鎮番、則探題之重役也、此下ニ随而御役一締之義ニ付、携万端米穀之豊凶等迄も心をおよほす事、御役之第二也

一所司代在府之節ハ御朱印を預り奉り、且御教書も護持守護候義御役之所詮ニ而於御治世ハ御所向御賄之義平日ニ司之、御入用増減等委敷取調ふる事、御役之第三也

一五畿（ママ）内之寺社御朱印指揮す、尤寺社奉行兼帯して、諸門跡方たりとも皆町奉行之下知ニ及事当任とすること、御役之第四也

一山城、大和、近江、丹波四ヶ国ハ京都町奉行之支配ニ而、公家諸大名之領知寺社領といへとも皆当職取捌之事、御役之第五也

○京都町奉行江昇進之大略

一御目付ゟ　布衣役千石高

一奈良奉行ゟ　千石高御役料千七百俵

一堺奉行ゟ　同御役料現米六百石

一駿甲（ママ）町奉行ゟ　同御役料五百俵

一山田奉行ゟ　同御役料千五百俵

一佐渡奉行ゟ　同御役料千五百俵外ニ百人扶持宛

一日光奉行ゟ　同御役料五百俵　弐千石高

一浦賀奉行ゟ　千石高御役料千石

当奉行元壱人役ニ而布衣之衆ニ候処、文政二卯年正月廿五日ゟ弐人ニ被仰付、翌三年辰十二月廿九日、諸太夫役ニ被補

一禁裏御附　同御役料千五百俵

一盗賊並火附御改　布衣役千百石高

当役ハ御先手ゟ兼帯ニ而、右兼勤之衆ハ御役扶持四十人扶持ニ外ニ廿人扶持宛被下之

同町奉行ゟ昇進之大略

一大目付　三千石高

一江戸町奉行　同

一御勘定奉行　同

右両奉行五百石以下之衆者本高五百石ニ被成下、尤永領ニ相成候事

一御作事奉行　弐千石高

一御普請奉行　同

一小普請奉行　同

一西丸御留主居　同　但、御役料とも

一御三卿方之家老　御役料弐千俵

右弐千俵之内千俵ハ従公儀、千俵ハ御屋形より

一小普請支配　布衣役三千石高御役料三百俵

一御持弓持筒頭　同千五百石

但、当役江転職之儀首尾不能

一長崎奉行　千石高御役料四千四百弐俵

○京都町奉行被命候節之振合事

一京都町奉行被命候ニ付御暇之節ハ金拾枚時服弐羽織被下之

但、遠国奉行ニ而布衣以上者芙蓉間ニ而拝領被仰付候

其以下者躑躅間、或ハ御祐筆部屋椽側ニ而被下之

一御奉行上京被致候而より凡七八日、或ハ十日迄之内ニ御奉書ヲ以京都一統取締可被致之旨被仰越候上、先役之御役所へ被罷越公事裁許之節為見習同座被致候事

右之如く被仰付候御奉書至来無之内ハ、先役之御白洲へハ不被相越候事ニ候

(朱書)「先役之奉行を師匠番と唱候也、尤此義ハ当役ニ不限都而同役衆有之分ハ新参之衆より先役を指て称候也」

一京都町奉行千五百石高ニ候へハ、右高ゟ以下之衆被相勤候節ハ御足米被下之候事、其外本高ニ随而御扶持方被下之ハ勿論ニ候

右御足米、縦ハ本高五百石之衆ハ千石御足米被下之、余ハ可准之

(朱書)「右御足米ハ三ツ五分之積ニ而、御足米千石ニ候へハ、現米三百五拾石被下之、又御役料何俵と云ハ浅草之積りニ而三斗五升入之割ニ而被下之」

○京都御役所御支配改正之事

一山城、大和、河内、和泉、摂津、播磨、丹波、近江
右八ヶ国ハ京都御役所より御支配有之候処、享保七寅年ゟ河内摂津播磨之四ヶ国ハ大坂町奉行之御支配ニ被附
同当時御支配所之事

一山城国
当国紀伊郡伏見ハ寺社并町中とも伏見奉行之御支配ニ候事
但、町中之外といふとも伏見領ハ、尤伏見奉行之御支配なり
元禄九子年、伏見奉行青山信濃守幸重御役御免之以後、彼地奉行人を被止、京都町奉行ゟ伏見奉行兼勤被仰付、則壱ヶ月代りニ彼地江勤役被致候処、同十一寅歳再伏見奉行被置之候ニ付、京都より兼勤相止
右京都ゟ伏見奉行兼帯ニ相成候ニ付、京都町奉行ハ三人役ニ相成、則御増人滝川丹後守被致上京候也、元禄十一寅年再伏見奉行建部内匠頭政学ニ被仰付、依之滝川氏帰府、其後京都ゟ兼勤相止、以前之如く両人役ニ相成、また伏見奉行も連綿
附、伏見奉行ハ五千石高之場所ニ而、万石以上以下打混して被相勤、五ヶ年宛ニ而交代ニ相成候事
(朱書)「右之如く五千石之場所故、武鑑表ニも御役高を不記、尤五千石以下之衆之五千石高ニ御足米被下之、併近年ハ都而万石以上之衆へ被仰付、以下之衆ニハ不被仰付之、又交代之義も振合相変候事」

一丹波国
当国ハ一円ニ従京都御役所御支配ニ候事

一近江国
当国滋賀郡大津九十六町中、其外大津領ハ御代官石原氏支配之
但、右之内ニ而も寺社之分ハ京都西御役所之御支配ニ相成候
享保七寅年ゟ大津寺社者不及申、町中ニも京都町奉行ゟ支配兼帯ニ相成、与力同心衆彼地へ勤番ニ致候処、明和九辰年ゟ当時之振合ニ相成候事
但、彼地附属之同心弐拾人者、于今京都御役所ゟ御支配ニ候也
附、享保二丁酉年之袖玉武鑑を幸ニ求て其表ニ大津町奉行古郡文右衛門千石六番丁布施庄右衛門、藤沼祐之助、此

如く記ス、然れハ古郡氏退役之後、京都町奉行ゟ兼帯ニ相成候哉、又明和九辰年、大津御代官を被置候而ゟ当時之振合ニ相成候事歟、後可考

(朱書)「但、古部(郡)氏大津町奉行と記有之候得共、町奉行ハ兼役ニて、本役ハ御代官ニて郡代格歟、布施藤沼両人ハ手代ニて候哉

又、大津之町数百町と云ハ、東海道宿々毎ニ御用伝馬百疋、継飛脚百人宛と被相定候故、彼地九十六町を百町と云歟、其訳ハ大津之町壱町ニ壱人壱疋之番ニて九十六人九十六疋ゟ無之

右之如く員数不足すといへとも、其余多分御用之節ハ助郷江掛而人馬差出し候事ハ、宿々皆其通なり、

右人馬不足之節差出し候故助郷と唱候也」

一大和国

当国添上郡奈良之町中諸公事ハ奈良奉行承之、右之外一国中之家屋敷一件并金銀之出入、其外火附盗賊変死等者奈良奉行被承之候事、其余之義ハ京都町奉行之御懸ニ相成候事

但、右国内ニ而も大津御代官御支配所ハ石原氏之裁許ニ相成候事

(朱書)「大和、河内、摂津、右之国々石原氏支配所之出張役所者大坂鈴木町ニ有之」

京都寺社懸之事

一西御役所寺社兼帯

東御役所ハ諸寺之公事一件不相懸候事、其余普請並開帳為拝万日修行、或ハ興行事等ハ東西御役所ニ相懸候事

○京都奉行所を五役所と唱候事

一於京都御役所者、公事方、御勘定方、新家目附、闕所方、証文方、以上之五役を本役とす、故ニ五役所と唱候也

右本役之外ハ皆加役ニ而候間、一加役被相勤候衆者別段ニ御扶持方被下之候也、是を加扶持と唱候、尤加役之多少ニ随而御扶持方増減有之

〔但、新家目付之外ニ同心目付ハ別段之役ニ而、是ハ〕組中之与力同心衆之目付役也、其故ニ御奉行人江直言上す、当役を被申付候後ハ常々倚俸為持之候也

(朱書)「当所ニて新家目付と称して大坂御役所ニ而ハ盗賊

方と唱候、是ハ関東ゟ為大阪（ママ）目附両人宛毎年代りニ
被為附候故ニ目付と称候義、遠慮ニても可有哉」
附、大阪目付ハ寛文元丑年ゟ新規ニ相始る、同三卯年ゟ百日替ニ相成候故ニ百日目付と云、寛政五丑年ゟ壱ヶ年替りニ被成、右弐人之内壱人ハ御使番之内ゟ出役、是を御目付と唱、御両番之内ゟ壱人出役、是を目付代と唱候事
「（朱書）右両番之内よりと云ハ、御書院御小性組、此両番之組中ゟ撰挙せらる出役被致候事を、尤御両番と唱候時ハ右二組之事也、是江大御番衆を加へて三番と唱へ候」
右御目付弐人大坂在勤中京都奈良之両所江替り〳〵罷越被相勤候、是を懸勤と云也
「（朱書）但、上京之節ハ大宮通御池屋敷ニ在留被致候、其時御目付ハ西側ニ逗留故ニ是を目付屋敷といふ、目付代ハ東側之屋敷ニ逗留故ニ東側を目付代屋鋪と云也」

家屋敷御割印之事

一京都町人所持之家屋敷、死後譲并譲切とも未御割印頂戴不仕候処、差懸り候義有之、急々御割印頂戴仕たく候節ハ、毎月御定日之外たりといふとも願出候ハヽ、何時ニても御割印被下置候事
右毎月御定日ハ四日、十四日、廿四日也、是を俗ニ譲日と云
一是迄壱箇所之建家を取壊弐斬（ママ）ニ致し普請仕、尤地面をも割截、両人之売渡し申度候ニ付、古（沽）券状弐通ニ相改たく旨願出候得者、願之通御割印被下置之候事
「（朱書）右家屋敷売券状、先年ハ町代共相改之奥印仕候迄ニ候処、三井下総守殿始而御割印被下之候、其後東御奉行石河土佐守殿御勤中、京都町中へ古券状可被相改之旨被仰出、則新古券ニ始而御割印を被下置候事」
一在方村々建家譲御割并屋敷地古券状御割印、右両様とも無之候事
「（朱書）都而御年貢地ハ屋敷地古券状ニ御割印ハ無之候事事（衍カ）也、既ニ両替町通二条ゟ下三条迄公儀御借地ニ候間、屋敷地古券状ハ無之
但、右御借地之内、両替町御池上ル西側朱坐之統京屋

九郎右衛門ハ拝領地なり」

○目安裏書一件

一目安願書差上、則相手方を御呼出しニ相成候節、御裏判之御文言共結句ニ、侍以上寺院其外惣而御椽迄罷出候者へ者、若於不参者可為曲事者也と有之候

右御裏判を相手方居町之年寄へ相渡し候節、訖度請取証文取之可申候事

対決当日御裏判並返答書差上候後、最前ニ取置候請取証文可返之候事

一公事訴詔之目安願書、御当番東御役所へ廿日以後差出候分ハ、来月之御当番西御役所ニ而御判被下之候事、何レも同断

西御役所御月番之節、廿日以後願書差出し候分ハ、来月御当番東御役所ニて御判被下之候事、何れも同断

一目安願書願人方ハ居町之年寄并五人組之連印を以願書差出し候事

右御裏判ニ来ル幾日何時返答書を可差出之旨被仰付候ニ付、則相手方より返答書差上候節ハ本人斗り之奥印ニて相済候事、町役之もの不及連印

一御裏判ニ来ル幾日返答書を致可罷出様ニ被仰付候処、双方相対之上右日限迄ニ下済ニ相成候ハヽ、訴詔人方之町分付添下済之趣申上、御裏判返上可仕候、其節相手方之町役不及罷出候事

但、町家之者、歌舞妓芝居役者を相手取御判願ニ出候共、御判者不被下候事

一御裏判を年寄方江御請候後、右相手之者家持ニ而も借家人ニ而も変宅不相成候事

家持之もの家屋敷を売払、帳切等も相済候へとも、未其家を不相立退内御裏判来ル時者、右御裏判中変宅不相成候義ハ勿論之事ニ候

但、借金銀之加判人ニ候得者、右御裏判中ニ而ハ変宅いたし候義ハ不苦

(朱書)「右加判人と云ハ証文表ニ請人と記しあれ者加判人也、証文面ニ連印ヲ以借用致之文書ニ候へ者連判中割借ニ相成候間、加判人ニ而ハ無之」

一平金銀廿歩壱割渡ニ相成候後、右訴詔人方へ懸合、得心之上変宅不苦候事

一借屋人諸公事并借金銀之滞等、其町内年寄へ附届致置候後、右借家人を引取人并請人方江為引取、或ハ変宅いたし候義を、最前付届ヶ致し置候もの不存して御判を申請、則持参候節者、右之本人町内ニ不在候共、御判ハ町宛に候間、年寄方江御請申置、翌日御役所江罷出、本人先達而変宅仕候由御断申上候而、御判返上可仕事

右之節、本人当時隣町ニ罷在候得ハ、其町分へ右之趣通達いたし、翌日本人其町役並先居之町年寄同道ニて申継ニ可罷出候事

右之刻、事ニ寄先居町江被引戻候義も有之、其節本人次之町ゟ又ミ外町ニ転宅いたし候へ者、元町へハ不被引戻候事

○家居一件

・後家を立夫之跡式相続致居候者之事

一夫相果候処、忰幼少ニ付、実母後家を立、跡式相続いたし罷在候処、亡夫家付之諸親類、跡式之義ニ付右後家不得心之義を無理ニ世話ヶ間敷義ハ、縦家附之親類たりとも申訳難相立候事

但、後家之身分ニ不埒之筋有之候ハヽ格別之事

・女名前ニ而夫同居之事

一女名前ニ而借家を借請、夫同居いたし候義ハ御法度

・借家人金輪請并相請之事

一金輪請并相請者御法度

右金輪請之次第、左之通

市次郎借屋請　　吉右衛門

吉右衛門借屋請　　角兵衛

角兵衛借屋請　　市次郎

右ハ元本之侭爰ニ写といへとも、是ハ鼎請と唱候事歟

同相請人之次第、左之通

福之祐借屋請　　幸左衛門

幸左衛門借屋請　　福之介

〔右借家〕請人並引取人共同断、出入出来之節者牢舎

・借家人家主ゟ家明願之事

一家入用ニ付家明之義願出候節、借屋人江十五日切ニ変宅可致之旨被仰付候事

右日限中ニ不致変宅候ニ付、家主及追訴候ハヽ此度ハ五日切ニ変宅可致之旨被仰付候

右五日中ニ不致宅替候ニ付、家主及追訴候ハヽ、借屋人手鎖之上引取人并請人方へ引取可申様被仰付候事
但、右借屋人借金銀之滞ニ付公訴ニ相成候義も有之候ハヽ、銀主方江掛合、則銀主得心ニ候ハヽ連印を以願上候上ニ而引取并請人方へ相渡可申事、若銀主不承知ニ候ハヽ、何れも相渡候義不相成候事

一借家人と馴合引取人并請人欠落いたし、借宅人其侭家ニ居すわり不致変宅候もの有之節、家主家明之義願出度候ハヽ、借家請状を以、引取人并請人とも致欠落候ニ付両様共拵相立候様ニ申置候得共、今ニ於て不仕、此節家入用ニ付家明被仰付候様相願候而不苦

附、京都洛外ニ俗通難渋町と唱候分拾壱町有之、右町内之借屋人を相手取、家主ゟ家明御判を願出候とも御判ハ不被下候事、其余之義ハ無旲儀

（朱書）「右之訳ハ彼洛外之拾壱町ハ京都之御構場所ニ候間、其町分を立退候てハ弥難渋ニ及ふとの義ニて欤、如斯也

但、右難渋町と唱候十壱町之分別ニ記」

・致家出并欠落候者之事

一町人百姓共名前人於致欠落者、家屋鋪并諸道具着類共欠所町方ハ町役、在方ハ村役人ニ本人尋之義被仰付候、但、廿日切五ヶ度、六ヶ度目ニハ相知れ次第可申出様被仰候事

右家出之者方ニ御名目金銀其借金銀有之候といへとも町判ニあらす分ハ無御構、若町判有之候ハヽ町分江引請

一弟并忰又ハ職人之弟子、或者奉公人等家出并欠落いたし候ハヽ、右本人之雑物之有無を糺し、雑物有之候ハヽ家出訴訟ニ罷出候節、持参可仕事

雑物無之分ハ訴訟人より雑物一品も無御坐候、若隠置他所ゟ雑物有之由相顕候ハヽ、如何様ニも可被仰付之旨証文差上候事

右家出欠落人目下之者ニ候得者、尋ハ不被仰付事

・欠落者囲置候者之事

一欠落ものを囲置候者手鎖或ハ過料

（朱書）「右ニ付欠落人罷帰り候砌御吟味有之刻、何方誰方ニ罷在候様と申候而者差置候もの御吟味ニ相成候故、欠落いたし候以後江戸表ニ渡り奉公相勤候、或ハ日雇稼いたし

罷在候とか住所不相定御断申上候事」

○従自分目上之者義絶不相成候ニ付願方之事

一弟より兄を義絶いたし候節、右願人連印之内ニ義絶之者之為ニハ甥抔ニ而殊ニ其甥当村名前人候ハヽ、其ものゟ通路差留候趣相願候而御承届ニ相成候事

附、寛政七卯年六月、吉左衛門殿ゟ大目付中川飛騨守殿へ御問合、左之通

一久離と義絶と唱方之事

一父母之久離致し候子ニ対し、其外之親類久離と申候哉、義絶と唱候哉

附、寛政十一未年、久離義絶之差別之義ニ付、松平信濃守ゟ問合、公事方御勘定奉行石川左近将監殿挨拶

一都而久離義絶之訳ハ、目上之者を義絶と申、目下之者を久離と申候哉

一叔父兄抔を甥弟之方ゟ致義絶候義も寄品候而も有之義ニ御坐候

一尤武士町人百姓差別無之、一同之事ニ御坐候哉

一叔父兄抔甚不埒者ニ而異見等も一向不相用、始終見届不申者有之候節ハ、無拠甥弟之方ゟ義絶いたし候義も有之事ニ御坐候哉

右等之趣振合承知いたし度存候事

未九月

附札

御書面久離義絶与唱候差別者有之間敷、陪臣等久離之届出候義も有之承置申候、然共、御家人者御届等都而義絶と相認申候、町人百姓ハ義絶とハ不唱、久離と唱来候、且当地奉行所ニ而者、武士之家来等目上之者を目下親類之久離之届等ニ出候得者、逆離ニ付承届不申、通路致間敷旨、主人ゟ申付候段相届候而承置候仕来ニ有之、町人百姓も右ニ准し目上之者を目下ゟ之久離ハ承届不申候

未十月

附、久離之儀願上度候節者、町内江諸親類中より左之通証文取置候後、御願可申上候事

一札

一御町内何屋誰子手続可記何町何屋誰儀、当年何歳ニ罷成候者、或ハ何月幾日家出仕、近年身持放埒

ニ而親兄弟諸親類之異見をも不用、不孝之致方不存寄者ニ付、此上如何躰之悪事仕出し候哉、後難之程難斗候故、此度諸親類相談之上、久離之御願申上度、左之通連印之外、諸親類壱人も無御坐候、勿論誰江久離之義申聞置候間、願書ニ奥印被成下度御願申上候、此外ニ以来諸親類抔と申者罷出違乱申候ハヽ、連印之ものへ引請、御町内へ少し茂御難儀相懸申間敷候、為後日依而如件

年号月日

何町通何町
何屋　誰　判
何屋　誰　同
諸親類不残　判

何町
年寄何兵衛殿
五人組
家主
御衆中

○不及検使之義与可請検使見分之事

一出火之節ハ御奉行出馬有之候故、火事跡不及検使、尤手誤同断之事

但、出火ニ付御咎之事、自分宅斗焼失ハ三日或七日押込也

但、在方出火ハ不及押込

又ハ類焼有之候ハヽ押込之日数相増候事、尤御所向御炎上ニ及ふ之節ハ猶更日数相増候也

附、出火之節町中心得之事

一火事之節火出し之当人並年寄五人組付添、其場所ニ而御所司代并御奉行月番方之御役人衆より荒増火元之御吟味有之候節、町役人并当人印形仕、証文差出候事、然而翌日出火場所絵図書ニ相認、御所より凡何町程、二城ゟ何町程といふ事委敷相記并何より出火及候といふ訳書、是又委敷相認、御所司代ハ千本屋敷火之見方江相納、其外両奉行所并月番之火消屋敷へ右証文持参相納候事

出役之火消方消印ニ団、先年ハ団料相納来候得共、中興以来相止、当時ハ無料ニ而夫々御屋鋪

へ持参仕候事

又、右ニ云絵図面并証文等ハ、其持場之町代及
筆子之者是を取斗可申事也

附、町火消相止之事

一安永八亥年十一月御触状之趣、是迄出火之節、町々ゟ火消人夫差出し候得共、素人ニ而火事場所不馴もの共ニ而、火消之者共ニ却而妨ケニ相成候事も有之候ニ付、向後町々ゟ差出し候義相止メ、公儀ゟ達者ニ手馴候者へ可被仰付之旨被仰出候、尤
賃銭之義ハ町々江相掛り軒役ニ割付ニ相成候事

一出火之節、親を焼殺候者遠嶋

一町預ケ並村預ケニ相成候者致病死候節ハ、其趣訴出御検使可請候事
右之節、御預人手鎖中ニ候ハヽ御改之上縄手鎖ニ被仰付

一溺死人、行倒者、縊死、捨身、剣災、井戸はまり、相対死、右之類為御見改検使被差遣候事
但、剣災之節、手疵浅方ニ候ハヽ本人召連御役所江罷出候而不苦

附、二条御堀江身投者有之時之事

一二条御堀江身投、又ハ往来之者踏落候義有之節ハ、御城廻り五ケ所之番人ゟ御所司代江訴へ、早速取上ケ存命ニ而住所相知れ候得ハ、所司代之家来令吟味、其所ニ送届候、相果候得者、月番之御奉行所へ申来候刻、同心目付を遣し令吟味、様子不相知時ハ千本通三条之辻ニ三日晒置候上、人主不出候得者、三条千本之地主百姓ニ取片付させ申候
（朱書）「誤而踏落候節、うろたへ御高塀下之石垣ニ取付候者、奉行所へ被引渡御吟味之上、踏落候ニ於無紛之町役江御引渡ニ相成候、前之石垣ニ取付候ニ（ママ）御所司代ニ而御吟味之上、其侭御返しニ相成候」

附、先年御城内江出入候者御用ニ付而、長持を差荷ひ、西之大手ニ参り候処、壱人之者御門狭き故通間敷之由を申ニ付、壱人之者荷ひし棒ニ而御門之問口を指試ミ候、其科ニ依而遠嶋ニ相成候例有之

一落雷ニ依而家内之もの相果候ハヽ早々訴出可請御検使事
但、武士方雷ニ押され相果候ハヽ、御役人ニ而公儀より御預り之品取片付、無拠右之仕合ニ及候ハヽ、其品ニ寄

御咎無之候へ共、格別之義ニあらされ者同断

○建家普請之事

一洛外町分并在ゝ村ゝ之建家ハ、縦繕普請いたし候とも絵図書を以可訴出、御願相済候上ニ而普請仕候事

一百姓家普請願之節ハ其両隣差支無之旨、連印を以願書差出可申事

惣而御年貢地之建家普請之節ハ絵図面を以御届申上、出来之節ハ新家目付を為見分被差遣候事

但、三条通大橋東西(四脱カ)丁目迄、或ハ五条橋東遊行寺迄ハ洛外ニ而年貢地といへとも、京都方境之内ニ候故、普請届ハ無吴儀といへとも、出来之後見分ハ無之

(朱書)「洛外ハ不及申、洛中といへとも旅籠屋并茶屋渡世之向者繕普請ニても絵図書ヲ以願上、出来之後可請見分候義ハ勿論之事ニ候、近年三条大橋東壱丁目南側越後屋五郎兵衛と申旅籠屋普請出来之節、見分之御役人被差越候処、差支候処も有之候故取壊候例有之」

附、西新屋鋪嶋原と云郭中ハ傾城茶屋といへとも普請届ニも不及、尤出来之節見分無之

但、当所へ引地以前之如く揚屋向本陳(ママ)建之普請ハ不相成候

一在方建家取壊たく候節ハ、畳候而凡片付置度旨御届申上、其後取壊可申事

一新寺院建立ハ御法度之事

是迄之庵室ニ寺号山号を付用る事不相成候事、尤寺院私ニ寺号山号を相改候義、是又御法度之事

一寺社方普請ハ勿論繕ニ而も絵図面を以其段可願出事

右普請方請負之大工より支配中井岡次郎方江断書差出候事勿論之義ニ候

右願相済候節ハ為地面改新家目付衆被遣之候、其節中井岡次郎手代相従ひ罷越候、尤普請出来之後も同断、併取繕ひ斗ニ候ハヽ出来之後不及見分

(朱書)「前条之如く新寺院建立ハ御法度ニ候間、東山高台寺之塔頭ニ長屋門武家造之寺有之ハ、家中と申願ニ而御承届ニ相成候故也」

一棟上門ハ御法度之事

但、薬医門者不苦候

一山門新規ニ建候儀御法度之事
　東照神君御遺状ニ日本国中ニ山門有之寺院七十三ヶ所、此後右之余ニ不可建之旨見へたり
　但、楼門ハ不苦候事、右楼門雨風之節ハ門内ニ吹入、柱根朽候ニ付普請も仕度候得共、当時難及候故、錣庇を附置度旨願相済候而、山門ニ似寄之分も有之候得共、左右ニ登廓用候義ハ決而不相成候
附、山門ハ正面五拝造ニ而六本柱也、尤左右ニ登廊有之候、当時東本願寺之山門ハ四本柱ニ而五拝ニあらす、故ニ彼御方ニ而者大門ト唱候而山門とハ不唱
附、堂社五拝造並後拝造ハ容易ニ不相成候事
　洛東知恩院之本堂ハ五拝造也、法華宗ニ(衍カ)ニ而者川東二王門通頂妙寺並寺町二条下ル妙満寺之本堂後拝造也、又北野天満宮之社正面五拝造也、右五拝後拝造を知らしめんが為ニ略して爰ニ記
又、東寺之大師安置之殿ハ紫震(宸)殿造なる故ニ前後ニ階段有之、是等ハ各別之事也
　但、大師ハ脇正面ニ安置し在之候哉、今参詣人ハ皆腋ゟ礼拝す

一向唐門四脚門八脚門平唐門震殿造并唐破風狐格子、車寄玄関檜皮葺本唐戸蔀戸折上ヶ組天井、塗高欄擬宝珠橋、灰筋入築地三重五重、其外共都而塔婆諸伽藍神明造り之社并華表等者御制禁之事
　其外都而堂社日本流唐流之組物色〻、是ハ其所ニ寄て不相成候義も有之
一諸寺院之庫裏ハ梁行三間より余ハ不相成候
　右之如く三間の余ハ不相成候ニ付、左右へ庇と申上、壱間半宛差出シ候

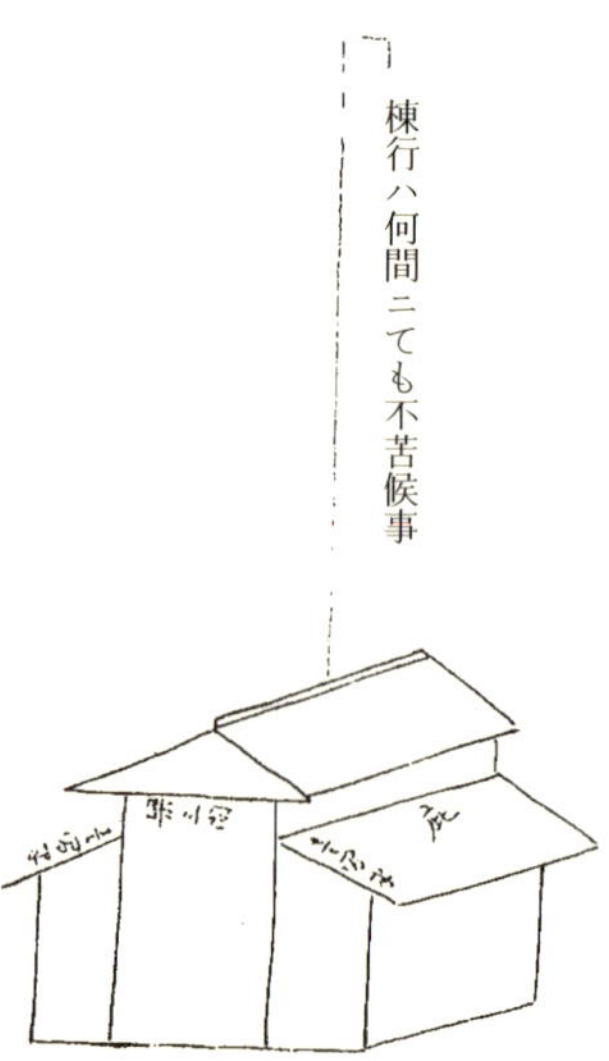

図ノ如く梁行三間ニ庇壱間半定差出、都合六間ニ相成、其余大造ハ御法度之事ニ候也

但、棟行之儀ハ御定無之
一棟上ニ獅子口を揚置候事不相成候
但、御由緒之寺院ハ各別

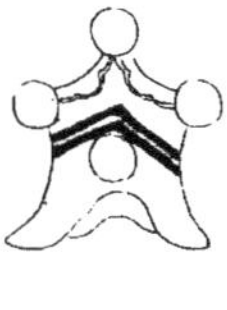

獅ゝ《子》口之図
如此なるを棟上ニ揚置候事不相成候
一尼寺之寺跡へ男僧住職之義ハ御法度之事

○町中懸

・町ゝ木戸門夜分建切之事
一町ゝ之木戸門夜四時限ニメ切置、番人を附置、往来之者有之節ハ木戸を明、無滞為致往還、若不審なる者在之候ハヽ留置可訴出候様享保年中被仰付、猶又寛政年中再応御触有之
(朱書)「夜中御廻り之役人衆通行之節、番人木戸を明候様合図ハ石をもつて門之金物を打鳴し候也」
附、夜廻り之衆、犬取之穢多共ニ御出逢之節ハ犬士と被呼候事、是又合図なり
(朱書)「凡是ハ右御役人衆ニ不限於御役所者犬取共を示被唱候也」

・捨子有之節之事
一古来ハ捨子貰人在之節、其趣訴出候而、則養子ニ差遣候処、御所司代太田備中守殿御在京中、捨子ハ小屋下江遣し候様被相極、其後堀田大蔵大輔殿御在京之節、貰人有之候ハヽ其方江遣し、若貰人無之時ハ小屋下へ可遣様ニ被仰出候事
享保以前ハ捨子いたし候者ハ獄門、又ハ死罪ニ被行候事、当時ハ不然
(朱書)「但、太田備中守殿ハ寛政元酉年閏六月六日ニ上京
同四子年三月六日京都御発駕
堀田大蔵大輔殿ハ寛政四子歳九月廿八日上京
同十午年五月十四日京都御発駕」
附、右捨子三歳以上ハ迷子之御取扱ニ相成候事
捨子と迷子之差別ハ貰人之証文前文略、若実之親尋来候ハヽ早速御伺申上、其節御差図次第ニ可仕候、為後日仍如件、右の如く相認候事也

・行倒者取片付之事
一在方町方共行倒病死いたし住居不相分者三日晒
右之通三日晒之上、弥住所不相知候得ハ死骸取捨捨札建

置候

但、在々村々之境ニ而者足在之方懸り合也、町境ニても同断、尤住所相知れ候ものハ居町江相渡り事

・在々并町内江御咎之者在之節、正月住(注)連飾之事

一百姓町人御咎之筋並手鎖等之者在之候得共、町方ハ年寄、在方ハ村役人ニハ不埒成義無之候ハヽ、正月注連飾致たく候段御届ニ罷出候ハヽ被許之候事、尤神事之節、神灯提灯同断之事

右之段、若御届不申上候而飾或ハ神事等致候ニ於而ハ御咎有之、神事提灯願上候とも尤軒つりニ致し度旨願候事

(内表紙)「武辺大秘録　巻之四」

武辺大秘録　巻之四

目　録

　　御築地内辻駕籠之事
　　婚姻祝儀之夜石打候事
一諸勝負掛
　　鶏合《（ママ）》諸勝負之事
　　博奕之事
一偽事並衒事懸
　　盗賊忍入候由ニ偽訴出候者之事
　　御役人衆之名前を衒候者之事
一諸商売懸
　　仲ヶ間有之諸職人年来出入之者を除新規遊女株之事
　　洗湯並薬湯風呂之事
一奉公人並足留一件
　　奉公人取逃之事
　　奉公人引負金銀之事
　　奉公人並弟子之類請人御支配違之者を召呼之事
　　足留願之事
一田畑並百姓町人掛
　　田畑売渡証文之事
　　田畑並地境ニ付出入合之事
　　立木有之候ニ付田畑日影ニ相成候事
　　町人百姓自分之妻を殺候者之事
　　親被殺候を不訴出忰之事
　　人殺を不訴出内済致候事
　　持出者之事
　　百姓帯刀之事
　　町人百姓堂上方並武家方之家来ニ相成候事
　　堂上方並武家方御名前之絵符用候事
一女懸
　　懐胎之妻を離別之事
　　妻之方ゟ夫ニ対し暇取度由願之事
　　町人並百姓之妻外ニ密夫を致候事
　　妻敵願之事
　　女を犯候僧御仕置之事
　　為筒持女之事
　　町家之コソ屋御仕置之事
　　諸職人之弟子を誘引出候者之事
　　男女相対死之事
　　穢多好色之事

附、町住居致候者並牛馬を殺候者之事
御関所女通手形之事

武辺大秘録巻之四

○御法度之事

・盆中踊り之事

一京都市中七月盆中夜分踊を致候儀、寛政年中ゟ御法度之事

一在方村〻七月盆中致踊候義、享保三亥年ゟ御法度

・花火打揚物之事

一京都近辺並於加茂川筋花火を揚候事御法度

・牛之角先可切取之事

一牛之角先少し斗切取候様御触有之、其後未切取不中牛ハ御法度之事

但、牛ハ追綱三尺限、馬ハ可為口附之事

・往来重荷を持通者之事

一重き荷を持、往来いたし候もの、息杖を肩之棒江差込こじ肩入候儀者御法度之事

・町人馬術之事

一町人馬上ニ而市中往来並武芸稽古いたし候事、寛政十一未年御触状を以御法度之趣被仰出候也

附、従関白殿下公家衆及地下之官人迄へ被命候趣如左

御書附

路次騎馬束帯之時、勿論衣冠布衣水午（ママ）直垂体之節、是又可任所意、但馬芸相嗜之儀可為無益候、肩衣小袴徴行之時、以来堅可停止候、堂上之輩者勿論雖地下預官位之族可為同様候、且非蔵人馬芸相嗜之義無易之事ニ候、以来騎馬一切ニ可為停止事

・於武家之騎馬者可為格別候

寛文四年壬子三月四日

・鶴を殺候者之事

一鶴を殺候儀者天下一統重き御法度之事

若鶴を殺候もの者重き御仕置ニ可被行事ニ候

・致鳥殺生候者之事

一町人百姓致鳥殺生候もの三十日手鎖

山城国中ニ猟師株三十六人並歩持株弐人有之、右之者ともゟ家業差支ニ相成候趣訴出候節ハ、本文之通御咎被仰付候事

但、近来ハ漁猟同断之事

・暦板行並板木類之事

一山城国中毎歳暦板行致候儀ハ大経師並院経師、右両家之外ニ而板木いたし候儀ハ不相成候趣、元禄年中厳敷被仰出御法度之事

一柱暦並十干十二支土用八専大小絵作書候板行いたし候儀、寛保年中御触状を以御法度之趣被仰出候

若此已後、右様之事を板木師方江誂ニ罷越候もの於有之者、板木屋方ニ留置早〻可訴出之旨、享和年中被仰出候

附、寛文○延宝○天和○貞享元年迄之暦ニハ、天おん、天ふく○ほさうかんかふ○まんはいほかけ抔といふあり、十二月大なれ者大卅（ママ）日とあり、貞享二乙丑年より新暦被成、初之所ニ左之文

貞観以降用宣明暦既及数百年権（ママ）歩与天差方今停二旧暦一頒新暦於天下因改正而刊行焉

宝暦五年乙亥停旧暦用新暦、其始ニ左之文

貞享以降距数十年用一暦其権（ママ）歩与天差（ママ）失今立表測景定気朔而治新暦以頒之於天下

同六年之暦、其初ニ左之文

宝暦四年止旧暦用新暦十月十九日詔曰二宝暦暦ト一

寛政改暦以後、方今暦所製京江戸伊勢三嶋会津等、又薩州限ニ有之

一書物類前〻より板木有之候分を新規板彫いたさせ候、是を類板と唱候而御法度之事ニ候

若是をいたし節ハ類板御取上ニ相成候事

・諸宗寺院無縁墓之事

一諸宗之檀家無縁ニ相成候者之墓破却いたし候儀御法度之事

右無縁ニ相成候ハヽ猶更回向等も可致遣候様、享保年中寺院一統へ御触状を以被仰渡候

附、死人葬式之節、棺中江鳥目六銭入可遣之義御法度

・薬種荷物之事

一唐物薬種類抜荷物之品致売買候儀ハ御法度

長崎抜荷物売買いたし候者、先年ハ磔ニ被行候、享保年中以来不然といへとも至而重きハ此例也、当時如左

若右之趣、抜荷を売候者、頭取者追放、買主居町払、其外以下之者過料

於町家神書講釈之事

一於町家之坐鋪神書講釈いたし、其席ニて御札並守等を偲（ママ）心之輩江為弘と称し差出し候義ハ御法度之事

但、右御札並守等差出し度候ハヽ、別段ニ御願立候後者
不苦

致軍書講釈候者御法度之事

一致軍書講釈候義ハ惣而御法度也
但、所ミ軍書講釈いたし候もの、信長記○甲陽軍記○太閤記○浅井軍記、安心訳空志、右五品耕(講)釈いたし候儀ハ御法度之事
右之外都而御当家ニ相掛り候軍書並御政事向之講釈ハ不相成候事
附、国禁耶蘇宗書三十六部
天学初函　畸人　西学凡　弁学遺牘　天文略
幾何原本　天学原本　代疑編　三山論学記
唐景教碑附　天主実義　職方外記　同文算指
圜容較義　勾股義　計閑　弥撒祭義
十慰万物旨原　泰西水法　袁度説　教要解略
七兊聖記　百言　二十五言　霊言　蠡句
渾蓋通憲門記　況義　明量法義　简平儀説記
条平義記　合掌論　条罪正記　福建通志　記諱
闢邪集　衆有詮　交反論

百姓苗字之事

一在方百姓躰之もの自分ニ苗字を唱候事御法度

・火事之節之事

一町人火事場江脇差を帯駈集り候事御法度
侍格之者火事場へ参り候儀不相成、且十手を持チ罷越候義者猶更御法度之事、尤役人衆者各別

・御築地内辻駕籠之事

一御築地九門之内駕籠ニ乗候義御法度
乗物ハ不苦候といへとも、惣而貴賤ともに駕籠ハ不相成候
(朱書)「右ハ御所司代稲葉丹後守殿在京中、天和三亥年九月被仰出之候也」
附、乗物ハ不苦といへとも、万石以下之衆ハ五十歳以上乗物御免之分並五十歳以下ニ而月切乗物御断相済候分ハ不苦候事、其余ハ不相成候
但、右月切乗物ハ江戸ニ而も下馬内乗輿ハ不相成候へ者、京都ニ而も御振合同断之事歟
諸太夫役之衆ハ年齢之無差別乗物不苦、其外僧家医業

之者ハ制外也
附、丸棒ニ而竹を以上江つり引戸無之者乗駕籠と称、是謂辻かこ也、右辻駕籠と(ママ)いへとも引戸を用れハ乗物也、敷居鴨居を用ひ引戸ニ而も外より藤《トウ》ニ而釣るハ駕籠なり、是則御免駕籠ともケンモン駕籠とも云也
都而弦打ハ輿乗物ニ相成候、其外網板輿等之差別あれとも爰ニ無益なれ者略之
一牽物并乗物九門之内江牽入候儀者不相成候
但、小荷駄馬ハ不苦
尤火事之節ハ馬上不苦候事
附、都而四位以上者下馬内ニ而も馬上不苦筈ニ候、其衆ニ加茂葵祭同臨時祭并八幡臨時祭等之節、四位以上之衆ハ御築地内ゟ騎馬なり、五位之輩ハ御築地外下馬前ゟ騎馬之事
附、御築地九ヶ所之御門、是を九門と唱候事
堺町御門　乾御門　今出川御門　石薬師御門
清和院御門　中立売御門
右ハ六門と唱、古来ゟ之御門ニ而各壱ヶ所ニ番人三人、下番壱人ツヽ置之、御取次衆之支配なり
武家御門　下立売御門　寺町御門
右ハ三門と唱候、宝永度大火之後出来ニ而、右番人壱人ヅヽ置之、尤上下之無差別御附武家衆之支配ニ而同組之衆ゟ被取扱候事

・婚姻祝儀之夜石打候事

一婚姻祝儀之夜石打候事御法度
河原町通丸太町之北切通し上ル町請酒屋商売和泉や某之娘を、嘉永元申年九月、二条通河原町西へ入町古手商売今津屋利右衛門之忰江嫁候而、同年十月十日之夜、為祝儀聟入候処、大勢ニ而石を打掛候故、制シ度候得とも出る事難相成候内戸も破れ候得ハ漸相止候而、先無滞祝儀も相済候処、翌日従公儀厳敷御詮儀有之、則徒党之者七人被召捕、寺裏非人小屋へ御預ケニ相成、段〻御吟味之上悲田院下牢へ御預替ニ相成、其上御奉行所へ被召上牢舎被仰付候、然而同月廿五日、本人並発頭人者手鎖ニて町分江御預ケ、五人者御叱ニ而相済候
(朱書)「右本人と云ハ、彼娘と兼而密通いたし居候処、無断嫁候故、其意恨を以如斯相働候間、本人ニ相立候、又発頭人ハ頭取致候もの也、両人ハ過怠手鎖ニ而町預ケ

被仰付候也」

○諸勝負懸

・鶏合賭勝負之事

一鶏合賭勝負いたし候者牢舎之上宿預

・博奕之事

一博奕胴取之者并宿いたし候もの之家主、百日手鎖之上身体ニ応し過料

其町年寄並在方村役人過料五貫文

五人組過料三貫文、右宿之両憐（隣）之者過料三貫文ツヽ

一同客方之者御吟味中牢舎

客方ニ於無相違者出牢之上百日手鎖、其上惣身体過料

但、初而立寄候ニ於無相違者、過料斗ニ而相済候事

右客方之者之家主並町役者無御構

一侍格之者博奕之場所江罷越致博奕候ハヽ遠嶋

一五拾文以上之賭勝負ハ本博奕ニ相成候事

五十文以下者本博奕ニ不相立、尤賽見読かるた之差別も有之

一於武家屋敷弓并武芸之筋を以壱銭之賭勝負、其外不寄何事懸之勝負ニ似寄候儀者御法度

附、博奕御停止ニ相成候始之事

東照神君遠刕浜松及駿府ニ被遊御坐候節も博奕ハ諸悪之根元成ものとの御意ニ而、御城下之義ハ不及申、四ヶ国之御領内ハ御法度被仰出候、又関東御入国之砌、江戸中ハ勿論惣而関八州共ゝ北条家之ゆるみたる仕置之跡ニ而、僧俗男女之無差別押明て博奕を致候と有之段達御聴、板倉四郎左衛門殿、其外御物頭衆両人江被仰付厳御法度被仰出候、其節ハ盗賊抔も多く候処、其盗賊共をハ牢舎等被仰付候得とも博奕仕候者ハ、しばらくも無御有免召捕次第御成敗被仰付候

其節麻布辺ニ而致博奕候ものを被召捕、五人共ニ於其所獄門ニ被掛候を、御鷹野ニ被遊御出、則是を御覧し御帰城之節、吟味掛り之衆中被召御直ニ被仰渡候ハ、惣而科人仕置之書附ニ、其首を獄門ニ掛晒し置とあるハ諸人見こらしの為にと有儀なれ者、五人之一坐博奕打ならハ、何月幾日於何方如斯と有之義を札ニ記し、其処ばかりニ不限、何方ニても人立多き場所へ遣し晒させ候様ニと被仰付候を以、其以後者十人一坐ニ而召

捕候へ者、十ヶ所江遣して御仕置ニ被申付、首を其所ニ掛置候事相成候ニ付、唯両三年之間ニ博奕之沙汰相止候となり

右御仕置之儀ハ、浅野因幡守殿被仰渡之候、其後嶋田弾正殿町奉行之節も白痴（マヽ）打之義を厳敷被申付候処、乃博奕之訴人有之、早速同心衆を被差越六七人も召捕引来候、其中ニ年比五十歳斗と相見へ候坊主壱人在之、弾正殿其者ニ被向、其方ハ頭を丸め候身ニて博奕を仕候は猶更不届成る義なり、元来ハ医師か出家か何ものそと被尋候へハ、件の坊主申候ハ、私義ハ医師ニても出家ニても無御坐、私之親ハ忍之城主成田殿之連歌之執筆役を相勤罷在候者ニ候得とも、成田殿身上被果候以後親共浪人仕相果候ニ付、私も浪人と相成、渡世之仕方無御坐候ニ付、博奕仲ヶ間へ入油火をかき立、湯茶を持はこひ候を役と致し、食事を貰ひ候而世を送り申候、依之博奕与申物ハ如何様ニ仕候哉、其儀も不存候と申ニ付、博奕仲ヶ間之者トモへ被尋候へハ、坊主か申候ニ無相違を以、弾正殿坊主ニ御申ニ者、其方連歌師之子が実正ならバ定而連歌を可仕間、一句仕と有ければ坊主承り、折柄霜月之比成けれ者

朝霜やまたとけやらぬ縄手道

弾正殿聞給ひ、此発句ニ対し縄をハ解免し候間、向後博奕之坐ニ交候事相止、是非給物於無之者、町年寄とも方を廻り何成とも貰請給候様にと被御申渡候ニ付、其後者彼方此方と徘徊いたし心安く世を渡り候となり

○偽事並衒事掛

・盗賊忍入候由ニ偽訴出候者之事

一盗賊忍入候由を申、町役人附添訴出、内実ハ外方ゟ之借金銀を可断申手段ニて偽訴出候者入牢

但、右之手段ニ付途中ニ而不落大金を取落し候由、偽訴出候者、同断

・御役人衆之名前を衒り者之事

一御組与力并同心衆之家来と偽り、公儀御用向之由を申立、不寄何事衒取、殊更金銀を衒候ニ於而者不寄多少死罪

縦、御法度之博奕場所といふとも右可為同罪事

一御組与力並同心衆、其外惣而御役人方之名前を言立、其上偽手紙を持、芝居場桟鋪等取候者、牢舎之上追放

○諸商売掛

・仲ヶ間有之諸職人年来出入之者を除、新規ニ出入之者を取極候事

一於町家前ゝより出入致来候大工方、或ハ畳師其外諸職人仲ヶ間有之候類、旧来之出入を相除、新規ニ出入之ものを相極候儀可為勝手次第事

但、大工方ニハ支配中井岡次郎之定有之候て、新規ニ入込候義不相成候由、然レとも堂上方並御武家方ハ各別之定也

於御役所者右等之御定ハ無之事ニ候へとも、只今迄之出入方ニ滞金、或ハ銭銀等有之候ハヽ差支相成候故、新規ニ出入之者御差留ニ相成候事、其余諸職人是ニ可准候事

・遊女株之事

一寛政四子年、祇園新地、二条新地、七条新地、北野新地、其外所ゝ遊女之類を召捕ニ相成、売女之義御吟味中島原へ御預ニ相成、弥売女いたし候者ハ江戸律ニ有之候処之御仕置ニ被仰付、其後遊女株相改り、則島原之者共惣支配被仰付候

一北野上七軒廿株　一二条新地廿株

一祇園新地廿株　一七条新地廿株

右於四ヶ所遊女株被許之

但、壱株ニ付遊女十五人宛御免ニ相成、尤右遊女之義ニ付候而ハ、万事島原之もの奥印を以及訴詔ニ候事

一柳風呂と申風呂屋株壱ヶ所被許之候事

一島原並四ヶ所之遊女揚代金滞候節、遊里ゟ於訴出者平金銀之御扱ニ而、廿歩壱割渡被仰付候事

・洗湯並薬湯風呂之事

一洗湯並薬湯、右新規ニ渡世いたし候ニ付訴出候節振合、洗湯風呂を新規ニ相始候節ハ薬湯方之年番奥印仕、願書差上候事

新規ニ薬湯を相始候節ハ、洗湯風呂之年番奥印を以願書差上候事

（朱書）「但、風呂屋之ものとも仲ヶ間中定ハ、洗湯方三町四方同商売差構之、薬湯方ハ五丁四方同商売差構候」

○奉公人並足留一件

・奉公人取逃之事

一手代其外惣而奉公人金子拾両以上致取逃候者死罪
　但、雑物ハ代金ニ積、拾両以上ハ同罪、拾両以下ハ入墨
　之上敲

・奉公人引負金銀之事

一奉公人主人方之金銀を引負候者ハ、主人於訴出者引負金銀
請人へ済方被仰付候事、左之通
一廿日切ニ済方可致旨被仰付、其節本人手鎖ニ而請人へ
引渡
一廿日切五ヶ度、六ヶ度目本人入牢、請人手鎖

・奉公人并弟子之類請人御支配違之者を召呼之事

一奉公人並諸職人之弟子等、大坂御支配下之ものを請人ニ取
置候処、右奉公人或ハ弟子不埒を致候節、請人を相手取及
公訴たく節ハ、於京都御役所御添証文を頂戴仕、大坂御役
所へ願立候筈之事
　右之趣を京都御役所懸り被致度之節ハ、右請人を無何事
京都へ呼登せ、其旅籠屋を聞合、其日御役所へ訴、右請
人京都ニて対談中足留願相叶候事
　其節願筋ハ一ト通ニ相認、銀子之義者下方ニ而相対仕
度候間、相対中足留被仰付度旨願上候事、右之如く金
銀之出入者下方ニ而相対仕度趣意ニ候間、金銀出入之
義ハ無御構、只足留斗之義ニ候故、其段大坂表へ御達
ニ相成候節、彼地御役所ゟ右請人之居町へ其段被仰渡
候、依之町役とも上京仕候ハヽ於当地御役所逗留日限
之通被仰付候
　　但、旅宿ハ三条通旅籠屋ニ而足留願相叶候事
一足留廿日切弐ヶ度
　又請人両人有之、其内壱人ハ京都之者ニ而今壱人者大坂
御支配下之者ニ候ハヽ不及足留願、京都之請人を相手取
願出候ハヽ、大阪（ママ）御支配下之ものハ京都請人之細印ニ相
成候間、大坂御支配下之者ハ当地御役所ゟ召呼ニ相成候
事

・足留願之事

一借屋人並掛り居候者等ニ而欠落いたし候哉無覚束候節、足
留願廿日切、依追訴猶又廿日切
　右之通、足留両度ニ而都合四十日之間ゟ不相成候事、尤

家持之者足留願之義者不相当ニ候得とも、家出いたし候程も相知れ不申ニ付、足留之義御願候節ハ右同断

○田畑并百姓町人掛

・田畑売渡証文之事

一田畑地ニも売渡候節、証文面ニ銀子何貫目ニ而其許殿へ永代売渡候趣相認有之、然後右田畑之義ニ付出入合出来候故、買取人右証文を以訴出候節ハ其田畑御取上其許殿所持之田畑、此度我等譲請候、依之為樽代銀子何貫目送進候趣を相認候而、無越度相済来候処、近来ハ其文言ニても矢張御取上ニ相成、当時之質入証文ニて元利銀子返済之節ハ何時ニても可相返之筈ニ相認有之候而相済候事也、是を本物返しと唱候

「右本物返しと唱候儀ハ、証文面ニ右之田畑を本物ニ差入候と云文言有之候故なり」（朱書）

右当時之振合ニ相成候ハ、寛延二巳年より歟、則被仰出候御書付、左之通

覚

親兄より譲たる田畑之家相続之子孫之外ニ譲渡たる分ハ、子方といふとも相互ニ譲渡証文村役人か印ニ而可取置、其外親類等由緒有之、譲渡礼金を取譲渡候義御停止也、向後ハ譲田地之文言ニて内〻金銀を取たるは、永代売同然之御仕置ニ相成、親類縁者ニ而も無之、無縁之者江田畑可譲謂無之とも及出入吟味ニ相成時ハ譲渡之子細能〻可相糺、他人江無由緒田地可譲筋無之、尤家来筋之者へ呉候義ハ格別也、孰も譲地或ハ質流地、又ハ山林町屋鋪等買請たる時者、早速名主五人組江断、当時之持主名前ニ名寄帳改可申、若名前書改無之分出入等ニ相成候得ハ、取上地ニ相成候事

寛延二年巳二月廿三日

「右御書附御老中堀田相模守殿御渡し」（朱書）

・田畑並地境ニ付出入合之事

一田畑并地境等之出入有之節ハ、同心目付ニ御代官之手代役壱人被差添為御改被遣之候事

但、洛中故障有之節ハ同心目付を為検使被遣候、其時者中坐壱人相随ひ候事

・立木有之候ニ付田畑日影ニ相成候事

一在方ニて立木有之田畑日影ニ相成候故、右立木を伐取呉候様、持主ニ及懸合候処、木主不承知ニ付及訴候事

先年大和国ニ其例有之時者、田地之西北之方ニ立木在之故ニ田畑日影ニ相成難渋之趣及公訴候処、田地主へ今ゟ三ヶ年以前之後三ヶ年之間穀物上り高を可書出之旨被仰付、然而其年之秋ニ至り苅取之節、役人衆彼所ニ罷越苅取候所之上り高を被相改候、斯被致候事、三ヶ年之間其上り高ニ最前差上置候書付之上り高と御引合候時、弥日影ニ相成候間、作物之障りニ相成候得者為伐取可申、又上り高ニ不同無之候ハヽ不及伐取

(朱書)「物而田地之東南之方ニ在之立木ハ日影ニ相成候、西北之方ニ在時之者(ママ)日影切ニハ不相成候也」

・町人百姓自分之妻を殺候者之事

一町人百姓短気ニて不計妻を殺候者遠嶋

但、妻不埒之筋於有之者殺候夫無御構

一同下人を殺候者町人百姓之身分ニ不似合ニ付、主人下手人(本ノママ)

・親被殺候を不訴出候忰之事

一親途中抔ニ而致変死候処、相手何者とも心当りも無之、右之趣申立候而者御吟味六ヶ敷相成候ハヽ、困窮之身分ニて難儀を厭ひ病死之躰ニて取片付いたし候後於相顕者、忰遠嶋

・人殺を不訴出内済致候事

一人を殺し候者を不訴出、内々ニ而取扱吊金等為差出、双方内済致候処、後日及露顕候ハヽ殺候者下手人、一件之者遠嶋

右殺候節、双方ゟ訴之上被殺候者之親並妻子諸親類ゟ右殺候者為致出家、忰之菩提を為吊申度候間、下手人之義御免被成下度旨御願上候得者、本人之心底御吟味之上御免ニ相成候事も有之候也

・持出者之事

一喧嘩或ハ酒乱ニ而人を殺、大勢ニ而他所へ持出し捨置候もの、頭取死罪、其外者遠嶋

(朱書)「右骸を被捨置候方ニてハ持込者と唱候也」

・百姓帯刀之事

一百姓無謂帯刀いたし候者軽追放

在方百姓体之者、自分ニ苗字を唱候事ハ御法度也

(朱書)「右無謂して帯刀不相成義ハ百姓ニ不限、町人ニても帯刀御免之職人之外ハ不相成候事、勿論ニ候」

・町人百姓堂上方並武家方之家来ニ相成候事

一町人百姓名前人堂上方並御武家方之家来ニ相成候もの、町人ハ居町之年寄、在方ハ村役人付添、誰義是迄何某殿へ御由緒も在之候ニ付、此般家来ニ被召抱候趣並是迄何之諸掛り合無御坐候由前以願出置、右御承届相済候段、其主人ゟ御奉行所江召抱候趣御達有之候而可然事

右之通、前広ニ御役所江不断置して御家来ニ相成候ものは、後々ニ至而不寄何事於御役所対決ニ及ふ之時ハ、已前之町人或ハ百姓之体ニ被引落候事、尤堂上方並武家方とも同断

附、大阪御役所ニ而者御支配下之町人并百姓とも堂上方並御武家方之御家来ニ相成候節、町人者居町之年寄五人組、在方ハ村役人本人召連、其趣訴出候事、其時是迄諸懸り合一切無之候段証文差上候而罷帰り候後、右証文を御城代江被差出御聞済ニ相成候へハ、則被召出御聞届被成候ニ而被仰渡候、尤町人百姓等ニ而罷在候内之掛り合、後日ニ訴出候ハヽ、町人百姓へ御引戻し御裁断可被成旨証文被仰付候事

・大阪御支配下之者へ堂上方御用達被申付候事

一摂津、河内、和泉、播磨以上之国々町方ハ勿論、御代官之御支配所といへとも、堂上方御用達等被申付候類者、大阪町奉行江懸合可申候事

但、堂上方向ニより御附武家衆江被差出候書付之内、大坂町奉行江達候様との文言無之候ハヽ、御附衆より伝奏方へ申入、其趣書入可有之様ニ為取斗候事

(朱書)「右ハ寛政二戌年九月、大阪町奉行ゟ伝奏衆へ懸合在之候て相究候事」

・堂上方並武家方御名前之絵符用候事

一町人並百姓之諸荷物を堂上方并御武家方御名前之絵符を以、遠国江差遣し商売いたし候者過料

但、品ニ寄五十日手鎖、又重き者ハ中追放

○女懸

・懐胎之妻を離別之事

一妻懐胎いたし候とも離別之義ハ夫之心次第たるへき事

但、出産之子ハ夫方江引取可申事

又右離別之刻、出産之子ハ妻方へ可引取約定ニ候へ者格別

但、一旦右之通相究候とも出産之後呉変ニ及候ハヽ、
夫江引取候義ハ勿論之事ニ候

一妻之親里遠国ニ付前広ニ離別之義申遺置候て、則妻江離縁状並人を差添送り遣候途中ニて故障出来候時者、夫方之懸りニ相成候事

一妻離別いたし度候処、右妻ニ出生之子供有之節ハ、其子供男女ニ不寄夫方へ引取可申事

但、当時之成行ニ而子供大勢ニ候ハヽ、仲人之斗ニ而女子ハ妻之方へ附、男子ハ夫之方へ附候義ハ仲人之相対次第、於公儀者御定も無之事ニ候

一妻致離縁候処、右妻ニ出生之子供ハ夫方ニ残置候処、離別之妻於親元病死いたし候節ハ、残居候子供通路ハ不致候得とも、母定式之服忌可請之事

但、離別之妻外方江妻縁いたし候後、彼方ニ而相果候ハヽ、右子供ニ服忌無之

・妻之方ゟ夫ニ対し暇取度由願之事

一妻之方ゟ夫ニ対し暇取度候ニ付、妻所持之衣類を夫質物ニ差入候趣、其始終申立、夫ゟ暇取度旨願出候とも難相立、夫方へ可差返旨被仰付候事

但、日々ニ妻を打擲いたし疵付及難儀連添かたく訳合無紛、且又妻之身分ニ不埒之筋も無之候ハヽ、夫方より暇可差遣之由被仰付候事

一仲人無之男女、互ニ申合夫婦ニ相成候者、夫ニ対し妻之方ゟ暇取たく旨願出候とも無御取上

於御役所ハ仲人無之夫婦ハトレ合と唱而御取上之趣被仰聞候

一夫妻を差置罷出候而不帰来候ニ付、右妻親里へ引取候後、十ケ月過候ハヽ再縁被致候而不苦候事

右十ケ月不過之内、縦十日或五日已前ニ而も致再縁候後、夫婦(帰)来之時ハ申分難相立候

但、十ケ月相過候後、夫帰り離別不致由申立候とも、是又相立かたく候事

・町人並百姓之妻外ニ密夫を致候事

一町人百姓之妻密夫いたし候ニ付、密夫及妻を切殺候実父無御構

右密夫並妻相果候後御吟味之節、両人之口書無之候てハ、夫其分ニ難相済、其砌彼両人之艶状抔ヲ以証拠ニ申立候とも、両人之親共私娘或私悴之手跡ニ而無御坐候趣答候

節ハ、密夫ニても無を疑心ニ而切殺候哉不分明ニ候へ者、
弥相立かたく候間、跡〻ニ而急度証拠ニ可相成品を取置
候後可斗事第一之心得なり
一密夫いたし候妻斗切殺、男逃去候処、年を経、他所ニ而右
男見合候間切殺候共、一旦密通ニ相極候得ハ両度ニ殺候共
無御構

・妻敵願之事

一妻密夫いたし剰へ密夫と申合家出仕候ニ付、妻か敵討之願
相済候上、御老中方より敵討御免之御証文所持いたし罷在
候もの、右妻並密夫於京都住居仕、則居所見届候ニ付討果
たく趣願出候節者、左之通之事
禁裏四町四方并御城四町四方
右両所之内ニおゐてハ敵討不相成候旨被仰渡之候事、尤其
外ニ而者見届次第勝手ニ可討取候様被申付候也
附、右敵討断ニ罷出候節、於御役所者双方之名を不書
顕、敵討之断書を封之侭被差上、然而御用帳ニ被留置
候事、古法なり
但、届無之討取候ハヽ喧嘩同意之裁許ニ相成候

・女を犯候僧御仕置之事

一人之妻と密通いたし候僧ハ住持并所化弟子之無差別獄門
右妻ハ死罪、平人ハ男女とも死罪
但、惣而密夫ハ妻妾之無差別同罪たるべき事
附、享保以前迄密夫御仕置之振合町代留書、左之通
一天和三亥年八月九日
烏丸通四条下ル町
大経師意俊
女房 さん
手代 茂兵衛
下女 たま
右三人申合丹劦氷上郡山田村と申所へ立退申
出入ニ付、今日被為召御僉儀之上、さん、た
まハ町預ケ、茂兵衛義ハ手鎖被仰付、右三人
共茂兵衛之兄七兵衛御預ケ、明十日可罷出旨
被仰渡候
当番 喜兵衛
一十日
右出入御僉儀被為立候而意俊之女房さん、同
手代茂兵衛ハ牢舎被仰付、下女たまハ意俊へ

御預ケ
さん親元ハ衣棚突抜二条上ル町吉文字屋九
右衛門
茂兵衛牢飯、元誓願寺今出川上ル丁兄七兵衛
ゟ可差出旨被仰渡候
（朱書）「右元誓願寺今出川上ル町、本書之侭」
さん牢飯ハ衣棚二条上ル町先（ママ）ゟ遣し候
右牢飯ハ明朝持参候様、雑色宇右衛門江御
役人様被仰付候

当番　意右衛門
新兵衛

一同年九月廿二日
磔　意俊女房　さん
同　同人下人さん密夫　茂兵衛
獄門　同人下女密夫之肝煮（ママ）　たま
右町中引廻し之上、粟田口ニ而被行刑罪
追放　本人茂兵衛之兄弟　利右衛門
同　同　武兵衛
同　同　七兵衛
同　宿仕候者　仁兵衛
右四人ハ丹波氷上郡並三小郡御追放被為
仰付
半助
長兵衛
右両人ハ丹波国中並京都追放被仰付候
其外奉公請人治右衛門、九郎兵衛ハ本人ヲ尋
出候ニ付、御構無之
縁者弥左衛門、茂兵衛世話人同断
附、当時粟田口御仕置場所之向へ題目之右石塔
婆ハ、右さん茂兵衛之吊之為ニ建之云〻、又両
人之墳墓ハ伏見宝塔寺ニ有之、後彼縁類之者建
之歟
但、右意俊ニて大経師之家絶、其跡を祇園旅
町之神主降屋内匠ニ被申付候而于今連綿、此
降屋者京都二条川東日蓮宗勝劣派空中山寂光
寺旦那なり、彼院ニ元禄年中已後之石塔有之
一諸寺院住職之僧、遊所へ罷越、遊女を呼密会致候者遠嶋
但、尼寺之住持ニ而も他所へ罷越、男と密会致候ハヽ同

罪、享保以前迄ハ、右住職之僧女を犯候者ハ獄門、女ハ
奴ニ申付候処、畢竟ハ人情ニ而破戒故死罪ハ不相当と有
之、遠嶋ニ被相改候、右ニ付当時之流罪ハ死罪ニ被替候
故ニ、女を犯候科ニ仍而遠嶋ニ相成候僧ハ、大赦之節ニ
而も御免ニ不相成候事

一所化僧并寺院之弟子僧遊所へ参、遊女を呼、剰へ魚肉を給、
遊女と密通いたし候者三日晒

但、比丘尼ニても所化并弟子尼、於他所男と密会致候者
同断

右御仕置相済之後、其宗旨之本寺之当人被相渡、寺法
ニ可行之旨被仰付候事

附、本文ニ遊女と有之ハ尤傾城也、右傾城并客請屋
共重御咎被仰付候事、又密会之相手芸者ニ候時ハ、
其もの並客請屋之御咎一等軽く候事

・為筒持女之事

一夫婦申合セ金銀を為可取、自分之妻ニ為致密夫、然而右之
密夫より金銀をねたり取為相済候実夫遠嶋

・町家之コソ屋

一江戸律隠売女御仕置之通、始之御吟味より入牢、済口百日
之手鎖ニ而所江御預、隔日御封印改

居町之年寄并五人組過料

附、江戸律隠売女御仕置之事

一隠し売女致候者、応身上過料之上百日手鎖ニ而所へ
御預ケ済口《(隔日カ)》御封印改

(朱書)「右ハ享保廿卯年ニ被相定、猶又延享二丑年再応
御調之上弥被相極候事」

一右女ハ三ケ年之間新吉原町へ為取被遣候事

(朱書)「右ハ享保八卯年ニ被相定候事」

附、安政四年巳十月廿六日夜、新河原町筋俗ニ先斗町と
云、宮川町筋隠売女共召捕ニ相成、翌廿七日、右召抱
主并茶屋商売いたし候者共所へ御預ニ相成、売女共ハ
嶋原之年寄へ御預被成候

但、廿八人翌五午年三月七日、右一件之者被召出、
左之通

一隠売女召抱、其上茶屋商売いたし候者手鎖ニ而
町分へ御預、隔日御封印改、家財付立

右家主五ケ年之間之家賃銀取上

一隠売女召抱置候而、茶屋ハ不致候得とも他家へ

送商売致候もの、手鎖ニて町分へ御預ケ、隔日御封印改、家財付立

一隠売女共を飯代ニ而差置、稼之手伝致候者、手鎖ニ而町分へ御預、諸道具三分一付立

一茶屋商売致し候者、三貫文ヅヽ之過料、居町払

一隠売女稼候者共三ヶ年之間嶋原へ被遣之

右女共於嶋原遊女稼へく之旨、年寄共へ被仰渡候也

右之通、西御奉行水野和泉守殿御役所ニて被仰渡候

但、一件落着之義ハ未相分ニ候へ者後可補之

附、右嶋原へ被遣候女共を八子と唱候、其訳ハ八ケ月ヲ以壱ケ年として廿四ケ月相勤候得ハ三ケ年ニ立被下、親元へ返被下候也、依而示唱候

但、右本人養子娘ニ候ハヽ養父江返し被下候事、其節実親願出候とも無御取上、自然約束違養父不実ニ而左様之稼を致させ候義ニ候得ハ、別段ニ其趣訴出べく事也

・諸職人之弟子を誘引出候者之事

一糸物商人並織屋共女弟子、其外惣而女職商売之女弟子、外ニ而男を持候処、彼男右女弟子を誘引出候ニ付、主人より不義之趣於訴出者、男ハ手鎖、女ハ主人へ引渡

・男女相対死之事

一男女申合相対死いたし候節、双方存命ニ候ハヽ三日晒之上、非人手下

附、天明年中於大坂町人と遊女と相対死致し候処、双方とも聊之疵ニて存命ニ候間、入牢被仰付候後、御吟味之節、女之申口に男より相願、両人とも少し宛疵付候ハヽ相対死ニ相成候得者、三日晒之上非人之手下へ被下候故、其後ハ夫婦ニ相成候謀計之由白状ニ及候故、左之通御仕置被仰付候

男女共三日晒之上、男ハ遠嶋、女ハ軽中放

大坂表ニ而者相対死致し候もの双方相果居候節ハ、男女とも赤裸ニ而尤下帯ニ布等迄取払、三日晒之上死骸取捨

京都ニ於而ハ男女相対死いたし双方相果居候へハ、御見改之上ハ其侭取捨ニ相成候、尤両人之親并一族之もの死骸取片付度旨願出候とも無御取上、其余彼者共之石塔婆抔相立候義ハ、決而不相成候事

相対死有之時、其趣意を芝居狂言並浄瑠璃抔ニ取組見せものニ致候義ハ、兼而御法度之事

一相対死致候者、男女ハ何れとも一方存命ニ候ハヽ下手人
(朱書)「地方落穂集ニハ、男相果女存命ニ候ハヽ非人手下、女相果男存命ニ候ハヽ下手人とあり、於江戸律令を可考合」

一主人と下女と相対死いたし、女相果主人存命ニ候得ハ非人手下、主人相果下女存命ニ候ハヽ死罪
(朱書)「右下手人と死罪、又死罪と斬罪之差別後ニ詳」

・穢多好色之事

附、町住居致候者並牛馬を殺候者之事

一穢多共町家之女を往来ニ而見懸理不尽ニ不義を仕かけ、人なき所へ引込密会いたし候者、三日晒之上重追放

一穢多共出所を押隠し町家ニ交住居いたし候者、御吟味中牢舎於穢多ニ無紛者、穢多村之年寄共ニ御引渡

一為商売牛馬を殺候者礫、同類之者遠嶋
(朱書)「先年此例有之事を記といへとも、其年月を闕之故略」

・御関所女通手形之事

一御関所女通手形ハ居町之年寄并五人組急度遂僉儀候上、奥印を以御役所へ願出候節ハ、御所司代ゟ御証文被下置候事

先年ハ雑色衆並町代共罷越、本人被相改候上ニ而、各〻方之奥印を以願上候処、近年其儀ニ不及

但、右ハ町人百姓共ゟ女を差下し度節之事也、又百姓ニても御代官所之ものハ御代官衆より被遂僉儀、奥印ニ而願上候事なり

附、京都大地(ママ)之寺社并公儀之御服所後藤本阿弥御扶持人役者検校之類、或ハ町医師浪人等関東其外諸御関所通手形ハ、町奉行所ゟ被差出之候事

先年者右等之分共御所司代ゟ証文被出之候処、延宝三卯年、両奉行ゟ手形可出之旨御書付ヲ以被仰渡候
(朱書)「但、本文之外所司代ゟ御証文被差出候分ニても、御所司代在府中ハ町奉行所ゟ被差出候事也、併堂上方ハ伝奏衆ゟ江戸表へ被申遣候故、御奉行所ニハ不抱」

(外表紙)「武辺大秘録　六、七」
(内表紙)「武辺大秘録　巻之五」

武辺大秘録　巻之五

目　録

堂上方之家来故障有之候ニ付暇ニ相成候事
堂上方之御紋付提灯之事
堂上方之御奉行所江達有之事
於山城国中御鷹場拝領之家
武芸を以懸勝負致間敷事
侍格之者町人百姓を切殺候節之事
御武家方之家来欠落之事
武士之浪人帯刀宿坊請合之事
　附、儒者帯刀願之事
浪人体之者町中並在方合力廻り之事
侍格之者火事場江罷越候事
諸組之与力同心衆を御役所へ被呼寄候節之事
　附、右与力同心衆を相手取町人訴訟之事
御内衆並堂上方之家来を被呼寄候節之事
御家人衆御仕置ニ相成候者之悴御咎之事

武辺大秘録巻之五

○貸附金銀御取立一件

・京都江戸大阪貸附金銀御取立之振合

一於京都御役所者、享保元丙申歳以後之貸附金銀之滞を御承済之上、済方被仰付之候事
　但、右享保年ハ及積年候故、無御取上之御沙汰ハ無之候得共、右年中之貸附金銀ハ下方ニ而相対可致様との御理解ニ而切金ニも不相成候
　当時ハ延享元甲子年以後之分ハ済方被仰付候事
一於関東者寛政九丁巳年八月晦日以前之貸附金銀之滞分ハ無御取上、同年九月朔日ゟ已後之貸附金銀之滞ハ御定法通之済方ニ仰付候事
　附、於関東検校校（ママ）当並坐頭共貸附金之義ニ付御触書

覚

検校匂当其外坐頭共、右盲金高利ニ而世上へ貸出シ返済滞候節ハ、坐頭共大勢差出シ武家方玄関等へ詰罷在、高声ニ而雑言申、或ハ昼夜詰罷在、彼是我侭成る体ニ而挨拶いたし候も有之由相聞候、勿論借金銀催促之義、其時宜ニ寄何とも勝手次第之事ニ候へとも、右之致方ハ借主へ恥辱をあたへ候間、返金為致候様ニ仕候事ニ候得ハ、催促之筋ニてハ無之候、右之金子過分之高利ニて取引仕候故、外ゝゟも坐頭共へ金子預ヶ置為貸出

候者多有之趣相聞へ候、過分之高利又者法外催促いたし候義ニ付奉行所ゟ吟味等ニ相成、咎申付候義も有之候へハ、兎角相止、其上借主得心之上之事とハ乍申返金相滞候ハヽ、法外之催促可致旨証文ニ為認置、且又利金之義証文ニハ通例之利金を認させ、実ハ高利ニ取引仕、其外ニも礼金と名付用立候金子之内ニ而引取候義も在之旨相聞へ、不埒之至ニ候、以来過分之高利ニ而貸出し候義致間敷候、勿論借金銀催促候義ハ勝手次第ニ候得共、玄関其外へ催促之者罷越間敷場所へ相詰、雑言等申法外之義仕間敷候、若相背候ハヽ吟味之上屹度可申付候

但、坐頭之者所持之金子ハ官金ニ仕候義ニ付、所々へ貸出し候義尤ニ候得共、他之者より金子を預り置、自分金子之由申貸出候義ハ仕間敷義ニ候間、以来右体之義仕間敷候

明和二歳酉九月廿七日

一於大阪御役所者金銀貸附証文十ヶ年過候分ハ可御取上、金銀貸附滞ハ十ヶ年切ニ相定有之候ニ付、右年内中ニ願出候分ハ御法令之通済方被仰付候事

但、貸附置候年より今十一ヶ年目ニ相当るといへ共、未十ヶ年之日数不相満候内ニ候へハ不苦、尤銀子不調達之節ハ身代限り可相渡之旨被仰付候

(朱筆)「借金銀不相済候故、身代限被仰付、則身代限相渡候ものハ小屋入仕候事ニ而、右借金銀返済ニ及候後ハ、小屋出御免之義願上候得ハ御承届ニ相成候」

・侍格之者貸付置証文之事

一侍格之者外方へ貸附置候金銀滞候節、証文表ニ利足何程と書加へ有之候ハヽ、侍格之身分として利足銀を取金銀貸附候段不似合ニ付、無御取上

侍格之者利足銀を取、貸附置候金銀滞候節ハ、江戸并大坂御奉行所ニ而者右之通前々ゟ無御取上、於京都御奉行所ハ無旲儀候処、寛政年中以後ハ江戸並大阪表之御振合之通無御取上事ニ相極候

但、利足銀之定不書戴(載)証文ニ候得者、御取上定法通被仰付候

・借金銀ニ付御咎之上不相済者御仕置之事

一借金銀滞候ニ付御咎之手鎖、或ハ入牢被仰付候而も猶銀子不調達之者身代限り可相渡之旨被仰付候事

右被仰付候節、於御前借主へ御条目之趣被為御読聞候上、
本人身代見渡四分通を銀方ニ可被相渡様ニ被仰渡候事
(朱書)「但、借主へ被為読聞候御条目之趣ニハ、本人身上難渋至極之由ニ付、仕合候様子ニ在之、併当地御役所ニ於て未此律ニ至之ものあらすと云ヽ」

・町人百姓貸附金銀利足之事

一貸附金銀利足月壱歩半より高利ハ御法度之事

一金銀貸附滞候ニ付、元金並利足金積り立、都合何程御取立之義願上候節、其証文表左之通

銀子預申証文之事

一金銀何拾貫目也　利足壱ヶ月何程

預り申銀子之事

一合銀何拾貫目也

右預申銀子利足之義者壱ヶ月何朱定、若御入用之節ハ元利共何時ニ而も屹度返済、下略

右之如く証文面ニ利足銀書加へ有之分ハ、利銀之滞を積立、元利都合之銀高済方被仰付候事

一証文表へ利足銀之定不書加分ハ、利銀之滞ハ無御構、元銀之滞斗済度被仰付候事

但、利足銀之定書加へ有之といふとも、其処借主之印形無之分ハ本文ニ同断、右利足銀之定書記候処、借主之印形在之分ハ、元利共済方被仰付候事なり

拝借人を除内銀主及直訴候事

一御名目ヲ以金銀借付候節、尤拝借人宛之証文取置、右貸附金銀相滞候節、宛名之拝借人を除内銀を直訴いたし候ニおゐてハ証文御取上

他人貸附置候証文を金銀ニ而買取及催促候事

一外之者貸附置候証文を金銀ニ而買取、右証文を以及催促候者入牢

但、実ヽ親類ニ付譲請候歟、或ハ金銀之取引有之候而証文を引取候類ハ、其時借主方へ右之趣を引合得心之上譲り渡可致置候事、右之通前広より借主へ承知いたし候へハ、御定法之通済方被仰付候

平貸附金銀並諸商人代呂物売渡銀之滞廿歩壱割渡之事

一平貸附金銀並諸商人代呂物売渡代銀之滞、金子ハ弐歩、銭ハ弐貫文より以下ハ無御取上

但、元金壱歩貸附置候処、元利共相滞、都合弐歩ニ相成候分ハ御定法通済方被仰付候事
（朱書）「右金子ハ弐歩、銭ハ弐貫文と有之者、金壱両ニ付銭四貫文と御定之時也、当時ハ金子ハ弐歩、銭ハ右金子ニ替程之以下之難訴出候哉、可考
又、於公儀者、銭ハ惣而永何程と被仰候、此永ハ当時相用候永法ニ而、金壱両ニ付壱貫文替ニ積り也
又、銭何程と被仰候時者当時之鐚銭積り也、其拠者三貫文五貫文之過料と申聞候節ハ、当時之鐚銭ニ而相納候事也、然ハ本文之弐貫文ハ当時之弐貫文ニあらす歟
又、従公儀或下行或拝借等銭究之分ハ、壱貫文ハ金子ニ而壱歩宛之積りニ而被下候事也、是等ハ不易之御定物被下之之《ニ而下ヾ》義ニ不抱事也」

一平貸附並代呂物売渡代金之滞ハ、不寄多少廿分壱割渡被仰付候事
但、応金高御日切不同有之、則左之通
一銀高三貫目迄　三十日切
一同三貫目以上六貫目迄　六十日切
一同六貫目以上九貫目迄　百日切
一同九貫目以上　日切御見計

右之銀子廿歩壱割渡之次第、縦令ハ銀子壱貫目ニ候へ者双方始之対決ニ三十日切被仰付候
右三十日之間ニ済方不致ニ付、又銀子主及追訴候故、借主被呼出、此度ハ壱貫目之内百目十日切ニ可相渡之旨被仰付、残而九百目ハ三十日切ニ済方可致之旨被仰渡候
〔右之百目十日中ニ不相渡候ニ付、又追訴ニ及候故借主被召出、此度ハ右百目を二ッ割、五拾目今日中ニ相渡し、残而五拾匁ハ十日切ニ相渡し、引残九百目ハ三十日切ニ済方可致之旨被仰付候〕
右之通五拾目今日中ニ可相渡之旨及四ヶ度不相渡候へハ、五ヶ度目御門前ニ罷越候様ニ被仰付候
右之通御門前留被仰付候而も猶不相渡候ニ付、翌日及追訴候故、六ヶ度目手鎖
但、五ヶ度御門前留之節、五拾目相渡候得者、先〻十日切被仰付置候処之五拾目未相済候段、翌日及追訴候ニ付借主被呼寄、今日中ニ五拾目可相渡之旨被仰付候、此五拾目最前之通不相渡、五ヶ度目ニ及候得者、御門前留六ヶ敷《度》目手鎖如斯、皆済迄金高之不寄多少振合ひ

同し、尤銀高多分ニ候得者割渡銀多候事

・家屋敷を書入平貸附致候事

一為平貸附家屋敷を書入候証文取置候義ハ御法度之事、為平貸附家屋敷を引当ニ書入候証文を以金銀之滞を御取立願ニ出候とも無御取上

尤諸名目銀ハ家屋敷引当証文不苦候事

附、大阪表ニ而ハ家屋敷を引当差入、又附物を別段ニ差入借金銀致し候事

右附物と云ふハ釘打ニ而取附候品ハ建家之外ニ相成候

又、日ゝ之飯米を書入、借金銀をいたし候事也、是例当地ニハ無之事ニ候

又、先日町人千日之火屋を引当ニ書入、彼六坊連判ニ而金子貸附候処、右金子元利とも相滞候ニ付段ゝ引合ニ及候得ハ、火屋流れニ致度候間引取呉候様申候間、小長谷之煙亡江引合候得ハ、千日之火屋引取ニ相成候ハゝ、私方より焼人差遣し可申旨申候間、千日六坊へ弥火屋可引取之旨申遣し候へハ、大ニ難渋困り入種ゝ扱を入、其後無懈怠利足銀差入候

・年賦金銀証文之事

一金銀貸附相滞候節、年賦之相対ニ相成、則年賦証文へ相改置候処、右年賦銀相滞候節者壱ヶ歳ニ何程、或ハ半季毎ニ何程と相極メ置候年賦たけ之願ニ相成、元利都合之銀高願ニは不相成候事

右年賦銀滞ハ銀高之多少ニよらす、廿日切被仰付候事

右廿日之間ニ不相渡候へハ、依追訴廿日切四ヶ度、五ヶ度目手鎖

一年賦証文といへとも、若壱ヶ度ニても相滞候ハゝ、其節ハ元利都合之銀高無相違可致返済之趣書入在之候得ハ、一旦之年賦者相消、元利都合之銀高済方被仰付候事

都而年賦銀ハ滞る毎ニ一ヶ度ツゝ御取立之趣可願上義ニ候間、如本文若壱ヶ度ニても滞候節ハ、元利都合皆済可仕之旨証文取置候而可然

但、是等之金銀滞候節ハ廿歩壱割渡被仰付候事也

・諸寺院祠堂金貸附之事

一諸寺院より貸附候銀子、右ハ御祠堂銀之内慥ニ借用致候趣、右相認といへとも、其寺院ゟ未タ御願不相済候分ハ平貸附同断、廿分壱割渡被仰付候事

御由緒有之候御祠堂銀ニ候ハゝ、其趣申立貸附御免ニ相

成候後、御祠堂名目付ニ相成候分ハ格別、如本文未た願不相済分ハ、たとひ御由緒有之御祠堂銀といへとも内証貸之義ニ候間、平貸附之御扱ニ相成候事

・得生質を取金銀貸附候者之事

一得生質と唱、着類諸道具を質物ニ取、日限を定、金銀を貸付、日々ニ利足を取候者、諸道具欠所之上、居町払

但、家持ニ候ハヽ家屋敷斗欠所、其後妻子へ被下之、尤質置主ハ無御咎

前条ニ如載、壱歩半より高利を取、金銀貸付候義ハ不相成候、尤不埒なる貸付方致候銀主ハ追放、口入之者ハ洛中洛外払

附、文化二丑年四月、岩上通四条下ル町松屋平右衛門銀主ニ而口入之者麩屋町通錦小路上ル町津国屋重兵衛、同口入之者伏見街道五丁目万屋喜兵衛、右三人不正之貸付いたし、剰高利を取、其外品々不埒之取斗有之、尤銀主ハ口入之者へ任せ置候ニ付、銀主并口入之者共御仕置被仰付候

銀主平右衛門追放、口入重兵衛喜兵衛之両人洛中洛外払

附、近年損料貸と唱、衣類を貸、右衣類を要用程之金子高ニ質物ニ為差入、右衣類之損料並質物之利銀共取之候者遠嶋

・諸組之与力同心衆江御名目銀貸付之事

一諸御組之与力同心衆へ御名目金銀貸付候処、右銀子相滞候節訴出候共無御取上

但、平貸付ニ候得者、御定法通り之済方被仰付候事

・寺社人并北野宮仕等借金銀之滞ニ付御咎之事

一諸寺社人並北野宮仕之輩借金銀之義ニ付、御咎之手鎖ハ無之候事

「(朱書)右御咎之手鎖無之者本文之輩ニ不限、手鎖ハ都而町人百姓等之外ハ不被仰付候事也、後々委敷出之」

○印形懸

・証判一代切之事

一都而証判者一代切也

但、借金銀等之証判者跡式相続之者へ相掛り候事

附、証判と請判と差別を云、たとへハ不通養子等之証文ニハ証人と相認候事也、其訳ハ養子ニ差遣し候証拠

人ニ而、以後本人之身上之義を請合候ニあらされバ也、又、奉公人或ハ借屋請状等ニ請人と相認候、是ハ本人慥成る者ニ而身上ニ故障無之段請合ニ相立候故、請人と可書也、右等ハ両様とも一代切也

（朱書）「不通養子証文之類、証人と相認候時者、二判ニ而も不苦、奉公人借屋請状等者三判無之候而ハ難相立、人請ニ相立候事ハ十人以上ハ不相成候事也、右ニ付十人以上之請ニ相立候得ハ下請人を取置可申事ニ候」

・後家並一旦之妻印形懸有無之事

一借屋ニ罷在候者夫病死いたし候ニ付、其妻後家を立名前人ニ相成跡式相続仕居候処、夫存生之由ニ致置候借金銀等之証文ニ右後家之印形無之分ハ御取立願ニ出候共、後家へ済方不被仰付候事

但、其品ニ寄候而者跡式相続致居候ニ付、済方被仰付候義も有之

一家持之者夫病死いたし候ニ付右之妻後家を立、則名前相改跡式相続いたし居候もの、夫存生之内之借金銀ハ不及申、其外諸懸りとも右後家可致済方之旨被仰付候事

一離縁ニ相成親元へ帰り居候妻、夫方ニ罷在候内、借金銀等之証文ニ加判いたし置候とも、離別状有之ニおゐてハ、右加判其外諸懸り合等無之候事

但、夫病死いたし候ニ付、其妻親元へ罷帰り居候処、夫方ニ罷在候内之諸懸り合ハ妻ニ出入合無之候事、是又本文ニ同し

・聟養子ニ参不縁ニ相成候者印形懸り之事

一聟養子ニ参り候処不縁ニ相成候ニ付、実家へ罷帰り居候者養家ニ罷在候内之証判ハ、不寄何事懸り合無之候事

・加判人ニ相立候処、依証文面分借ニ相成候事

一借金銀之証文ニ合銀何拾貫目也、右之銀子銘〻無拠入用ニ付借用仕候趣を相認、殊ニ加判人連名書之処ニ加判人と云断書於無之者分ケ借ニ相成、加判人ニハ難相立候故、若滞候節ハ御咎之義借主と同様ニ被仰付候事

右分借御名目銀ニ候得共、銀方と相対之上、其銀高を連印中ニ割付相当る処之壱人分銀子返納ニ及候得ハ、連印之内差除ニ相成候

（朱書）「右之如く相余《除》候分ハ貸附証文差出候節、其者之名判之処へ下ケ札ヲ以割済ニ相成候故、不取相手と御断書

いたし候也」

○御名目銀取立ニ付御呼日並御咎之事

一御為替銀御取立
　十（七）日切三ヶ度目本人手鎖、五日切加判人手鎖、本人揚
　屋入

一東西御役所上納銀
　十日切三ヶ度、七ヶ切三ヶ度、五ヶ日切三ヶ度
　右御上納銀ハ公事方、御勘定方、新家目附、欠所方、
　　証文方、川方掛り、以上之御部屋毎ニ拝借人有之

一米会所名目銀
　西御役所呼日　六日　十五日　廿八日
　東御役所呼日　三日　十一日　廿三日

一家質銀
　東御役所掛り御呼日　三日　十一日　廿三日
　七日切三ヶ度目本人手鎖、五日切加判人手鎖、本人揚屋
　入

一両替名目
　東御役所掛り
　　十日切三ヶ度、七日切三ヶ度、五日切

一上納会所　会所　宮西九郎兵衛
　西御役所掛御呼日　六日　十五日　廿八日

一光雲寺御名目銀
　十五日切九ヶ度、十ヶ度目手鎖
　(朱書)「右霊芝山光雲寺ハ禅家ニ而金地院之隠居所也、但
　東福門院之御尊牌を祭乃彼門院様之御祠堂銀也
　　東福門院ハ台徳公之御姫君ニ而御諱和子と奉称、
　　慶長十九寅歳七月、後水尾帝之為女御内入内、延
　　宝六午歳六月廿五日ニ崩」

一日銭
　東御役所呼日　三日　十一日　廿三日
　西御役所呼日　六日　十五日　廿八日

一銀小貸　会所　安西
　但、於御役所者御闕所方掛り
　東御役所掛り呼日　三日　十一日　廿一日

一京割符名目銀
　七日切三ヶ度、五日切数度

一貸物会所　会所　嶋本三郎九良

一荒道具会所　会所　福嶋庄七
右二口共東御役所掛り呼日　三日　十一日　廿一日
廿日切九ケ度、十日度目手鎖
一堂上方御名目銀
廿日切
之旨被仰付候
廿日切五ケ度、六ケ度目手鎖

○諸商人金銀之出入一件

・米代金銀御取立之事

一於米代銀滞者米会所之奥印を以御取立願ニ罷出候事、右滞之分金子ハ弐歩、銭ハ弐貫文と以下ハ無御取上
金弐歩并銭弐貫文以上之滞ハ銀高之不寄多少、廿日切十五ケ度、十六日《ケ》度目手鎖
西御役所毎月暇(呼)日　六日　十五日　廿八日
東御役所毎月呼日　三日　十一日　廿三日

・糸代銀滞之事

一西陳(ママ)糸屋町糸商人ゟ織屋方へ売渡候糸代銀相滞候節ハ、糸屋町年番付添訴出候事
右糸代銀多少ニよらす廿歩壱割渡被仰付候事
但、初対決ニ右之如く銀高之廿歩壱を廿日切ニ可相渡之旨被仰付候
廿日切五ケ度、六ケ度目手鎖

取込代呂物と売渡代呂物とニて相成訳合之事

一諸商人売渡候代呂物と之代銀相滞候ニ付及出訴之節、右代呂物売渡候節、端書と唱候売上書、或ハ書出し等最前ニ相渡置候得ハ、相手方右書付を以相対之上買取候趣返答書差上候ニおゐてハ、売渡し代呂物代金之滞ニ相成、廿歩壱割渡被仰付候也
右売上書並書出し等不相渡候分ハ、見せ置候代呂物不相返候趣訴出候得者、相手方取込代呂物ニ相成候事
但、売上書並書出シ等不遣之といふとも、代銀之内へ少しニ而も入金有之候得者残銀ニ相立候故、是又廿歩壱割渡ニ相成候
前書右書之通取込代呂物ニ相成候節ハ、衒事ニ准して本人御吟味ニ相成候事、又代銀之内へ少し渡金有之候とも、実ニ取込候ニおゐてハ、是又御吟味筋ニ付、品ニ寄入牢被仰付候

借金銀分散取捌之事

一町方並在方共借金銀有之候処、入組候訳合ニ付分散ニ相成

候節ハ、町代之者へ諸勘定被仰付候事
右分散之義、則借主之諸道具並着類等六七歩通銀主へ可相渡様被仰付候
附、惣而金公事内済ニ相成候節、訴詔方之印形斗ニ而無申申(衍カ)分内済仕候旨御届申候間、相済申候事、是を片済と唱候也
本公事ハ片済ロニ難相成、双方連印ニ而内済之趣御届申上候事、尤此等之義ハ願下ケニ致候而可然

○金銀之出入無御取上分並相続講一件

・米市場懸り之事

一米市場ニ懸り候金銀之出入ハ不及申、惣而米市場仲ケ間之出入事ハ無御取上、嶋本三郎九郎方ニ而致取計候事
但、貸附金銀之相滞ハ御定法通りニ済方被仰付候事、併シ貸附証文之表ニ米市場ニ抱わり候義とも書入有之候へ者、無御取上

・芝居役者出入合之事

附、芝居役者御法度之品々

一歌舞妓芝居役者男女形とも芝居興行徳用金割合証文ヲ以訴出候共中ケ間事ニ付、無御取上
芝居ニ不抱貸附候金銀並諸出入者、御定法通之御扱ニ相成候
一歌舞妓芝居役者ハ男女形とも芝居狂言興行中楽屋入往来ハ各別、其外私用ニ付町方並遊所とも、不限昼夜徘徊いたし候義ハ御法度
尤、脇差を帯候義ハ猶更御法度之事ニ候、若用所有之無拠他行致し候節ハ、昼夜共網笠を冠可相通由、先年ゟ之御定ニ候処、近年猥ニ相成候故、天保寅年之御革(マヽ)改ニ猶又御触ヲ以厳敷被仰出候
附、宮川町筋ニ役者共罷在候義ハ、芝居狂言稽古場と申立御免ニ相成候得ハ、住居之所ニ而者無之、尤芝居興行中ハ其町内ニ罷在候而、他所ニ止宿致候義ハ決而不相成候事なり
一諸請負方並仲ケ間事ニ付損徳割合証文ヲ以願出候とも無御取上

頼母子并相続講御咎之事

一頼母子並相続講掛銀之義ニ付講主不埒有之候ニ付、右講銀請取之通ひを以於訴出者、講主並加入之者共遠嶋

江戸表ニ而者相続講を取退無尽と唱候而御法度也

（朱書）
「右取退無尽之唱ハ、於京都ハ取退講之唱なり」

附、京都之外於他国ハ振鬮を以当りを極、金銀を取らせ候講事ハ決而不相成候、尤本文之如く京都ニても出入訴出候時ハ遠嶋ニ被行候程之義也、可考事ニ候、伊勢講と唱候時ハ振鬮を以代参人を相究、其当り候者ヘ御初穂並ニ路用金を相渡之由ニ候ヘ者、少しハ申訳も可相立哉、相続講と唱候時ハ振鬮を以当金を相渡、右当り之者取退候儀ハ偏ニ富市ニ等く候、右富市ハ御法度之事ニ候間、若是を致候ものハ牢舎之上御退放ニ相成候事ニ候、是等之訳合能〻可相弁事ニ候

○堂上方並御武家方掛り

・御所向江乱心者入込節之事

一禁裏仙洞其外御所向ヘ町家之乱心者入込、則召捕於御奉行所御糺明之上弥乱心ニ於無紛者、其者之居町年寄並ニ五人組を被呼出本人御引渡ニ相成候事

堂上方之猶子相成候者並金紋先挟箱之事

一諸寺社人堂上方之猶子ニ相成候節、武家伝奏衆より其趣き御所司代江御届有之候事

右御届之節於所司代並町奉行所者、猶子之格式不相成之趣御返答有之候

一猶子ニ相成候諸寺社人、於関東者金紋先挟箱為持之、御府内往来致し候義不相成候事

右御府内と云者京都之洛中ニ等し、江戸端〻所〻ニ棒杭を被建事、都合十二ヶ所如左之書付有之

此杭より内小荷駄馬口附之者不可乗者也

・堂上方之家来故障有之候ニ付暇ニ相成候事

一堂上方之家来不埒之筋ニ仍而奉行所ヘ被召捕、其趣御届ニ相成候時、右家来不法之者ニ付、先達而暇差遣シ候由之返答ニ而相済来候処、寛政年中以後ハ御暇被遣候由御返答在之候得共、其分を者不相済御主人江相懸り候様ニ相定り候

右等之義ハ堂上方御自分ニ悪事を仕出相顕候節、家来之者相働候様ニ被答候ニ付而より御政事相改候事

附、町人並百姓家内之もの下人ニ至迄欠落いたし候趣御届申上置候とも、其日より三日内他所ニ而悪事仕出し候得者、欠落已後之科ニハ不相成、三日迄候而者悪事ハ欠落後ニ仕候御扱ニ相成候

・堂上方御紋附提灯之事

一堂上方菊之御紋付提灯を出入方之町人へ御預ヶニ相成候節ハ、右預候町人ゟ或ハ箱提灯、或ハ弓張提灯、或ハ高張等之品を書付、其趣可訴出候事

右之通書付を以訴出候節、御奉行所より彼御方〻江御達有之候

但、右御紋附ニ何御殿御用と御印可有之様ニ被達候事

(朱書)「右町人とも江御預之提灯ハ、惣而右之如く印候事定例也、唯御用と斗印候義ハ禁裏並公儀之外ハ無之、縦仙洞並公方家ニても其肩ニ仙洞御所或ハ御本丸様と印在之候也」

附、禁裏仙洞其外御所向御用之品在之、右調達中御出入方之町人江御絵符被相渡候節ハ、御取次より御附武家衆江其段被届候ニ付、御附衆より御奉行所江其趣被達候事、尤御用相済之後被取上候時も同断之事

但、禁裏御絵符ハ百枚ニ相定候而御取次衆預之

・堂上方ゟ御奉行所江達在之事

一堂上方転宅之義、御附武家衆へ被達候節ハ、右本紙を御所司代江被差出、其写を以御奉行所へ被達置候事

一堂上方之家来宿所替之義、御附衆へ届出候ハヽ、則其書付町奉行所江被遣候事

右家来宿所替之義ハ、御附衆より直ニ町奉行所へ書付被遣、御所司代江ハ進達無之

但、宿所町家ニ而無之候へハ町奉行所へ不及達、尤在方ハ町ニ准し候事

一堂上方諸願ニ被出候節ハ、書付ヲ以御附衆江被申達候節ハ本紙之侭御所司代江被差出候事

・於山城国中御鷹場拝領之家

一山城国淀堤並桂川筋、右両所為御鷹場井伊掃部頭殿拝領被致候事

先年井伊家之嫡子家督之節ハ、鷹匠被召連上京ニ而彼所〻ニ被至候処、近年其例絶而隔年ニ只鷹匠斗両三人鷹を居彼所〻を相廻り候

(朱書)「因ニ云、右山城国中ニ而鷹場拝領ニ付願を被立、江州守山宿辻八兵衛屋敷地へ鷹部屋を被建

但、彼守山宿ハ他領ニ而井伊家之領所ニ而ハ無之」

附、御所司代御在京中ハ、洛北御菩薩ヶ池之地を御鷹

場ニ被附置候なり

右放鷹之義ハ万石以下ニ而者、縦自分之領所ニ而も
不相成候

附、西園寺殿持明院殿之両家ハ鷹之家ニ候間、京都町
中ニ而も鷹を居られ徘徊被致候事勿論也

但、持明院家ハ久〻中絶ニ及候処、天明方大火之後
再興在之候由

・武芸を以懸勝負致間敷事

一於武家屋敷弓其外不寄何事武芸之筋を以壱銭之賭勝負ハ不
及申、博奕ニ似寄候義ハ御法度之事

一侍格之者博奕之場所江立寄博奕致候ハヽ遠島

・侍格之者町人百姓等ハ被切殺候節之事

一侍格之者町人百姓等慮外有之候ニ付及刃傷候節、止之刀を
差申間敷事

附、寛政年中新屋敷組之与力戸田定三郎縄手通三条下ル
町ニ而町人慮外在之、被切殺即死すといへとも、止を不
差置
生死之程ハ存不申、無拠切置候段被相届候故、其分ニ相
済申候

附、先年丹波街道地蔵峠ニ而園部之領主小堀伊勢守之家
来足軽格之もの無宿坊主を被切殺、則止之刀を被差置候
故、御吟味中揚屋入被仰付候後ハ無御構相済といへとも、
兎角止之刀を差置候得者人を仕留候ニ相当り候故之事也

・御武家方之家来欠落之事

一武家方之家来共致欠落行衛不相知候処、其主人より傍輩之
家来江内〻申付、右欠落者見届次第可相果之義ニ付、彼是
相尋候処、京都ニ罷在候間打果候節ハ、禁裏並御城四方四
町之内ニおゐてハ不相成候事

・武士之浪人帯刀宿坊請合之事

附、儒者帯刀願之事

一致浪人候者、宿院より帯刀請合之義願出候ハヽ帯刀御免ニ
相成候、其上他国へ罷越候節ハ往来之日数を積り、右宿院
より他出之趣可願出候事

一儒業之者、仕官之望ミ有之候ハヽ、其師匠儒者より於願出
ハ則帯刀被許之候事

浪人体之者町中并在方合力廻り之事

一武士之浪人在〻村〻を廻り無謂合力を請、旅籠銭等も不払、
村順〻人足を乞召連通候者ハ重追放

一武士之浪人と申立、町中並在方村ゝ合力を乞候者、帯刀ニて罷越候者ハ壱銭之合力被致間敷候、又脇差斗帯候ものニハ心次第之合力致し可遣事、是以法外之義ニ候ハヽ、在方ハ番人へ相渡し可申候事

附、浪人といへとも武士家敷之長屋ニ借宅致し居候ハヽ落椽迄罷出候事、町住居仕候者町人百姓ニ同し

附、虚無僧修行之義ニ付御触状之覚

一近年村ゝ江虚無僧修行之体ニ而参り、百姓共江ねたりヶ間敷義申聞、或ハ旅宿申付候様村役人抔へ申候故差遣し候得共、麁宅ニ而止宿難成由を申あはれ、其場ニ居合候者ともを尺八を以打擲いたし疵付候義在之候段相聞へ候、不届之至ニ候、虚無僧修行いたし候ハヽ志次第施物を請、夜ニ入候ハヽ相対ニて一宿可致筋ニ而、以来虚無僧とも聊も不法之筋在之候ハヽ、其村方ニ差押、御料ハ御代官、私領ハ地頭役所へ早ゝ召連可出、若相背候ハヽ其村方可為越度候者也、村ゝ入口高札場或ハ村役人之宿所抔ニ張置可申候

正月

右御書付従江戸表至来候ニ付、安永三午年二月相触置候処、近来又ゝ虚無僧共修行之体ニ而罷越、不法之義とも在之趣不届之至ニ候、向後虚無僧共修行いたし候ハヽ志次第之施物を請遣し、夜ニ入候ハヽ相対を以一宿可致義ハ格別、施物を乞とり又ハ無銭ニて押て止宿之義申聞、此外ねたりヶ間敷申候ハヽ、其辺之番人江談し差押早ゝ可訴出候、右体之者見遁シ候ハヽ其村ゝ可為越度候

正月

右之通山城国中在ゝ江可相触者也

・侍格之者火事場へ罷越候事

一侍格之者火事場へ罷越候義ハ不相成、且十手を持駈参候義ハ猶更御法度之事

但、役人衆者制外之事勿論ニ候

・諸組之与力同心衆を御役所へ被呼寄候節之事

附、右与力同心衆を相手取町人訴詔之事

一新屋敷組之与力並同心衆を御役所へ被呼寄候節ハ、町奉行ゟ之手紙ニ而御所司代公用人江被及付届候事

一御城番組之与力並ニ同心衆ハ其組頭へ被仰遣候事

一諸組之与力並同心衆を相手取、町人共より及公訴候節ハ其
組頭迄不及届、直ニ御役所へ願出候而不苦候事
附、新屋敷組之与力同心衆ハ御譜代ニ候間、諸組之与力
同心衆ニハ諸事御扱旲なり
（朱書）「右ハ御三代大猷院殿家光公御代迄ニ被召抱候衆者、
惣而御譜代ニ候、以後被召抱候分ハ場所御抱入ニ候
事」
附、与力同心衆御譜代と場所抱入之者と差別ハ、御譜代
衆ハ忰順ニ跡式相続被仰付候事、場所抱入之衆ハ、縦ハ
御奉行帰府之節ハ公儀より御暇被下、跡役上京之砌ハ又
公儀より御抱入ニ相成、其奉行人江御預被成候事なり、
故ニ其忰ハ別段之召抱人ニ相成、親之跡式相続ハ不被仰
付候也
右之如く成る故ニ町奉行組之与力同心衆隠居之後者、
脇差斗ニ而町住居不苦候事也
附、元来与力衆者於関東召抱、同心者京都ニ而御抱入
ニ相成候者なり、其始町奉行組之与力拾六人於関東被
召抱上京す、其後又八人被召抱被致上京、段々増人被
仰付、寛文之末より元禄ニ至而与力弐十騎同心五十人
を片組として、東西ニて四十騎ニ百人と成る
（朱書）「或書ニ与力ハ御書院組御小性江之縁組ヲ被免、四
半朱之指物金之輪貫之前立物を被下置と有之、此義
ハ御譜代之衆ニ而場所抱入之与力ニてハあらさる
歟」

・御内衆並堂上方之家来を被呼寄候節之事
一御内衆を御役所江被呼寄候節ハ、御附武家衆へ被申遣候事
右之節御附衆より其趣当番之執次へ申達、承知之由ニ候
得者、其段奉行所へ被申越候事
一堂上方之家来を被呼寄候節ハ、御附衆へ御手紙ヲ以被申遣
候事
此節御附衆より右手紙を以伝奏衆へ被達、則承知之由ニ
候得者、其段奉行所へ被申越候事

・御家人衆御仕置ニ相成候者之忰御咎之事
一御家人衆不埒有之候ニ付死罪被仰付候者之忰ハ遠島、被仰
付候者之忰ハ軽追放
右之如く忰ニ不調法之義無之といへとも、父之悪事依て
一等軽御仕置ニ被行候事也
但、町人百姓ハ親重仕置被仰付候共、忰怪敷義於無之

者御咎無之、併百姓田畑之義ニ付出入ニ依而者、父相
果候得者御咎忰へ被仰付候義も有之

(内表紙)「武辺大秘録　巻之六」

武辺大秘録　巻之六

目　録

一死罪可除之月日之御書付覚
　死罪除日之内御書直之覚
一沽券状御割印頂戴日之事
一宗門並人別帳納定日之事
一洛中ゟ塵捨場
一洛外五ヶ所無縁墓地之事
一於洛外御構場所十一町之事

追加

一逐電、欠落之事
一久離、義絶、勘当之事
一曲事、越度、罪科之事
一可処重科、可処厳科之事
一成敗仕置之事
一逆罪之事
一斬罪之事
一下手人之事
一殺害刃傷之事
一徒党之事
一過料之事
一吟味と唱之事
一訴状と目安と唱分之事
一願下ヶと済口之事
一上証文並請証文之事
一裁許、落着之唱差別之事
一口上、口書差別之事
一無宿者書方差別之事

〔武辺大秘録巻之六〕

○開帳并為拝万日等之事

一諸寺社開帳致し候節、所々江相建候高札ニ開帳と書候義ハ、京都御奉行所ゟ之御添証文を頂戴仕、於関東寺社奉行所之御済状頂戴いたし候分也

一京都御役所斗願相済、寺社奉行衆江不相届分ハ開帳と称し候事不相成、只為拝と可書事

（朱書）「右諸寺社開帳并為拝万日等之節、所々江高札大和大路建仁寺門前博多町大工職鱗形屋喜平次請負ニ而建之
但、喜平次ハ大工仲ヶ間建仁寺組之頭ニ而、職名坂上

豊後と云」

一諸寺社前年万日修行致し候年より廿八ヶ年相過候而万日執行仕度旨願出候時ハ、御免ニ相成候事

右年限を不経内は御免ニ不相成候

一開帳并為拝等之節、霊宝御代〻御宸筆等御七代以来之品ハ差出し候義不相成、御七代已前之品ニ候ハヽ不苦

但、御七代以来ニ候とも御寄附之仏軀類は不苦候事

右ハ寛政五丑年三月八日伝奏万里小路殿ゟ御附武家衆江被申聞候也

附、開帳并為拝等之節、諸寺社御寄附物差出し度候へハ、書付を以執奏之公家方へ願出候事、右相済之上ハ書付其侭御附衆江被遣候、其時御附衆ゟ右書付御所司代江被差出候

一開帳并為拝万日等之節、菊之御紋付、紫幕并同御紋之提灯等相用候義ハ、右御紋附之由緒書を致別段ニ相願候事

一開帳并為拝万日等之節、参詣人を内陳（ママ）へ相通し候ニ付、内陳切手を売渡し候義ハ前〻より御法度之事

一開帳并為拝万日等之節、於境内并門前煮売屋及水茶見世差出し候義ハ、其寺社付添煮売店惣代水茶店惣代とも罷出、煮売店何十軒水茶店何十軒と書付を以相願候事

一開帳并為拝万日等之節、其外宮社正遷宮ニ付町中ゟ寄進物を送り候時、地車ニ積大勢ニ而引通り候義ハ不相成候事

附、開帳ニ付高札之文言不同之事

本尊薬師如来
勅会御開帳候也
来申従三月五日　因幡堂役者
」

京都因幡堂本尊薬師仏開帳之儀ハ、勅宣ニ付於禁裏被仰付之、則方丈非蔵人口ニ而奉之、尤開帳之日数御定無之故、御紐解之日附斗ニ而幾日之間と云日限を不書出、閉帳之儀勅宣無之候ハヽ、縦五十日或ハ百日ニても開帳候事也

右御紐解之節ハ御使番布衣を着し、騎馬ニて向ひ御戸帳を被開候事、又閉帳之刻も同断、右ニ付因幡堂薬師仏開帳之義ハ他之寺社とは異ニして開帳有之候後、年数ニ不拘候事

拝覧

山城国嵯峨清凉寺之釈尊、於関東開帳候節者高札ニ右之

如く拝覧と書候事ハ、禁裏御撫仏ニ候故、如斯書候也

台覧

如此書ハ、禁裏御撫仏ニ而者無之候、将軍家御参詣有之候分ハ右之如く台覧と書候事

（朱書）「禁裏御拝仏ハ御撫仏と唱、右御撫仏を将軍家御拝有之節ハ拝覧と称す

禁裏之御撫仏ニあらす、将軍家斗之御拝仏を台覧と唱候事、高札之表ニ依而差別可知」

○御役所十二月十九日以後訴訟之事

附、公事出入日数之事

一東西御役所正月十九日より諸公事始り十二月十九日限

右之如く十二月十九日限といへとも、廿二日御帳附いたし、廿三日御判願相叶候事、廿四日ゟ者弥諸願不相叶、

然れとも臨時急変ハ各別之事

一諸商人代呂物を取込、大晦日ニ至而金子不相渡、其上欠落之程も無覚束、依之足留之義願出候時ハ極月廿八日ニても不苦事

右等之儀ハ御吟味物筋ニ付、早速御承届ニ相成候事也

一金銀之貸附滞並売渡代呂物代金之滞類ハ、十二月廿三日以後者願不相叶候事

但、十二月晦日限と相極候証文を取、金銀貸附置候処、大晦日ニ至而返金之程無覚束存候処、廿三日以後者御取立願不相叶候ニ付、前広ニ願置度義ハ先を見越候願事ニ付不相成候事

右之通滞金ニ而も無之、未タ相定候日限ニ至らす候へとも返金之義無覚束故、前広ニ御取立之程願出候義ハ惣而御法度之事、併如本文代呂物取込候類者御吟味筋ニ相懸り候故、貸附金銀ニハ各別之事也

・諸公事出入日数之事

一諸公事出入中日数百日と相極

右日数中ニ難裁許決諸公事ハ、御所司代江御伺書被差出之候事

○科人懸

・非人小屋頭拷問之事

一非人小屋頭幷在方ニ在之番人とも不審成ものを見掛、自分小屋へ引込尋問之節、拷問ニ掛ヶ候義ハ不相成候事、若拷

問ニ相懸ヶ候小屋頭並番人者、遠嶋

惣而拷問ニ被懸候義ハ、人相書を以御尋之者並盗賊其外死罪以上ニ可被行程之者を御吟味ニ付、御役人衆被差越無差図候てハ不相成候事

右之如く縦役人衆被差越御吟味有之といへとも、牢屋敷之外下小屋并会所等ニ而者拷問不相成候事

(朱書)「拷問之品五通有之といへとも、其所ニ随而名目不同ニ候間爰ニ略す、尤右五品之外如何様之責具ニ被及候共拷問といふ唱

又、刑罪之品も五刑と称、遠嶋已上也、故ニ流罪以上ハ御伺之上(ママ)ニ而者被仰付候事也」

・旧悪当悪之事

一侍格之者、前〻之悪事後年ニ至而相顕れ候とも、当悪之御扱ニ相成候事

一町人并百姓ハ十二ヶ月相過候ハヽ旧悪ニ相成、一段軽く御扱ニ相成候、又其品ニ寄てハ御吟味ニ不及候も有之

但、十二ヶ月相過候ハヽ旧悪といへとも御吟味中ニ十二月相過、其後科之次第相極り候分ハ旧悪ニハ不相成候

又其品ニ寄てハ不及御吟味といふハ、縦博奕或ハ喧嘩或少しの押借等致し候者、其後改心いたし其上十二ヶ月相過候ハヽ旧悪ニ相成、御吟味無之候事

附、当悪ニ相成候訳旧悪ニ相成候訳之略

一盗ミ致候もの被召捕御吟味之節、縦是迄之悪事ハ他国ニ而仕候事ニ候とも、当時之悪事次第書之肩へ朱ニ而旧悪を書記候事也、右朱書四ヶ度ニ及ひ当悪共都合五ヶ度目ニ至るの者ハ、科之軽重ニ不抱死罪

右之如く当時之悪事ハ不重といへとも、旧悪度〻ニ及ふ之時ハ当悪ニ相成候事

一博奕をいたし候者被召捕候節、是迄度〻被召捕入籠ニも相成候者といへとも、当悪事斗被記之候而、朱ニ而旧悪之肩書ハ不被致候故、たとへ何ヶ度入牢致といへとも御仕置ニハ不被行候事

右之如く是迄之悪事を不被記候義ハ、旧悪ニ相成候故之事ニ候、又当時博奕いたし候者といへとも、十二ヶ月已前之義ハ旧悪ニ相成候故、御吟味無之

但、博奕胴取并宿致し候者ハ各別之事

一如前書年月を経といへとも旧悪ニ不相成候分ハ、朱ニて当悪之肩江被書入候、亦別〻之悪事旧悪ニ相成候分ハ不被記

之、是等之次第ヲ以当悪ニ旧悪之差別可知

・盗賊並取逃之事

一盗賊金拾両以上盗取候者死罪

雑物ハ代金ニ積り拾両以上ニ相成候ハヽ同罪

但、昼中ニ而も錠を明、或ハ塀を越忍入候類ハ、盗取候品不寄多少同罪

一都て取逃金子拾両以上、雑物ハ金高ニ積り十両以上ニ相成候ハヽ同罪

一刃物を持躍込いたし候者ハ盗取候金銀之不寄多少、頭取之者引廻し之上獄門、同類之者死罪

刃物を不持候とも致押込候者五ケ度ニ及候ハヽ、引廻之上獄門、同類之者死罪

・御構之場所へ入込候者之事

一御追放ニ相成候国所へ入込盗いたし候者ハ、金銀之多少ニよらす死罪

但、喧嘩口論をいたし候者ハ、何ケ国と増国被仰付候御書附被相渡之候事、縦ハ軽追放之者ハ中追放ニ相成、余者可准之

附、右御追放被相成候者、大津三井寺下並寺内共住居御免被申義ハ無之候得共、先彼地ニ名前を隠し住居致し候義ハ、御憐愍ニ而其分ニ被差置候事

（朱書）「右三井寺下と云は園城寺之境内なり、寺内といふハ西本願寺之掛所、河内国八尾村顕証寺之末近松寺境内なり、右近松寺ハ高観音と称、御所司代御順見所ニ而、則三井寺之支配地なり」

・遠嶋者之事

一流人之分、隠岐国ハ村高百石ニ付壱人ツヽ之御預ニ相成候

但、伊予国銅前銅後（ママ）等ハ格別之人被遣之、佐渡国水替人足ハ是又別段之事、其外国々ハ大概隠岐国ニ准ス

一遠嶋被仰付候時節ニ至、則同心目付衆牢屋敷江被差越、彼者之妻子並親類共を被呼出、於牢屋敷本人為暇乞被引逢候事

一従公儀遠嶋者江被下候品々左之通

一布子壱ツ　但、時節ニ応して其時之着類被下候事

一鳥目五百文　一塵紙五帖　一細引壱筋　一渋紙壱枚

右

一流人もの方へ京都之妻子并諸親類中より唯時節之尋迄之書状往来之儀ハ御免ニ被成下候事

但、右書状彼地ニ至る時ハ、嶋役人改之、其節少しニ而も用談之義相認有之候へハ、取上ニ相成候事

一御上様御慶事、或ハ御遠忌御法事等之節、最前遠嶋ニ相成候者之諸親類ハ、遠嶋御免之義可願出候様被仰付候、其度毎ニ御免之願書差上候事五ヶ度ニ及候ハヽ、御赦免ニ相成候事

右五ヶ度ニ及ふ時、諸親類中被召出、遠嶋御免之義願出候ニ付、此度格別之御慶事ニ依而御赦免被成下候段被仰渡之候

(朱書)「右之如く五ヶ度ニ及ひ候迄親類中より願上差上候後、右親類之者或ハ他国へ引越、或ハ死絶、又ハ欠落候而、本人御免ニ相成候節、親類之者ハ無之時ハ節知る者ニ而も御請ニ罷出候而不苦、則其者方へ被返遣候」

右本人帰国之砌、於彼嶋妻子出来、或ハ彼嶋暮方勝手ニ相成候故、彼嶋ニ罷在たく旨於願出者乃被差遣候

(朱書)「如右遠嶋御免ニ相成候者有之節といへとも、前書ニ載候如く、女犯之僧ハ御赦免ニ不相成候事」

・追放之者国々所々御書付之事

軽追放

一江戸拾里四方

同

一江戸弐十里四方

同

一江戸十里四方　○京○大阪○奈良○堺○伏見○大津日光道中○東海道筋○木曽路筋○名護屋○和歌山○水戸○甲府○長崎

中追放

一武蔵　下総　京　大阪　奈良　堺　伏見　大津　日光街道東海道筋　木曽路筋　名護屋　和歌山　水戸　甲府　長崎

重追放

一武蔵　相模　上野　下野　上総　下総　常陸　安房　京大阪　奈良　堺　伏見　大津　日光街道筋　東海道筋　木曽路筋　駿河　甲斐　尾張　紀伊

元禄十五午歳十月、右之通御書付を以被仰出之候

附、他国出生之者、其国を離レ余国ニ而悪事仕候而御追放ニ相成候節ハ、生国幷悪事仕候国被加之御書附被相渡候事

縦ハ生国若狭之者於丹波国悪事仕候ハヽ、右生国之若

狭并丹波弐ヶ国被加之候事、尤京都ニ而中追放以上ニ
相成候節ハ、五畿内ハ御構国ニ相成候
附、女御追放被仰付候節ハ中追放迄ニて、重追放ニハ不
被行候

・入牢之者宿扶持之事

一入牢被仰付候もの并悲田院下牢へ御預ケニ相成候者、右入牢致候日ゟ日数百日之間、宿扶持と唱候而牢飯料一日分銀壱匁弐分宛、百日之代銀百弐拾目、其外諸入用四五匁程居町之年寄より可致出銀之旨申来候事
右之外本人病気ニ付服薬等致候得ハ、薬代銀何程と書附ニ而申来候
尤百日以下ニ候得者、其日数程出銀可致旨申来候事也、
又百日相立候後ハ従公儀御扶持其外諸用物被下之候故、
何事も町分ニ無御構
附、右牢飯代、先年ハ入牢被仰付候翌日御役所へ持参仕候処、享保年中以後ハ御振合相改り候、大阪ニてハ于今入牢被仰付候翌日為牢飯代銀壱枚持参仕候事、尤日数を不経出牢ニ相成候とも、右銀子ハ流ニ相成候
（朱書）「因ニ云、六角通之西被建候を牢と唱、悲田院有之候を圏と唱候、於唐土ハ午（ママ）羊を入置候処を牢と云ひ、豚犬を入置候処を圏と云ふ也、彼牛羊ハ中官以上之人へ被下之品なり、豚犬ハ下官之者へ被下もの也、是ニ仍而牢圏之軽重推て可知
又於公儀ハ牢之字穴冠を忌而窂《牢》、如斯被書替候事也、其意味未知之
右之如く之訳を以、東西御役所ニ有之を豚部屋と唱候」

・手鎖封印改之事

一手鎖人ハ公事部屋ニ而御封印被附之候事
一手鎖者御咎之依軽重日限不同、尤其日限を不申渡候事御定法也
一手鎖ニ而手ニ疵付候欤、或ハ痛ミ候節ハ御打替之義願出候而不苦
一手鎖御封印改之義ハ、其科之軽重ニ随而不同有之候
但、過怠手鎖ハたとへ五十日、或ハ百日ニ而も御封印改無之
一諸寺社人者縦入牢被仰付候共、手鎖ハ不被仰付候事
尤、穢多非人之御咎手鎖無之、但、悪事有之候ニ付御吟

味中ハ、手鎖被申付候義も在之、是ハ御吟味ニ付而者手鎖ニ而御咎ニてハ無之

附、手鎖人御城丸之内通行不相成候事、尤京都ニ不限三都皆同、依之江戸表ニ而者御役所より定断といふて御丸之内を通候事、尤他所より参候手鎖人ニ候ハヽ、無御断してハ決而通不申候也

○毎月公事訴訟日之事

一四日　七日　九日　十二日　十四日　十六日　十八日
廿一日　廿三日　廿七日

寛文八申年、雨宮対馬守殿、宮崎若狭守殿在役之節被相定候

尤御仕置もの有之候節ハ勿論、其日柄を相考候事

附、是迄組与力十騎同心三拾人之処、右両奉行之節、与力弐十騎同心三十人ニ御増人被仰付候事

一四日御裏判　六日　九日　十一日御裏判　十三日　十四日
十八日御裏判　廿一日　廿五日　廿七日御裏判

元禄三午年、前田安芸守殿、小出淡路守殿在役之節被相改、右之通被相定候

御書付之覚

今度評定所之例ニ被準、於京都も毎月式日を定、京伏見奉行衆在京之御目付中、和泉守宅江会合し、五畿内近江丹波播磨八ヶ国公事訴訟等、衆中詮儀之上可裁許之由被仰出候、自今以後群国（ママ）等境論之公事、公家門跡方相掛候事、又ハ町奉行相談之上ニ而難事決分（ママ）ハ、式日召出し可有裁許候、此外之事ニ至而者唯今迄之例之如く町奉行所ニ而可遂裁許候、已上

正徳四歳午十月廿八日

山城守　判
紀伊守　同
大和守　同
豊後守　同
河内守　同
相模守　同

山口安芸守殿
諏訪肥後守殿

（朱書）「肥後守殿京都町奉行被仰付候砌、於関東右之趣御書付を以仰渡之候、依而則御式日并公事訴訟日、左之通

相改り候
但、安芸守殿ハ先役ニハ東御奉行也、諏訪氏ハ同年
十一月十六日西御役所へ上着有之候」
一式日　二日　十一日　廿二日
一公事訴訟日　七日　十二日　十八日　廿三日　廿七日
右

○死罪可除之月日之御書付覚
死罪除日
一朔日　二日　八月十二月斗除之可申候
三日　七月斗除之可申候
五日　八月斗除之可申候
六日　二月斗御構無之候
七日　八日　九日　十日　十二日　十三日　十四日
十五日　十六日　十七日　十九日　廿日
廿一日　六月十月斗除之可申候
廿三日　廿四日　廿六日　廿八日　廿九日
晦日　六月斗除之可申候
死罪除月
一正月　二月　四月　五月　九月　十月
右之通可被相心得候
御精進日之前日と死罪之外改易追放等者苦ヶ間鋪候、十六
日者改易追放可相除候
(朱書)「但馬守殿右御書附被相渡之候也」
・死罪除日之内御書直之覚
死罪除日之内
一廿六日　右ハ八月斗除之可申候
七日　十九日　廿三日　右ハ毎月御構無之候
但、夜ニ入不申様可被申付候
右之外ハ死罪除日前々之通可被相心得候
一毎月甲寅日　右ハ法皇様御本命日
右之日死罪御除被成度由被仰出之候
正徳四午年正月

○活〔沽〕券状御割印頂戴日之事
一毎月四日　十四日　廿四日
明和五子年二月被相定之候事
右ハ石河土佐守殿御在役中、明和四亥年十一月、京中

活券状御改之上、新古券状ニ始而御割印賜之
（朱書）「是迄本人死後、家屋敷相続之義ニ付争論多く公事ニ
及候間、新古券状被相改、存生之内死後誰ヘ相続致度
候段願上候節、活券状ニ御割印被下置之、則是を以跡
目相続、或ハ譲請主所持可致と被相定候
但、同五子年二月朔日ゟ十三日迄ニ被下置之候、尤
以後右御割印頂戴日毎月本文之通相究候事」

○宗門並人別帳納定日之事

一毎年九月
朔日　百拾九町　梅村四郎兵衛
二日　百九拾四町　早川新四郎
三日　百町　本間又右衛門
　九拾七町　松原長右衛門
四日　八拾四町　古久保勘十郎
　九拾弐町　山内勝介
五日　百三拾町　早川喜八良
六日　百七町　奥田左兵衛
　六拾八町　竹内助九郎
七日　百七拾九町　田内彦助
八日九日休
十日　百三拾八町　石垣甚内
　六拾八町　西本願寺境内分
十一日　九拾八町　山中仁兵衛
　五拾九町　東本願寺内分
十二日　百九拾ヶ所　松村三郎右衛門
　松尾左兵衛
十三日　弐百拾ヶ所　右同断
十四日　弐百九ヶ所　荻野七郎兵衛
　五十嵐市郎兵衛
明和七寅年九月日限、先格之通被仰付候事

一安永六酉年ゟ町〻宗門帳宗門毎ニ帳数別ニ相認差出候様被
仰出候
尤、壱冊毎ニ奥書并役印相調、例之通月番御役所ヘ納候
事

一天明三卯年九月、組町一統ゟ願上、町〻之帳面行事町ゟ壱
所ニ相納候様ニ相成候
但、当年宗門帳相納候日限並町数之扣、左之通

朔日　百六拾八町　楳《梅》村四郎兵衛
二日　百七町　奥田左兵衛
三日　百六拾八町　石垣甚内
　九拾七町　松原半左衛門
四日　百町　本間又右衛門
　九拾弐町　山内勝介
五日　六拾八町　竹内助九郎
　百三拾町　早川喜八郎
六日　百九拾四町　早川新四良
七日　百七拾九町　田内彦次郎
八日九日休
十日　六拾八町　山中仁兵衛
　外ニ六拾町　西寺内
十一日　五拾四町　古久保勘左衛門
　外ニ五拾九町　東寺内
十二日　弐百十九ヶ所　五十嵐源吾
　荻野七郎左衛門
十三日　四百五ヶ所　松尾左兵衛
　松村三吾

右　悲田院
　　穢多
天明三卯年九月

一天明八申歳ゟ差上候宗旨帳大直しニ不及、美濃紙ニ相認可
申旨被仰渡之候

○洛中ゟ塵捨場

一室町頭小山口明地
一今出川口東長徳寺北川端
一二条口川原頂紗《妙》寺北川端
一七条出屋敷木津屋橋東少将井藪之内
一同所木津屋橋西祐光寺藪之内
一三条通西ノ土手東際
一聚楽天秤堀之西新町之裏
右七ヶ所ニ高札被建之
但、元禄八乙亥年新規ニ被仰渡之、則被建御高札
(朱書)「右之内、集(聚)楽天秤堀之西新町と云ハ、一名天弁町
といふ、土屋町通下長者町下ル所なり」

○洛外五ヶ所無縁墓地之事

一七条高瀬川之側ニ壱ヶ所、字白蓮寺

一清水境内成就院支配所壱ヶ所、字南無地蔵

一真如堂壱ヶ所、字中山

一西之藪土居之外三条通上ル所山内村西院村之無縁墓地壱ヶ所

一同西ノ京領下立売通紙屋川之側壱ヶ所、字宿寺

右之墓地古来より除地ニ而有之

其外ニ三条土居之内塵捨場ニ壱ヶ所有之、是ハ向後相止、支配いたし来候煙亡作場ニ被申付

右之通、元禄十二卯年四月被申付、於洛中洛外無縁之もの非人等行倒候ヘ者、高野川原加茂川筋ニ埋置不埒ニ付、向後無縁之倒等五ヶ所之墓所江取片付候様にと悲田院年寄共へ申付、墓地支配之者へも被申付置候事

○於洛外御構場所十一町之事

一祇園南町

一八坂上之町

一玉水町　星野町　上田町　清水四丁目

一杉本町　灘波町　吉永町

一大仏西棟梁町

一西之京藍屋之図子

右拾壱町を俗ニ難渋町と云、当町内之借家人を相手取、家主より家明之義願出候得共、家明御判ハ不被下候事、其余ハ無吴儀

(朱書)「右之通御構場所ニ付洛中ニハ無之、但し藍屋之辻子ハ洛中といへとも、京都町中之外ニ而安居院村ニ属す、又京都と称候方境ハ別記ニ詳」

○追加

逐電欠落之事

一逐電　欠落

逐電欠落之唱、先年ハ侍町人百姓共逐電と唱候へとも、当時ハ侍之方ニ唱候而町人百姓ハ逐電と不唱、欠落と唱候也

附、為臣主家を立退之時ハ、以後落付候所を詳ニ書認候而、白昼ニ武器を携可立退事なり、夜陰ニ出退候時者出

弁、或ハ欠落と唱ふべし、是侍たる者之古実也
但、町人並百姓ハ惣而欠落と唱候事
・久離、義絶、勘当之事
一久離　義絶　勘当
久離之文字、於公儀者之旧離と被相認候事
久離、義絶、勘当ハ侍町人百姓之無差別相用候得共、
御直参ニ而者義絶と唱、其外侍ニてハ久離、町人百姓
ハ勘当と唱候而可然
附、勘当と唱候ハ親が子、祖父か孫、兄か弟、伯父が
甥之唱ニ而、其外ハ旧離と唱候也
右之通親子祖父孫兄弟伯父甥之外ハ旧離と唱来候処、
未年五月御書付を以左之通可唱之旨被仰渡候
従弟か従弟を義絶と唱候事
・曲事、越度、罪科之事
一曲事　越度　罪科
従奉行所御召状抔ニ若於不参者可為曲事者也、或者若於
不参者可為越度者也、又可為罪科と有之ハ差別如左、
侍以上並寺社人等へハ都而越度と被相認候事
但、其外ニ而も落椽迄罷出候分ハ尤越度と有之、町人
百姓へハ曲事と被相認候事
右越度曲事共遠嶋以下之御仕置ニ被行候義也、罪科
ハ死罪以上ニ被行候唱ニ候事
但、御代官ゟ百姓江之差帋ニハ、若於不参者可為
越度者也と被相認候、寺院へハ可罷出もの也と被
相認候
附、侍と唱候者、御目見以上之衆を示唱候也、武士ニ
而無之ものを御目見以上之御扱ニ被致候時者、侍格ニ
被仰付候事、徒と唱候者御目見以下之者ニ而、則与力
以下之衆なり
但、与力ハ侍格ニ御取立有之候故、熨斗目被致着用
候事
然とも元来徒党之者ニ候間、供人召連候義ハ不相
成候、依之平日被召連候下人を物持と唱候、又自
然長病之節者番代被相立候事也
長病と唱候ハ百日以上病気之時ハ長病なり、百
日以下ハ当病なり、又番代ハ御目見以上ニ而跡
式相続被仰付候分ニ而者無之事ニ候
（朱書）「右番代、縦ハ町人之下人男女ニ不限半季居

之もの臨時ニ暇を願候節ハ、代りを立させ候ニ同し、長年季之者ハたとへ無拠子細ニ付臨時ニ暇願候共、代り之義ハ不申付候」

中間者同心並手代以下黒鍬御陸尺御小人等を中間と唱候也

是等を誤而御家人と唱候者非也、御家人之唱ハ御目見以上之衆也、故ニ侍格之ものニ而も御家人とハ不唱

（朱書）「右御家人縦小禄ニ而百俵以下之衆といへとも、御目見以上ニ而小普請と称候者より百万石迄、御直参ハ惣而御家人也

右小普請衆と唱候者、万石以下小普請金被差出候故ニ唱候事、其内三千石以上ハ御城ニ而席を被下置候故、寄合と別号候事」

若党と唱候者陪臣を示唱候事

但、諸家ニ而者譜代之者を家中と称、其家中之者之召仕を家来と唱候なり、是以於公儀ハ陪臣を若党と被唱候事推而可知

・可処重科、可処厳科之事

一可処重科　可処厳科

重科厳科無差別、死罪遠嶋以上ニ可被行との義也

前書ニも記す如く、遠嶋以上ハ御伺之上ニ而被行候刑ニ而重科也

・成敗仕置之事

一成敗　仕置

成ハ善也、敗ハ破也、善を立置悪を破り捨ると申義なり、仕置も右ニ同し

当時ハ成敗ニ被行、又ハ仕置を被申付候抔と、都而身分之働候科ニ成候を仕置と申習せ候様ニ相成候、古き書付ニ米穀直段高下抔を被仰出候ニ、公儀御仕置之事と題号有之候を考候へハ、都而御政事ハ皆御仕置ニ候へハ、成敗も同様之詞ニ被存候

・逆罪之事

一逆罪

右ハ自分より目上之ものを殺候時ハ逆罪と唱候、其外惣而磔ニ被行候者ハ皆逆罪也

右ニ准して自下（ママ）ゟ目上之ものを義絶致し候ハ、逆離と唱候而不相成候事故ニ、其者之目上之方ゟ通路いたし

間敷旨被申付候趣、御届候て御承済ニ相成候事

・斬罪之事

一斬罪

右ハ御目見以上以下とも斬罪被申付候、縦武士ニ而も陪臣ニ而者無之

右之節ハ浅草品川両所之内ニ而町奉行組之同心斬之、御徒目付並町奉行組之与力被致検使候也

附、宝暦四戌年、御目見以下斬罪之例も有之といへとも、其後ハ未聞、又享保年中之比町人斬罪之例も有之候へ共、当時御目見以上之外其例無之

・下手人之事

一下手人

百姓並町人等之人殺御仕置を下手人と唱候事

但、武士と百姓か又ハ穢多非人之類か、品替り候人殺仕置ハ死罪と唱候也

右下手人ハ様しものニ不被申付、死罪者様物ニ被申付候事

附、下手人と唱候ハ、縦ハ相対死いたし候者、一方相果一方存命之者、或ハ喧嘩等ニ而人を殺候もの之類也、聊ニ而も盗ミニ抱り、又私欲之筋ニ而人を殺候ハヽ死罪也

・殺害、刃傷之事

一殺害　刃傷

殺害ハ刃傷ニ不限、人を害し殺候義也、刃傷ハ刃物を以切合候ことニ而、不殺候とも刃傷ニ及ふと有之候、御書付抔ニハ及刃傷人を殺と有之

・徒党之事

一徒党

十人以上申合候ハヽ徒党と唱へ候、十人以下者不唱徒党

・過料之事

一過料銭

右過料銭ハ三日之内ニ可相納之旨被仰渡候事御定法也

・吟味と唱候事

一吟味

人数〔殺〕火附盗賊、其外惣而重科ニ被行候者ハ吟味者と唱へ候

都而返答書被申付候類は吟味ものと不唱候也

但殊ニ寄返答書被申付候とも、代呂物取込候類者吟味

もの也、又密通も吟味者といへとも、夫疑相晴候へ者
内済類〔願〕下ケニ相成候間、殊ニ寄返答書被仰付候事も有
之候
都而願下ケに不相成候義ハ吟味ものと唱候也

・訴状と目安と唱分之事

一訴状　目安
御裏書御裏判以前ハ訴状と唱、御裏書御裏判相済候以後
ハ目安と唱候事

・願下ケと済口之事

一願下ケ　済口
済口者済口とも内済とも唱候故、済口と内済とハ無差別

・上証文並請証文之事

一上証文
差上申一札之事
一何ゝ之出入ケ様ゝゝ　　訴上之候
一ケ様ゝゝ言上之候
右御吟味被為遂ケ様ニ被仰渡、一同承知奉畏候候(衍カ)、若
相背候ハヽ如何様とも御科可被仰付候、仍為後証連判
一札差上申処、如件
年号月日
右之通最初ニ訴答之趣を相認候を上証文と唱候
也

一請証文
差上申一札之事
私共出入再応御吟味被懸候上、銘ゝ左之通被仰渡候
一何ゝ之義誰致方不埒ニ付、過料銭何程被仰付候
但、過料銭ハ三日之内御役所江可相納旨被仰渡候
一何ゝ之義誰致方不届ニ依而所払追放歟被仰付候
但、御構之場所徘徊致間敷旨被仰渡候
一先達而御吟味ニ付被召出候もの者、無念之筋も無之候
ニ付御構無之間、其旨私共ゟ可申通旨被仰渡候
右被仰渡候趣、一同承知奉畏候、若相背候ハヽ重科ニ
可被仰付候、依而御請証文差上申処、仍如件
年号月日
右之通以後之規定不被仰付、落着之趣奉承知候
段差上候、是を請証文と申也

一裁許
裁許落着之唱差別之事

公事出入者裁許と唱候也
都而此後ハケ様〻〻に可致之旨被申渡、規定被相極候
義ハ裁許と唱候
一落着
吟味之者ハ落着と唱候事
右吟味ものと唱候訳者前書ニ詳可考合
・口上口書差別之事
一口上
侍出家社人医師等ハ口上書と被相認候事
但、医師ニ而も在方町住居ニ而何方ニ家来分ニ而も無之
者、町人百姓等ニ同口書と被相認候也
吉田白川家之免状を請候何之守と名乗候神主ニ而も、
吟味書ニハ守之字を除き候事、縦へハ何之伊豆何之
河内抔と被相認候也
右之外惣而落椽へ罷出候者ハ口上と被認候事
〔一〕口書
町人百姓者右之如く口書と被相認候事
但、致帯刀候共足軽並町医師等者同断之事
右之外惣而庭上へ被差置候者ハ皆口書と被認候也
附、変死人並手負人等之節、検使被差越候砌、療治
ニ相懸候者、縦町医師ニ而も口書ニハ名字不苦候事、
吟味等ニ而口書差上候節ハ名字相除候事勿論也
附、科人口書被為読聞候刻、誰申上候何〻之次第重
〻不届ニ付如何程之御仕置被仰付候共、一言之申分
無御坐候趣ニ候へ者死罪以上なり
右訳ハ言文之内ニ不届ニ付といふ付之字有之時ハ、
死罪以上ニ被行候事なり
旁不届之至といふ文言ニ候へ者、遠嶋
不埒ニ依而と有之候へ者、手鎖、過料、急度御吃（ママ）並御
吃等也
・無宿者書方差別之事
一無宿
何国何所何屋何兵衛悴誰無宿と被相認候
当時無宿誰と斗ニ而生国所付無之ハ、一旦非人ニ相成候
者也
右訳者、穢多ハ人別帳有之、非人も（者）人別帳無之候故也
附、非人引上之義ニ付穢多頭弾左衛門差上候書付
一全体非人素性之ものハ素人ニハ不仕、往古ゟ之作法

ニ候」

ニ御坐候、尤素人ゟ一旦非人ニ相成候ものハ十ヶ年相立不申内ハ、其非人之縁者ゟ引上申度段、非人小屋ニ申来候節ハ其趣私方へ非人頭共ゟ申出候間、証文を以素人ニ致候様申付候、勿論十ヶ年相過候者者素人ニ不仕作法ニ而御坐候、然共非人より素人ニ相成候義出世ニて御坐候間、近来ハ年久敷非人ニ而も其非人之縁者ゟ引上ヶ申度段非人頭共ゟ相願候へハ、一応右作法之趣申聞、頻而引上ヶ申度段申候もの者証文取之為引上候得共、前書申上候非人素姓之ものハ素人ニ者不仕作法ニ御坐候

右之通御尋ニ付、乍恐以書付奉申上候、以上

酉五月

浅草
弾左衛門　印

(朱書)「右者江戸浅草之住穢多頭弾左衛門ゟ書上候所也、当所ニハ振合相違も可有之哉ニ候へ共、右書中ニ作法といふ文有之候間、爰ニ記

但、江戸非人頭ハ車善七と申者ニ而、京都ニ而者悲田院之者悲(非)人を支配いたすニ同し、彼車善七ハ穢多弾左衛門之配下也、故ニ非人ハ皆弾左衛門下

洛中之内上下京七拾町用人共古来勤書
年行事故来書

洛中之内上下京七拾町用人共古来勤書

（表紙）
「（花押）
洛中之内上下京七拾町用人共古来勤書
（後筆・朱書）
「必秘」　（花押）」

乍恐謹而奉指上口上書

一昔時、御所司様於御屋鋪公事訴訟御裁許被為仰付候御時代、町中之内科人共有之候得者、其縄取役之儀者京都洛中町々用人共被為仰付候、其外都而御公用夫役之儀茂、洛中町々ゟ一統ニ罷出相勤申由ニ御座候御事

但シ、此御時代ニハ町用人共不召遣候、町々抔茂多ク御座候由ニ而か様成町々ゟハ月行事共或者雇人足抔差出シ御公用夫役筋相勤申様ニ老年之者共より承り伝来り候御事

一唯今京都洛中凡千弐百七拾町程之内、上下京六拾九町用人共年行事と申、古今御公儀様并牢御屋鋪御用夫役筋被為仰付罷出相勤候儀者、昔時、御所司様於御屋鋪公事訴詔御裁許被為仰付候御時代、洛中町々一統ニ御公用筋相勤候内、六拾九町用人共之儀者、其御節御公用筋之御格式を能存知候ニ付、別而御用筋相勤候由、依之洛中町々不案内成町用人共諸事世話仕罷在、友々ニ御公用筋相勤来候ニ付、板倉伊賀守様御在京元和之比ゟ御屋鋪於御長家、与茂次郎と申者壱人、六拾九町之用人共ゟ夜ルゝゝ斗為相詰御用被為仰付候節者、早速六拾九町之内江為相知、万事御用筋相違勿論昼夜替りゝ御長屋ニ相詰罷在候御事

但シ、此与茂次郎義中座与御呼被為遊候義者、上御屋鋪并牢御屋鋪最初相兼御用承り候ニ付、中座と御名附被為遊候御事之由御座候

板倉周防守様御在京寛永之御頃、右洛中町々ゟ罷出御公用夫役相勤候町用人共之内、老若又ハ町用人共無之候町々ゟ者、雇人足等差出シ不埒成者共多ク御役所江罷出候而不調法仕候ニ付、其町々年寄月行事共御咎被為仰付毎度迷惑仕候ニ付、則寛永之頃、洛中所々町々之者共右六拾九町用人共儀者、先々ゟ御公用筋之御格式を能相心得居候事候得者、何卒洛中不案内成町用人共御用筋夫役之儀、六十九町用人共江引請為相勤給候ハヽ、右為夫役銭賃銭等指出シ可申候、

且又御公用多ク六拾九町ニ而相勤不申候時者、相残ル洛中町〻ゟも罷出御公用筋友〻相勤可申旨、段〻町分之者共下ニ而相頼申候御事、依之六十九町町分之者ゟ右用人共ニ其段相尋申候処、用人共申候者、尤町分ゟ被申候叓ニ候得者畏入候得共、乍併不案内と申相残町〻之者共御公用夫役筋之儀、今度我〻引請候而後〻ニ至り其本ヲ失ヒ候叓も哉有之候而者如何ニも存候由を申、何分此儀得引請申間鋪旨申候由ニ而、町分之者共其段聞届ケ、其旨相残町分之者共江右之通致返答候御事、依之、

但シ、此御節六拾九町之者共江御用筋被為被付年行叓共、年中罷出御用筋相勤候ニ付、洛中町〻江夫役銭之儀被為仰出被下、則年行叓共二季之度毎ニ取集メ、惣年行叓江難有配分頂戴仕来り候御叓之由御座候、因是洛中町〻只今ニ至迄茂二季之度毎ニ頭年行叓共取集候、年行事共夫役銭と申御儀之是則最初ニて御座候御事

但シ、洛外之儀者此節建続候町〻茂多クハ無御座御事之由、只今ニ而者御当地益御繁昌ニ付、町続新地町〻建続数多出来仕候得共、夫役銭ハ一切相懸り不申候御事

板倉周防守様右相残ル洛中所〻町分之者共ゟ毎度御用之節不案内成町用人共、又者雇人足等差出シ不調法仕町〻之者共、度〻奉蒙御咎迷惑仕候趣并六拾九町之者共江下ニ而年月段〻相願申候得共得心不仕、弥迷惑仕候趣再応奉願上候ニ付、其趣被為聞召上、其御時代過分之御用等も無御座候御由ニ而、右之相勤来候六拾九町之者共、御役所御格式相心得居候者共計御用筋相勤候様ニ被為仰付、則従板倉周防守様御墨附六拾九町之者共江被為下置之、難有頂載（ママ）仕候御叓ニ御座候、其後者右六拾九町之用人共斗罷出、則只今ニ至り昔ゟ年行叓共御用之節者罷出、無恙御公用相勤来り候趣ニ御座候御事

従板倉周防守様右御墨附頂載仕候以後者、洛中町〻之内町用人共召遣ひ候歟、又者相代り候節者、右御公用夫役筋如作法為相勤可申旨、其町〻年寄月行叓并町用人共ゟ一札ニ書判等仕、古来ハ御公儀様江一札奉指上候哉、年行叓共仲間江も後〻之記ニ其写等取置之申候哉、年行叓仲ケ間之帳箱ニ右古証文少〻相残り、今ニ伝来候御事、然者乍恐御公儀様并牢御屋鋪夫役筋之儀者、古来ゟ洛中一統ニ御用筋町用人共茂罷出、友〻相勤申候と先達而毎

度奉願上候、只今之自然証拠ニも相成可申哉と乍恐奉存上候ニ付、此度少〻相残り申候内、写書格（ママ）通奉差上候、乍恐御上覧被為成被下候者、難有可奉存上候御事

牧野佐渡守様御在京承応之御頃、乍恐次第に御用等繁被為御座遊候ニ付、右与茂次郎ニ五人相増、御長家ニ弐人并牢御屋鋪ニ四人上下合六人、右御公用筋相心得候者共召抱、昼夜為相詰御用筋為承候、尤此砌ゟ此者共を中座と被遊御呼付、御用筋相勤来候御事、然者右六人之中座召抱、両御屋鋪江差出シ候ニ付、給銀之儀者右洛中ゟ取集メ年行叓共江被為下置候夫役銭を以相渡シ候ニ付、其節年行叓共夫役銭配分頂載仕候、残銀等茂無御座候之由ニ而、御公用等茂多ク相成迷惑仕候由、乍恐又〻御願奉申上候得共、御吟味之夫役銭之儀御改被為成下、洛中町〻悉ク自是御定メ被為成下、凡壱ケ年ニ付銀五匁或者三匁抔取集メ、年行叓共へ難有配分頂載仕、御公用筋相勤来候御事之由、其以後弥以御用等茂段〻多ク中座段〻相増、只今ニ而者右六人ニ六人相増、都合拾弐人ニ罷成、御用筋相勤罷有候、依之右六人之増中座江相渡申候給銀之儀も、年行叓共江先達而被為下置候夫役銭を以テ差払仕候ニ付、右夫役銭残銀惣年行叓共江頂載仕候配分物、其後ニ而者曽而無御座候而已御用等多ク、弥以甚困窮仕候得共、御大切成御用筋ニ御座候得者、無滞相勤罷有候御叓ニ御座候

但シ、京都洛中之内ニも六拾九町ニ限り年行叓町と申候儀者、六拾九町之内ニ而頭役行叓を相定メ、年〻ニ相廻シ御用筋相勤申候ニ付、六拾九町を年行叓町と名附申候御事、且又此砌ゟ上下京ニて方角を分ケ、上京ニて者若イ方組年寄方組岩夜者方組、下京ニて者三条方組六角方組孝〻風呂方組与申呉名相定メ、年行叓六方と是を申、則只今ニ至迄も無滞御公用筋相勤罷有候御事

但シ、洛中町〻二季之度毎ニ取集メ候年行叓共、夫役銭ヲ以、只今拾弐人之中座給銀ニ相渡シ申候ニ付、右洛中ゟ二季ニ取集メ申迄之給銀仕送り等之儀迄も、則年行叓七拾町順番ニ頭役ニ相当り候町〻ゟ右給銀仕送り等年中致来り候儀ニ御座候、然ル所右年行叓共従先規被為下置候夫役銭之儀も、只今ニ而者一向中座給銀之由ニ申風俗ニ候御事

但シ、洛中町〻ゟ右夫役銭取集メ候儀者、一ケ年壱町ニ付銀三匁、或ハ五匁抔取集申候御事、且又年行叓共町〻

ゟ者御用夫役古来ゟ罷出相勤乍申、右集銀壱ヶ年壱町ニ付銀拾壱匁、或者拾匁抔出シ来り候御事、尤此義者六方頭年行亊共御用筋之儀ニ付、年中世話仕候付、わらじ銭といたし前〻ゟ平年行亊共ゟ出し来り候ニ付、如此ニ御座候、依之外〻之町〻ゟ者出銀等迄も却而多ク出シ申候御亊

一其後乍恐両御奉行様御上京被為遊、弥以御公用夫役之儀茂右御同前被為仰付相勤来候御事御座候、然ル所右中座と申役人出来仕、御屋鋪罷有専ニ相勤候ニ付、年行亊共前〻ゟ相勤来り候夫役御公用筋之儀をのつから御赦免被為成下候となく、中古御用筋中絶仕、宝永四年亥ノ年之比迄者御仕置者御座候節、縄夫之者共召連、頭年行亊共罷出候御用并出火之節四五町四方者牢御屋鋪江年行亊共欠付候御用、又者毎年七月十六日牢舎人髪月代御免之節、洛中町〻順番ニ髪結共召連、頭年行亊共罷出、御用筋相勤候ゟ外之御用等、中古御用筋中絶仕、曽而無御座候御事、然ル所宝永五年子年以来、不限昼夜不時之御用等多ク年行亊共江追〻被為仰付奉畏、御公用夫役筋相勤来り候、依之近年殊外難儀迷惑仕候ニ付、何卒洛中町〻往古ゟ唯今ニ至迄無役ニ而、殊ニ以大勢罷在候町用人共儀御座候得者、右御用筋多ク夫役筋被為仰付候御節者、昔時御公用夫役洛中町〻一統ニ罷出相勤申候、先規之通向後年行亊共江相加り相互ニ友〻御用筋勤合候様ニ仕度旨奉願上候得共、其旨難被為仰付候段、牢屋従御番所年行亊共江被為仰付奉承知候、依之左様ニ御座候ハヽ、宝永四年亥ノ年以前之御用之御格ニ被為仰付被下、何卒以御慈悲子ノ年以来不時之御用筋御赦免ニ被為成下候様ニ、近年年行亊甚迷惑仕罷在候ニ付、恐を茂不顧又〻奉追訴候御亊

但シ、其後者年行亊共御用夫役筋罷出相勤候得共、乍恐従御公儀様為下行代昼夜壱人之積りヲ以、壱匁六分宛被為下置之、二季ニ頂載仕、惣年行亊共難有配分仕来り候、然ル所年行亊共御用之節罷出相勤候時者、昼夜入替り相勤候儀ニ御座候得者、年行亊共壱人ニ付八分宛、右御下行代配分難有頂載仕来り候御亊

乍恐年行亊共奉存上候者、前〻ゟ段〻奉願上候趣ニ御座候得者、古今洛中之内ゟ七拾町ニ限り年行亊共御用之御節罷出相勤候儀者、早鏡（ママ）洛中町〻并同町用人共之為代りと相勤候儀ニ奉存候、依之右余町并同用人共之為ニ罷出

御公用多ク相勤年久敷、甚及困窮、其上諸失墜等多ク仕迷惑仕候御儀ニ奉存上候、全以右洛中無役ニ而罷有候町〻并為同用人共之年久敷及困窮候て甚迷惑仕候、此段右余町之者共ハ不申上及、同町用人共儀迄於年行支共諸失墜等相懸り甚困窮仕候、此段右余町之者共者不及申上、同町用人共儀迄於年行支共諸失墜等相懸り、甚困窮仕候儀抔茂曽而不存、勿論往古ゟ然茂大勢之町〻無役ニ而罷有候儀ニ御座候、然者右之趣年行支共者乍恐奉存上候得者、多年年中御用之節罷出相勤申候諸失墜入用等之儀者、右無役之町〻并同用人共ゟ相償可申筈之御趣ニ茂乍恐奉存上候ニ付、十五年以前元文五年申ノ二月朔日、以書付奉願上候先規之通、洛中一統ニ夫役御用筋被為仰付被下候者、乍恐御上ゟ毎度被為下置候御雇料物、向後相止メ御用人足夫役之儀者、何人ニ而茂無滞御役出ニ仕、急度御用筋相勤可申儀者、先達而も惣年行支共得心之上奉願上候御儀ニ御座候、何卒以御慈悲願之通被為仰付被下候者、乍恐為御冥加之右御下行料物之御儀、弥以乍恐頂載不仕、向後相止メ御用人足之儀者御役出ニ仕、何人ニて茂急度罷出、御用筋無滞相勤候様ニ仕度、惣年行事共一統ニ今般も奉願上候御事ニ御座候

但シ、御用筋中古中絶仕候与奉申上候儀者、仲ケ間老年之者共申候者、両於御屋鋪中座と申ス役人数多出来仕、昼夜共御屋鋪ニ罷有、専ニ御用筋之御儀承候ニ付、年行支共前〻（マヽ）ゟ相務来り候御用筋之御儀、自然と御赦免被為成下候となく、凡五六拾年斗茂右四ケ条之外者、宝永四年亥ノ年ノ頃迄者、何之御用等茂曽而不被為仰付候ニ付、中古御用筋中絶仕候等奉申上候御事ニ御座候

一従板倉周防守様惣年行支江頂載仕候御墨附之儀者、滝川丹後守様御在京元録（禄）十五年之頃、毎年七月十六日、牢舎人髪月代御免之儀被為仰付候御事、依之洛中町続町〻ゟ髪結共、右御用差出可申旨年行支江被為仰付候、然ル所右町〻之内老若又者不埒成者共数多御座候而、町方所〻おゐて難儀仕候由を申候ニ付、其節之頭年行支共ゟ髄成髪結共雇召連、御用筋相達シ申候ニ付、壱ケ年鳥目少〻つゝ髪結共ゟ賃銭取集メ可申旨押而相極候由、依之右町〻髪結共内不得心成者共御座候而、右之段御公儀様江御願申上候ニ付、其節之頭年行支共被為召出御吟味之上、則六角方組頭年行事革棚町喜兵衛と申者方ニ、右之御墨附頂載仕候、以後所持仕居

り申候処、御吟味之上差上申候様ニ被為仰付候御吏ニ而、
其御節奉指上、右御墨附之儀者年行司仲間（ママ）ニ唯今無御座候
御事、畏唯今ニ至迄茂右、
乍恐　板倉周防守様牧野佐渡守様両御殿様従御時代、右
夫役銭年行吏共へ被為下置難有頂戴仕、往古ゟ只今ニ至
迄、頭年行吏共二季毎ニ洛中町〻取集メ申候処、前〻順
番之頭年行司共無筆之者共多ク御座候而、洛中夫銭取集
メ申候砌、帳面扣等茂所持不仕、心覚ニ取集メ候様成者
共も御座候由ニ而、殊以頭役之者共儀茂年〻相代り候節、
右夫役銭集口之於場所、凡五拾町斗茂何比ゟ集落シ申候
哉、只今請取不申町〻も御座候御事、尤集落候町〻扣等
も御座候ニ付、其後其町江参相尋申候得共、其後者一向
曽而取散（ママ）不申、下ニ而致方茂無御座候、且又頭役之者共、
或者壱ヶ年二ヶ年順番相代り申候儀ニ御座候得者、取〆
も無御座趣ニ而、其侭ニ差置申候、只今ニて者右町〻五
拾町斗茂夫役銭請取不申候御事御座候
御墨附無恙年行吏共仲ヶ間ニ頂載仕伝来り候ハヽ、此度
洛中一統ニ御用夫役筋之儀罷出候様ニ奉願上候、乍恐御
証拠ニ茂相成可申候御事茂哉と奉存上候、果而昔時洛中
一統ニ夫役御用筋相勤候其草創奉失候御事絶言語、乍恐
御墨附之儀而已唯今之年行吏共何程か後悔至極ニ奉存上
候御吏御座候、乍恐、
乍恐（衍カ）先年御堂上様方御近辺、御所司様御屋鋪御近辺為
御火除所〻御引払被為仰付候御節、新在家町〻東ニ而
丸太町通、又者烏丸通西ニ而者丸太町通松屋町猪熊右
手左手、其外御近辺之町〻、為御替地被為下置之候場
所、或者元真如堂跡二条川東東西新地、又ハ内野新地
其外所〻悉ハ、右夫役銭之儀難得取、何分取〆り無御
座、只今ニ至迄其侭ニ相成御座候、右之段〻年行吏共
貧窮之余り乍恐言上仕候、何分御慈悲を以テ右之段〻
被為聞召上被下、御沙汰之上、如何様共被為仰付被下
候様ニ奉願上候御事
右之段〻以御慈悲被為聞召上被下、何卒別紙以口上書奉
願上候段〻、猶乍恐以御慈悲被為仰付被下候者、年行吏
町分之者者不及申上、惣年行吏共一同ニ広大之御慈悲与
難有忝奉存上候、乍恐年行吏共古来勤書、以上

上下京六方頭年行吏共
若イ方頭年行吏北小路室町

宝暦四年戌十二月

四郎兵衛

年寄方同裏築地町

半七

岩夜者方同東山崎町

三右衛門

孝々風呂方同秋野々町

新兵衛

三条方同鶏鉾町

六兵衛

六角方同燈籠町

庄助

六方惣年行支共

御役人中様方

一此度当町役人之儀ニ付、御公儀ゟ御役可仕之由被仰付候得共、於当町役人遣申間鋪候、重而役人遣申候者、町代庄兵衛殿江其理可申上候、為其後日之状如件

正保弐年

乙酉四月八日

車屋町年寄
九兵衛

同 与兵衛

行事 源左衛門

御奉行様

一当町番屋夫役之儀、如作法之為致候之由畏候、則役儀無相違為仕可申候、若油断仕候者此加判之者共可被仰付候、為其後日之状如件

正保弐年

酉四月十日

四条立売三町分

西町年寄 宗和

中之町同 西没

東之町同 市兵衛

役人 太右衛門

御奉行様

一当町番屋又右衛門と申者、役人ニ召夫候得共不役之儀被仰付候ニ付、今日ゟ又右衛門隙出シ夫不申候、若隠置役人夫候ハヽ、町中何用ニも曲支ニ可被仰付候、為其後日之状如件

正保弐年

出水通田村町年寄
三右衛門

酉閏五月六日

同東備前町　孫兵衛

同西備前町　四郎兵衛

御奉行様

一当町番屋夫役之儀、如作法之為致候旨畏候、則役儀無相違為仕可申候、若油断仕候ハヽ、此加判之者ニ可被仰付候、為其後日之状如件

正保二年

酉四月五日

二条通竈屋町南側

年寄　久兵衛

行事　彦右衛門

役人　久八

御奉行様

一当町番屋夫役之儀、如作法之為致候之旨畏候、則役義無相違為仕可申候、若油断仕候ハヽ、此加判之者ニ可被仰付候、為其後日之状如件

正保弐年

酉四月十日

東洞院通深草町

年寄　吉三郎

行事　運節

役人　三郎兵衛

又右衛門

御奉行様

一当町番屋ニ付役儀被仰付候得共、番屋者無御座、以来番屋召夫候ハヽ、無相違役義為致可申候、若隠置候ハヽ町衆曲叓ニ可被仰付候、仍而後日之状如件

正保弐年

酉後五月六日

出水通日暮西へ入金之馬場町

年寄　徳右衛門

祐清

行事　半右衛門

御奉行様

一当町番屋夫役之儀、如作法之為致候之旨畏候、則役儀無相違為仕可申候、若油断仕候ハヽ、此加判之者共ニ可被仰付候、為其後日之状如件

正保弐年

酉卯月十日

五条樋下町

年寄　惣左衛門

行事　宇源

役人 六助

御奉行様

一当町番屋夫役之儀、如作法為致候之由畏候、則役儀無相違
為仕可申候、若油断仕候者、此加判之者ニ可被仰付候、為
其後日之状如件

正保弐年
酉四月五日

御幸町亀や町
年寄 文右衛門
行事 甚六
役人 惣右衛門

同町下半町
年寄 太郎左衛門
行事 伝兵衛
役人 又右衛門

御奉行様

一当町番屋ニ付役儀被仰付、番屋者無御座、以来番屋召使候
ハヽ、無相違役儀為致可申候、若隠シ置候者町中曲事ニ可
被仰付候、仍而後日之状如件

正保二酉年
閏五月六日

松屋町壱丁目
年寄 久兵衛
行事 喜兵衛
加兵衛

御奉行様

一当町番屋夫役之儀、如作法之為致候之旨畏候、則役儀無相
違為仕可申候、若油断仕候ハヽ、此加判之者ニ可被仰付候、
為後日之状如件

正保弐年
酉四月五日

御幸靏屋町下半町
年寄 与兵衛
行事 彦兵衛
役人 次郎右衛門

御奉行様

一当町番屋夫役之儀、如作法之為致候へ之旨畏候、則役義無
相違被(ママ)仕遣可申候、若油断仕候ハヽ、此加判之者ニ可被仰
付候、為其後日之状如件

正保弐年
わらや町

酉卯月十三日

年寄 小兵衛
同 与兵衛
同 二郎右衛門
役人 又右衛門

御奉行様

一当町番屋夫役之儀、如作法之為致候へ之由畏候、則役義無
相違可為仕候、若油断仕候ハヽ、此加判之者ニ可被仰付候、
為其後日之状如件

正保弐年
酉四月八日

東洞院桜町西側
年寄 雲雪
同 甚兵衛
行事 利兵衛
役人 又助

御奉行様

一当町番屋夫役之儀、如作法之為致候へ之旨畏候、則役儀無
相違為仕可申候、若油断仕候ハヽ、此加判之者ニ可被仰付
候、為其後日之状如件

五条上ノ鍛冶屋町
年寄 宗全
行事 五右衛門

御奉行様

一当町番屋夫役之儀、如作法之為致候へ之旨畏候、則役義無
相違為仕可申候、若油断仕候者、此加判之者ニ可被仰付候、
為其後日之状如件

正保弐年
卯月八日

東洞院通桜町東側
年寄 太郎兵衛
同 八右衛門
行吏 庄左衛門

御奉行様

（裏表紙）
「房（花押）」

年行事故来書

（内表紙）「年行事故来書」

乍恐奉願口上書

上下京七拾町
年行事用人共

一牢御屋敷御用筋、中古数年被召呼及困窮迷惑仕候ニ付、洛中同町只今ニ至迄無役ニ而罷在候同用人共儀茂、往古之通年行事共江相加り、平等ニ御用筋相互ニ勤会、私共困窮を相凌申度旨、前以御願奉申上候処、御吟味之上、年行事共右御用筋勤方之儀者古今年久敷勤来り、今度洛中同町同用人共相加り候儀者親（新）規之御事、尤洛中之内ゟ七拾町ニ限り年行事与呼付、御用筋相勤来候儀者、其訳可有之候得共、今以其訳不分明之上者、年行事共奉願候趣、其難被為仰付旨、十四年已前元文五年申七月牢屋於御番所被仰渡奉畏候、依之左様御座候者、何卒宝永四年亥年已前迄之御用之御格ニ被仰付被下、子年已来被仰付候増御用筋夫役人足之儀、御慈悲を以御赦免被成下候様ニ奉願候ニ付、段々御吟味之上、同年申十月東於御役所六方頭年行事共町々年寄并頭年行事平年行事共迄茂被召出、右宝永四年亥年以前之御用之格を以、左之通被為仰付候

一牢御屋敷四町四方出火之節者、早速惣年行事共欠附候御用

一御仕置者御座候節、縄夫《なわとり》之者共召連年行支共罷出相勤候御用

一毎年七月十六日、牢舎人髪月代御免之節、洛中之内町々順番髪結共召連、頭年行事共罷出相勤候御用

一御辻堅メ御用之節、惣年行事共罷出相勤候御用

右四ヶ条之趣、向後相勤候様被為仰付、子年已来被仰付候増御用之儀者、其節御赦免被成下、則右之通御請書奉指上、惣年行事共者不及申上、町々年寄共迄も難有仕合奉存候、其後二三ヶ年之間者暫惣年行事共茂困窮相凌難有奉存候、然ル処乍恐御上ニ而茂御用繁キ御儀ニ被為御座有（ママ）候得者、指懸り候御用等出来仕候節ハ、中座手支候ニ付、毎度年行事共昼夜ニ不限被召呼、御用筋追々被為仰付、御太切之御用筋御坐候得者不及違背奉畏、早速罷出無滞急度相勤来候ニ付、先年御赦免被成下候四ヶ条之御儀茂自然ニ相止、只今ニ而者前々同前に罷成、御用筋数多相勤罷在候、依之近頃年行支共甚及困窮、

迷惑至極仕候ニ付、恐をも不顧御歎キ奉申上候、尤先達而古来之勤方洛中町〻一統ニ御用被為仰付御儀之由、承知仕罷在候ニ付、何卒古来之通年行事共江相加り、洛中町〻一統ニ御用相勤候様仕度旨、五年以前寛延二年巳四月、又候奉願候処、何分年行事共願上候儀者、百年余も昔之御事ニ而、其訳分明之趣ニ被為聞召上、只今之年行事共茂百年余末之者共儀ニ御座候得共、此節奉願候儀者新規之事ニ候段被為仰聞奉畏罷在候、其後段〻御吟味之上、御慈悲を以洛中之内床髪結共被召出、年行事共勤方之訳被為仰聞被下候上、以来相当ル之夫銭可指出哉之旨御尋被遊被下候処、渡世軽キもの共故、夫銭多出候儀迷惑之由申上候ニ付、壱ケ年分床髪結共壱ケ所壱人ニ付夫銭弐百文ツヽ差出候様、御慈悲を以被為仰付、右床数合百拾五ケ所御坐候而、則酉之七月同極月両度ニ相集メ候夫銭高鳥目合弐拾三貫文、惣年行事共江被為下置難有頂戴仕候、依之年行事共七拾人ニ割当テ、壱人前壱ケ年分三百廿文ヅヽニ相当り、銘〻配分仕冥加至極難有仕合奉存候、然ル処中古ハ御用多甚困窮仕候年行事共儀ニ而、此上凌兼罷有候得者、次第難取続候様ニも相成可申哉ト、千万歎キ敷(ケ)奉存候、重而言上仕候儀も奉恐入候得共、困窮之余り私共仲間之中相互ニ尋合候処、以前之訳古帳反古之端書又ハ年老之もの共ゟ物語承来候趣も御坐候得者、洛中千弐百余町之内ゟ七拾町限り年行事共年久敷御用筋相勤来候品、何卒冥加ニ相叶、今一往於御上聊ニ而茂露顕仕御沙汰被為成下候上、御慈悲を以何卒古来之様□(被カ)相立、御用筋夫役洛中一統ニ被為仰付被下候様□(ニ)相成候ハヽ、年行事共茂(カ)年来之困窮相凌候様ニ茂自然与相成可申哉ト乍恐奉存候ニ付、此度年行事共古今御用筋勤方之古来右別紙壱通奉指上候、乍恐御上覧被為成下候様奉願候、何分中古年行事共殊之外貧窮仕候故之儀ニ御座候間、御慈悲之上、右之段御堅(賢)察被為成下、如何様共被為仰付被下候者、惣年行事共一統難有忝可奉存上候

板倉伊賀守様御在京元和年中
板倉周防守様御□(在)京寛永年中
牧野佐渡守様御在京承応年中之
御頭則別紙ニ奉申上候御趣ニ候
御公儀様夫役御用筋之御儀者、洛中町〻之者共茂一統ニ被為仰付罷出相勤候儀、前〻ゟ年老者共申伝候儀ニ付、乍恐言上仕候御儀御座候御事

＊　本史料の原本には振り仮名が付されているが、特別な読み以外は、これらを省略した。

籠屋諸事仕置改書

板倉伊賀守殿籠屋法度書等覚

雑色中座諸役勤方覚

籠屋諸事仕置改書

（表紙）「籠屋諸事仕置改書
附、八人連判手形奥ニ張付有之」

覚

一御番油断仕間鋪候事
一籠舎之ものハ不及申、上り場ニ被召置候人ニ而も硯、或ハはもの持せ申間敷候事
一糺明もの申口、又訴人御出し被成候沙汰申ましく候事
一上り場ニ被召置候もの請人不致依怙、如古来取可申候事
一籠上り場ニ御留置候ものゟ金銀ハ不及申ニ、何ニ而も一切取申ましく候事
一諸事曖致ス間敷候事
一籠舎上り場ニ被召置候人之衣類万事改可申候事
一籠上り場之人江食物見舞参候ハヽ能改、誰方へ何方ゟ参候とたかく申、其見廻得申候主江渡し可申候、上り場ニ居申候者ニ取つかせ申ましく候事
一御留置候ものに誰ニ而も銭かね出し候へと申もの候ハヽ、我々へ可申聞候、右之旨当番新入之ものにたかく可申聞せ候、付り中門之あたりへ被召置候者よせ申間鋪候事
一籠舎上り場ニ被召置候者ニ逢せ候儀ハ、古籠壱日、新籠壱日、上り場壱日、右隔番に逢せ可申候、但逢ニ参候もの壱弐人ゟ入申間鋪候、逢せ候ものせんさく〳〵ニ壱人宛逢せ出し可申候、逢せ候所ハ籠舎はさや外の格子壱弐尺前に逢候者置、上り場之者ハ番所前ニ而逢せ可申候、但はもの書物何れも悪敷ものを渡し不申候様ニ遠目を置逢せ可申候事
一朝夕之食入候外、用人ゟ人之出入いたさせましく候事
一籠屋之食物入申候儀ハ、籠舎之者を入仕舞、其後上り場之食物入可申候、但食物せんさき参次第ニ先々ゟ食物中門之内ニならへ置、五人宛入かへ食物入可申候、大勢之事ニ候間、食物入候時食持参候ものと被召置候者と雑談致させ申ましく候事
一朝夕食物入申候時、上り場ニ被召置候者立さハき不申候様ニ面々居所ニ置、中門之辺江出し申間敷候事
一雑談致候とて上り場ニ被召置候もの籠之格子きハへより候、何を入候不知候間、格子きハへよせ雑談致させ間敷候事

一南之門朝夕食入候外、無公用ニ明間鋪候、門きわへ人よせ
間敷候事
一籠舎さやのもの出入之度毎ニ衣類以下改可申候事
一茶湯前ゝの茶湯所に可致候、尤火之用心能可致事
一籠上り場ニ被召置候ものはな紙万入用之候とて、代物ニ而
取よせさせ間鋪候事
一籠上り場ニ而はくち打候もの候ハヽ、見聞次第ニ可申候事
一番之者不行儀成もの候ハヽ可告知候事
一籠舎其日〳〵の儀無失念帳に可付置候事
右之旨番之者并食入候者ニ至迄堅可相守候、若相背輩候
ハヽ見聞次第ニ可申聞候也

雑色年寄中

(貼紙)「

一札之事

一今度御書付出し被成候かんはん之旨并御口上之通少も相背
申間敷候、若相背候ハヽ、各様被仰合候一札之旨ニ可被仰
付候、其時一言之御侘事申上間敷候、尤いか様共御意次第
ニ相背申間敷候、為其後日之状如件

慶安五年
辰五月廿六日

喜兵衛(花押)
小左衛門(花押)
与右衛門(花押)
□右衛門(花押)
九左衛門(花押)
忠右衛門(花押)
甚右衛門(花押)
太右衛門(花押)

進上
荻与兵衛様
松与左衛門様
五十市郎兵衛様
松佐兵衛様
」

(裏表紙)「籠屋敷諸事仕置書付并八人連判手形四通」

板倉伊賀守殿籠屋法度書等覚

「(表紙)一板倉伊賀守殿籠屋ニ法度書之覚
一周防守殿家中衆ニ
大猷院様御他界後誓紙前書之覚
一中間中　大猷院様御他界後誓紙前書之覚」

一籠舎門内へ番之雑色役人并籠舎ノ食はこびの外、用所無之もの壱人も猥ニ出不可仕事
一籠中へきるもの食物入申度候ハヽ、当番之雑色に申理り入可申事
一籠舎ニ公儀ゟまかなひの儀ハ、如有来無高下念ヲ入可申付候、自然悪事候ハヽ雑色ニ申可理候、若此方へ雑色不申上候ハヽ可為曲事事
右条々堅可相守候、若此旨背無理ニ籠舎門之内へ出入仕もの於有之者、雖為此方家人搦捕指上ケへく候、急度可令成敗者也
慶長十八年三月十一日　　板倉伊賀守　御判

是ハ周防守殿家中へ御かゝせ候誓紙前書之写也
一京二条御城御番其外何方ニ而も御番被仰付候刻、傍輩中如何様之意趣遺恨御座候共申分不仕、一味同心致、二心なく御奉公可仕候、公儀御一門ヲ始、諸大名上下ニよらす返忠并引込仕間敷事
一親子兄弟此外知音之よしミ御座候共、諸事内通仕間敷候、其上奉対公儀へ企悪心ヲ申合一味仕間敷事
一奉対公儀へ不審成儀承及見及申仁於有之ハ、早速可申上候、自然周防守阿波守二郎右衛門気違候而悪心志於御座候ニハ、周防守阿波守二郎右衛門申付候上者、聊無遠慮《ゑんりよ》公儀へ可申上候事

雑色中間へかゝせられ候誓紙前書覚
神文前書　　雑色中
一為御使町中へ参候共、被仰付候外少も私之儀申渡間敷事
一御公事日ニ訴詔之人御門出入之儀、無依怙贔屓参次第通シ可申事
一御公事使ニ参候時、事を左右によせ狼藉申間敷候、并私ニ

町中へ罷出、非分申間敷事
右申上旨聊相違申間鋪候、若此旨相背ニおゐてハ
神文
寛永十一年戌十一月十日　身血証人之事
大石三右衛門、金子八郎兵衛、都筑次左衛門、牧野善兵衛、
西郷又右衛門、太田忠兵衛

大猷院様御他界後為冥加之中間中面々為心得ト書中誓
帋之前書之覚
起請文前書之事
一権現様御代々御扶持被下候儀ニ御座候間、万一何事御座候
共、乍恐御恩忘申間鋪事
一籠舎上り場ニ被召置候ものゟ金銀ハ不及申ニ何ニ而も一切
礼物取申間敷事
一手代之もの書候誓紙之前書之旨、紙盤之書付之通ヲ相背候
旨告知せ候ハヽ、其品急度聞届、四人評議仕、評議次第ニ
可仕候事
一町へ出狼藉申間敷事
一諸事曖ニ出申間鋪候、不遁間之もの出入之事候て曖ニ出候
ハて不叶曖ニ出候ハヽ、其曖之儀ニ付金銀米銭礼物取申間
敷事
一御奉公之儀ニ付無病ニ而病者と申間鋪事
一不及申ニ候へ共、はくち打申間敷事
神文
右於相背者
慶安五年壬辰卯月十日　是ハ四人之(ママ)

手代八人之ものにかゝせ候誓紙前書之覚
起請文前書之事
一対御公儀江何事ニ而も御忠節ニ成候儀承候ハヽ可申上候事
一御屋敷之御番、籠之番油断仕間敷事
一籠舎上り場ニ被召置候者ゟ金銀ハ不及申に、何にても礼物
一切取申間敷事
一番所にて八人之者番仕候内、不作法之儀御座候欤、被仰渡
候儀相背仁候ハヽ、互ニ見聞次第可申上候事
一町へ出狼藉非分之族申間敷候事
一無病にて病者と偽申間敷候、付りはくち打申ましく候事
一諸事曖仕間敷候、自然不遁ものゝ儀ニ付曖申候共、礼物一

切取申間鋪候事
辰卯月十日

雑色中座諸役勤方覚

（朱書）「公事方」
一造酒見改地廻り之分
御本文、中座御召連御座候得共、区ニ相成御座候ニ付、
聢与御召連有無難申上候

（朱書）「同」
一悲田院村圏見廻り之節
御本文、中座御召連無御座候哉、留書相見江不申候

（朱書）「同」
一阿蘭陀人東山辺見物之義申立候節案内
御本文、中座御差出シ御座候

（朱書）「勘定方」
一橋〻其外御修復所見分地廻り之分
御本文、橋〻其外御修復所御見分ニ付、中座御召連御
座候へ共、地廻り之分哉、留無御座ニ付相分不申候

（朱書）「目付方新家方」
一捕物手当其外風聞等聞合、其日限ニ茂相済候程之義
御本文、其日限ニ相済候程之御用哉、一体殿方御用与
而已記御座候付、難相分御座候

(朱書)「同」
一高家衆寄宿請取渡シ之節
　御本文、寄宿見分中座御召連御座候得共、高家衆寄宿
　請取亦御渡与書留無御座候付、聢与相分り不申候

(朱書)「同」
一夜廻り
　御本文、定式夜廻り之廉ニ而者御召連無御座候得共、
　御手当筋ニ而ハ夜廻り中座被差出候義御座候

(朱書)「同」
一三条五条橋詰其外所々杭木打渡之節
　御本文、五条橋御見分ニ付中座被召連候留相見ヘ候得
　共、其外所々杭木打渡等委細ニ留無御座候付、聢与相
　分不申候

(朱書)「同」
一南無地蔵死骸取捨穴見分
　御本文、中座御召連ニ御座候

(朱書)「同」
一堂上方地面請取渡シ之節
　御本文、中座御召連有無書留メ無御座、相分不申候

(朱書)「同」
一普請見分地廻り之分
　御本文、中座御召連ニ御座候

(朱書)「同」
一御老中方御上着并御発駕前御道筋御見分
　御本文、中座御召連ニ御座候

(朱書)「同」
一同御旅館近辺立会廻
　御本文、中座御召連ニ御座候

(朱書)「同」
一賀茂神事道見分
　御本文、中座御召連ニ御座候

(朱書)「同」
一富興行揚札見改
　御本文、中座御召連ニ御座候

(朱書)「同」
一江戸役人上京之節案内
　御本文、先達而御国御巡見之節中座被差出候得共、其
　余書留メ無御座、相分不申候

(朱書)「証文方」
一制札見分
　御本文、中座御召連ニ御座候

(朱書)「同」
一御番衆寄宿改并引渡
　御本文、中座御召連有無書留メ無御座、相分不申候

(朱書)「同」
一御薬園見分
　御本文、中座御召連有無書留メ無御座、相分不申候
(朱書)「同」
一所司代并御頭御巡見之節品ニ寄出役
　御本文、中座御召連ニ御座候
(朱書)「欠所方」
一闕所廻り地廻り之分
　御本文、中座御召連ニ御座候
(朱書)「同」
一悲田院村圏御修復見分
　御本文、中座御召連無御座候
(朱書)「同」
一分水杭右同断
　御本文、書留メ無御座、相分り不申候
(朱書)「御番方」
一帯刀人変死之節検使御所其外ゟ受取者之節
　但、於場所手当等不致義
　御本文、中座御召連ニ御座候
(朱書)「同心目付」
一捕者手当其外風聞等問合
　但、中座共定式之勤方ヲ引退手配等いたし候程之義、其
外風聞等聞合

　御本文、中座御召遣(ママ)ニ御座候
(朱書)「同」
一御所其外請取もの
　但、於場所手当等無之義
　御本文、中座御召連ニ御座候
(朱書)「同」
一洛中境送出もの
　御本文、中座御召連ニ御座候
(朱書)「同」
一家財改
　御本文、中座御召連ニ御座候
(朱書)「同」
一夜廻り
　御本文、七月并十二月常式夜廻り中座御召連ニ御座候、
其余夜廻り与申中座御召連之義ハ書留メ無御座候、乍
併御手当筋ニ而ハ夜廻り中座被召連候義も御座候
(朱書)「同」
一富場所見廻り
　御本文、中座御召連ニ御座候
(朱書)「同」
一町廻相兼守弘メ場所見廻
　御本文、初午稲荷廻り等ニ中座御召連ニ御座候得共、

其余書留メ無御座、相分不申候

(朱書)「同」
一検使見分

但、於場所手当等無之儀

御本文、中座御召連ニ御座候

(朱書)「同」
一遠方開帳場見分

御本文、中座御召連ニ御座候

(朱書)「同」
一山料懸ヶ所見廻

御本文、中座御召連ニ御座候

(朱書)「雑色」
一家財改

御本文、町続家出跡家財改之節中座不召連候得共、御吟味筋家財改并遠方家財改之節者中座召連候

(朱書)「同」
一上使御老中御所司代御奉行方御上京御発駕之節御迎御見送

御本文、御上使御上京之節中座召連候得共、御所司様并御奉行様御上京御発駕之節ハ中座不召連候

(朱書)「同」
一病気見改

御本文、中座召連候

(朱書)「同」
一女切手相願候節改ニ罷越候節

御本文、当時雑式出役無御座候

(朱書)「同」
一開帳万日芝居等札打等之節中座差出

御本文、中座差出候得共、御入用ニ抱り不申候

(朱書)「同」
一下雑色出役雨具持

但、出役場ニよつて召連、又者不召連義差略可有之哉、尤壱人分賃銭代

御本文、出役雨具持之義、方内筋町続検使見分家財改等ニハ不召連、其余諸警固此外都而出役并遠方出役之向者召連候

但、壱人分賃銀壱匁八分五厘宛

(朱書)「同」
一葵御神事祇園会幕番茶番、且祇園会山鉾鬮取之節茶番中座差遣シ候義

但、雇人足ニ候哉

御本文、葵御神事祇園会山鉾鬮取之節召連候、幕番茶番之義当時御雇入中座召連候

壱人ニ付銀壱匁八分五厘宛

(朱書)「同」
一牢屋敷ゟ揚り屋入等之もの御役所江罷出候節駕籠人足
　但、右人足雇賃銭何程ニ候哉
　　御本文、雇人足ニ而牢屋敷ゟ御役所迄片道駕籠とも人
　　足賃銭五匁より六匁位ニ而、時刻遅速ニよつて少々増
　　減御座候

(朱書)「同」
一御所白馬踏歌舞御覧御節会御燈籠警固等中座召連候

(朱書)「同」
一堂上方御葬送其外寺社方警固見廻り等之節々中座召連候

(朱書)「同」
一御所司様御奉行様御巡見之節出役中座召連候

(朱書)「同」
一祇園会ニ付鬮渡鬮取之節中座召連候

(朱書)「同」
一祇園会ニ付四条河原納涼廻出役中座召連候

(朱書)「同」
一町方在方ニも手錠抜キ出役中座召連候

一御奉行様御仏参等中座差出候

一出火跡御見分中座差出候

一御仕置もの之節々中座差出候

(朱書)「雑色」
一出火之節二条表并御役所表御進献もの御用物等駈付候雑式
中座召連候

一同断之節御先番其外御公事方目付方等江中座差出候

天明四辰年より雇中座引負人
　　桔梗屋嘉平次

文政元寅年十二月より
　　升屋嘉兵衛

同九戌年正月より
　　沢田屋惣七

同年九月より
　　河内屋吉郎兵衛

同十一子年四月より
　　俵屋米右衛門

但、翌十二丑年二月、西御闕所方ニ而無宿布子請負御
召放ニ相成跡人体取極候迄、雑色仲ヶ間へ布子受負御
預ヶ

文政十二丑年十一月より
　　米屋茂助

天保元寅年十二月より

同四巳年九月より
藤沢屋徳兵衛

浜屋喜右衛門

同六未年十一月より
右喜右衛門悴
喜市

同八酉年六月より
菱屋喜三郎

右之通御座候、以上

科定類聚　下（抄）

「(表紙題簽)科定類聚　下」

「(朱書)廿二」後家ヲ立夫与(ママ)跡式相続致居候之事

一夫与相果実子男子ニ而幼少ニ付実母後家ヲ立、夫ト之跡式相続致候処、右夫之家付親類又ハ夫ト之兄弟ニ而茂跡式之世話ニ付、右後家得心不致儀ヲ無理に世話ケ間敷儀ハ、家付之親類申分難相立候

　但、右後家身分不実之筋於在之ハ、是ハ格別之事

一借家ニ罷在候者夫ト致病死候ニ付、右妻後家ヲ立名前人ニ相成、跡式相続罷在候処、夫ト存生之内之右後家印形無之分ハ、願出候而も後家江済方不申付

　但、事ニ寄候而ハ済方申付在之例モ在之候

一家持之者夫ト致病死、右妻後家を相立、名前相改跡式相続致候者、夫ト存生之内之借銀并其外出入合共、右後家江済方申付候事

「(朱書)三十一」家屋敷死後譲并譲切又家屋敷古(沽)券状御割印事

一町家者所持之家屋敷死後譲并譲切与茂

右御割印申請ケ願無之節ハ、差掛ル儀共在之候付急ゝ御割印願度砌ハ、毎月御定之譲り日之外ニ而も願出候者、何時ニテモ御割印差出在之事

　但、右御割印ハ西奉行三井下総守殿時代ヨリ初ル

一京町中家屋敷之古券状ハ、前ゝハ町代改奥印迄ニ而在之候処、東町奉行石河土佐守殿在役中ニ古券状改町中江被仰渡候而、其砌御割印於東御役所差出在之候事

右御割印在之以後、壱ケ所之建家ヲ取崩シ弐軒ニ普請致、并又地面茂割望人在之、両人江売渡申候節、古券状弐通ニ致度節者、御割印願出候得者差出在之事

一在方村ゝ建家ニ者譲御割印并屋敷地之古券状御割印共村ゝ之分ハ無之候事

「(朱書)三十五」女犯之僧御仕置之事

一寺持住職僧

右遊所江罷越シ遊女ヲ呼致蜜(ママ)会候者

　右僧　遠嶋

一所化僧并寺方弟子僧

右遊所江罷越遊女ヲ呼并魚肉を喰、遊女ニ蜜会致候

　右　三日晒

其後其宗旨之本寺江本人相渡シ、寺法之通可申付趣申渡
在之

(朱書)「四十四」入墨相成候者之事

一入墨相成候者、牢屋敷ニ而入墨ヲ致候後、三日立候上、出
牢致サス

一入墨之者、後〻口論位之叓ニ候者
右ハ増入墨相成候事

右少シニ而モ盗在之候者 金高多少不寄 死罪

(朱書)「五十六」武芸懸勝負之事

一武家於屋敷弓并武芸之筋ニ而も一銭之懸諸勝負并何叓之儀
ニ而茂、懸勝負ニ似寄候儀ハ御法度也

(朱書)「六十一」寺社縁日ニ町〻江夜見セ出候之事

一小社縁日唱毎月日限ヲ定、又ハ法会抔与申、夜分町〻江夜
見セ商人罷出候事
右寺社并夜見世ヲ差出シ候商人之内、惣代壱人付添候而
願ニ罷出候之事

(朱書)「百十一」堂上方家来召捕并菊紋灯燈

寛政年中触
一堂上家来借地面ニ住居分ハ、右ハ召捕候節、其主人江断ニ
不及召捕、追而主人江御達ヲ申

同
一境内ニ住居并長家ニ住居之分ハ、其主人江相達候上召捕候
事
但し、公義ゟ御用申来所、本人欠落抔与申立、本人ヲ主
人方ゟ不正候ハヽ、重役之者之内壱人召捕候事、尤本人
実病気ニ候ハヽ、為見改検使罷越候事

同
一宮方摂家方家来永之暇遣候ハ、其趣武家江相達候事

一菊紋灯燈火叓場江持参り候儀、火消妨ニ相成ニ付、火叓町
内江表立罷越候ハヽ格外、其余火叓場江菊紋灯燈持参候ハ
ヽ、見付次第宮方其外ニ而も家来ニ而も召捕候事

(朱書)「百十二」堂上方ゟ諸司代町奉行江御達之事

一堂上并宮方ゟ諸司代并町奉行江御達之儀在之候ハヽ、何叓
ニ不寄公家伝奏江御達被成、伝奏ゟ諸司代江被仰達、相済
候後ニ堂上方ゟ諸司代町奉行所江御達使者被遣候事、尤宮

方御境内ニ逆死等之儀在之候而も、町奉行江御達之儀茂伝奏ゟ町奉行江御達相済候後、堂上方ゟ町奉行江御達使者被遣候事

　但、堂上方ゟ武家江直懸合者一切相成不申候事

(朱書)「百十三」諸大名方御屋敷名代人并用達人之事

一御大名方京屋敷名代之者、例年其町ゟ差上候宗旨帳面ニ名代人之片書(ママ)ニ何守様御名代与書在之候者、於奉行所ニ廊下江出ス、又右片書ニ何守様町名代与書在之候者、土間江出ス、用達人者其御大名方御用向ニ付而ハ上訴詔、自分之公事ニ而ハ土間江出ス

(朱書)「宗門帳ニ何守様御屋敷町名代与認在之分者、町人並ニ而土間也、右町ノ字無之分上訴詔」

(朱書)「百十四」目附方棒持并中座小家頭(ママ)類中引込之事

一悪敷者を目附役江届茂不致、自分内証ニ而下小家江引込候類

　右棒持中座小家頭　軽追放

　中引ヲ頼込候もの　手鎖

　但、小家頭ハ御役所ニ而咎不申付、非(悲)田院年寄江相渡、相当之咎申付候様に右年寄江申渡在之

(朱書)「百十五」堂上方家来奉行所ニ而玄関ニ而提刀之事并武家方家来之事

一諸司代町奉行江罷越於玄関提刀ハ、禁裏仙洞御内衆摂家摂花宮門跡方家来分提刀、尼宮家来ハ穏便《ヲンビン》与被仰出候故、先者提刀不相成、其外諸公家中家来分提刀一切不相成

　但、提刀之分、家来自分公事又ハ御吟味筋在之、奉行所江罷出候砌ハ、付添人ハ於玄関提刀ニ而罷通、当人ハ坊官諸太夫ニ而茂提刀ハ不相成、并奉行前且吟味役与力抔之前ニ而茂当人ハ無刀也、付添人ハ脇指ヲ帯ス

一武家方家来奉行所江公事等ニ而罷越候節、玄関ゟ上り公事ヲ捌白洲《シラス》ニ板椽ト下与二星在之候、武家之家来京住之趣之由ヲ町奉行直印居証文出テ有之分ハ上椽江出ス、又町代ゟ居町内江申来り在之分ハ下椽江出ス

　但、当人ハ無刀也、付添人脇差帯ス

(朱書)「百十六」親不孝もの之事

一親病気抔之所、服薬茂不用、其外親江対シ不孝ニ候ハヽ、
　右悴　死罪
　悴之妻　重追放
一酒商売人ゟ酒売渡代銀滞候節、右仲間之年寄役ヲ持居候者
ゟ訴出、右済方
（朱書）「百十七」酒屋ヨリ売酒代銀滞之事
　廿日切　十六七八目位手鎖
一諸司代組与力同心ヲ奉行所江召呼相成節、町奉行ゟ諸司代
公用人江向ケ町奉行名前、手紙ヲ以被仰遣
一御所付与力同心御城番組与力同心ハ、其組頭江向ケ町奉行
ゟ直ニ被仰遣
一諸組与力同心ヲ町家ゟ相手取及公訴節、其頭江届ケ不及、
直ニ奉行所江願出候而茂奉行所ニ而者構無之

非（悲）田院并小屋頭者共隠シ言葉
一金銀銭ヲ　ホウト云
一金銀銭ヲ土中江埋在ヲ　トメシテ在ト云
一火付ヲ　テウト云
一刀脇指刃物之類ヲ　ドクト云
一着類ヲ着替ルヲ　ケヲカザル
一食（ママ）乞非人ヲ　ミタント云、又ドスト云
一風呂屋ニ而着類盗取ヲ　イタノマヲハタラク
一土蔵家尻ヲ切ヲ　ジントウバラシ
一犬猫殺右皮ヲはき取ヲ　ゲンギヨウハラシ
一錠前ヲコシアケ候ヲ　サンビンバラシ
一巾着切ヲ　ガイト云、又チボト云
一何ニ不寄騒シ候叓ヲ　カラツ
一櫛かうかいヲ取候　シウサンクチ
一火消方人足者　タロウ
一本盗人　ホンヘイ
一軽キ盗人　マンカイ
一聞合サルヲ致候者　タマ
一聞合手掛リ有ヲ　ヒボ

一穢多ヲ　スン

一人壱人ト云ヲ　ヤツコ

一入墨ヲ　ヒヤウシキ

一刃物持盗ニ入ヲ　ヲトル

一大仏前抔之拾文宛位ニ而
一夜泊リ旅籠ヲ　グンヤド

一小児ヲ貰殺候者　ガイツブシ

一遊所見□付茶屋□客泊リ
居候壱軒宛吟味致ヲ　ゴリヲシ

一博奕場江召捕行ヲ　カミナリ

一四条五条二条河原煮売家亭主　ハマノ者

一居寝リ居候ヲ　ユブル

一町々之番人ヲ　ズンハタ

一雷間入候盗人　ヤシヤウ

一喧嘩ヲ　サソ

一盗人并何叓ニ不寄同類者　グイ

一吟味中ニ言直シ致　口《クチ》ガモドル

一空言《ウソ》ヲ　カラ

一白状致ヲ　ワツタ

一盗人入口ヲ　アテル

一町ニ家借候者　ダイモチ

一盗人ノ火縄ヲ　マムシ

一鑿《ノミ》　ゲシ

一田舎之非人ヲ　サンカ

一入墨者御構地江立帰　ランマイ

一博奕ヲ　テコ

一刃物ヲぬき持居　ドクヒラク

一同類者在之、右頭分者ヲ　シント云

一責［　］気絶致ヲ　ナマル

牢屋ニ而責候節

一一通リ間状ハ雁木ノ角ノ立候木ノ上江居ラセ置、膝ノ上江
石ヲ重シニ置、段々石ヲ重ね置

一捕縄ヲ持シハキ候ヲ　ササケ

一両手ヲククリ棒ニトウシ、
右棒ヲ両人致カキ上責候　ヲヲワ

一六尺棒ヲヒザ頭通シ、又
上ゟ棒ヲアテシメ付候　ハマヤキ

町触拾遺

六角堂くじ取りの図(『山鉾由来記』より)

元和　七月十三日改元

一〔永〕　〔別二-三〇六〕

掟　町代堅可申触条々

一町人申分於有之者かきたて、目やすはこへ入へき事
一此方家中之者に町人そせうの事、申渡儀一切停止之事、何事もぢきに可申事
一公事ニ付てよしミをたのミ、他所ゟ状を持来候者、不立入理非、其者まけに可申付事
一伊賀守ものと申、町人売物にかけいたすましき事
一奉公人町人共ニ此方ゟ申つけ候よし申ふれ候とも、ふしんの事をハ罷出、直ニ可尋事

(元和五年)十二月廿四日　伊賀守(黒印)

(後欠)

寛永　二月三十日改元

二〔永〕　〔別二-三三五〕

覚

一京中牢人煩養生并縁者親類好を以、何時にによらす出入在之者、名名(マヽ)字書付可差上候、牢人に少も御かまひ無之候、書付指上候後何方へ奉公に罷出候共不苦候、京都へ出入仕牢人之人数可被成御存知ためにて候間、右之通可相触者也

(寛永十一年)戌閏七月二日　周防(黒印)

上下京町代

三〔永〕　〔別二-三三六〕

覚

一宿取衆に亭主町中の者慮外申ましき事
一今度初而宿取在之所へ者、別而念を入可申聞事
一自然宿取衆より非分成儀於在之者、此方へ可申来者也

閏七月二日（寛永十一年）　周　防（黒印）

上下京　町　代

四　［永］　覚　〔別二-三三七〕

一京都町中より旦那と申宗躰之請に寺より一札於被仕者、其身親の命日にも参詣候か、使を以も届を仕候か、又ハ年忌之其心さしをも仕候かの穿鑿可被申事

一京都於生之者ハ、久可為旦那処、俄寺頼申儀於在之者、可為伴天連事

一同宗旨にて寺を替候もの在之者、前廉の寺を能せんさく可仕事

一弟子并同宿等之先祖宗旨於不知者、於其在所いつれの宗旨候哉、堅吟味可仕事

一道心者たりと云共、俄来り、其先之在所にての宗旨を不存、不見届道心者を拘置、其道心者於伴天連者、可為無届事

右条々洛中洛外之寺堅穿鑿在之様に可申届候、訴人出候て出家宗躰之儀ニ付於偽在之者、伴天連同前に可為曲事者也

寛永拾壱年甲戌十月六日　周　防（黒印）

五　［永］　覚　〔別二-三三九〕

上京　町　代

一職人手間取、組をいたし手間の代銀を定申事、向後仕間敷候、其身壱人之覚悟次第相対仕、手間を取可申事

一諸商仕候もの申合、組ニてね段さため、売買仕ましく候、其身一人之心次第ニうりかい可仕事

右於相背者曲事ニ可申付、此旨堅可申触者也

寛永十二年正月八日　周　防（黒印）

六　［永］　〔別二-三四七〕

呉国へわたり候銅之事、当年より渡候儀無用ニ可仕由、江戸御年寄衆ゟ申来候間、右之通町人共ニ可申聞者也

丑二月廿三日（寛永十四年）　周　防（黒印）

上下京　町　代

七　［永］　覚　〔別二-三五六〕

一当年者諸国之人民草臥候間、町人等食物迄も致其覚悟、不及飢様ニ可仕事

一町人衣類さあや、ちりめん、平亀屋、はふたへ、此外結構なる衣類着すへからす、ゑり帯等ニも右之外結構成もの仕間敷事、付下人下女布木綿たるへし、但手代ハ絹紬を可着

一町人女房之衣類さあや、ちりめん、きぬはふたへたるへし、ぬいはく、かのこ、とんす、金入之類之小袖不可着、ゑり帯同前之事

一町人作事自今以後結構ニ仕間敷事

一町人振舞二汁三菜、此外引菜二、吸物一、酒三返之事

一町人振舞木具并台物無用事

一町人祝言諸道具衣類等、万そさうニ可仕候、勿論其時之振舞并引手物かろく可致事

一祭礼不応其身儀仕間敷事

一仏事等身躰相応ニ可仕事

已上

寛永十九年午八月廿日　周　防（黒印）

八　［永］　〔別二-三五七〕

法度

一傾城京中之町へ一切出シ申間敷事

一傾城之衣類、絹紬より上ハ不可着、但紺屋染たるへき事

一きる物のゑり并帯ニ金襴、唐織、緞子、かのこ、金入之巻物、縫薄（箔）を致間敷事

一傾城町圍之内ニても傾城を乗物ニのせ間敷事

一傾城町之内当座之喧𠵅者可為死損事

右於相背者急度曲事ニ可申付候、但訴人ニ罷出もの於有之者、其傾城を褒美ニとらせ可申者也

寛永十九年午八月廿日　周　防（黒印）

上京町代

＊　右の七、八触書は、正文では続紙一通に認められている。

九　［永］　〔別二-三六四〕

諸国在々所々にをひて新銭鋳候事堅御停止也、若相隠鋳出輩有ハ可申出之、縦雖為同類其科をゆるし、御褒美被下へし、自然わきより訴人於有之者、本人者不及申五人組同罪にをこなふへし、并其所之者迄可為曲事者也

未三月二日　周　防

山城国中
庄屋
年寄
百姓中

右之通在〻所〻も触候間、町中ニ而も穿鑿可仕者也
（寛永二十年）未三月二日　周防（黒印）
上下京
町代

一〇［永］　〔別二-三六五〕

今度奥州筋きりしたん多出候付、致欠落可参候間、其所之ものニ而無之もの郷所へ於参者、穿鑿仕可申来候、於隠置者所之者可為曲事候、并きりしたん穿鑿如毎年堅可仕候、於油断者可為曲事者也
未三月二日　周防
山城国中
庄屋
年寄
百姓中

右之通在〻所〻触候間、町中をも穿鑿可仕者也
（寛永二十年）未三月二日　周防（黒印）
上下京
町代

一一［永］

覚

一京中当年も去年之書付之旨を守り、相違有之間敷也
寛永弐拾年未十一月七日　周防（黒印）
上京
町代

正保　十二月十六日改元

一二【永】　〔別二-三七〇〕

おほへ

一そうめん

一うんとん、きりむき

一まんちう

右去年近年世中違五穀不足ニ付て停止申付候、只今よりハ商買に仕付候ものハ、如前〻可仕候、五穀費（カ）無之様ニ商買物たりといふとも可仕者也、此旨口上ニて可申聞候、以上

寛永廿壱年申七月廿五日　　周　防（黒印）

上下京
町　代

一三【永】　〔別二-三七三〕

覚

一公事ニ出、其所之町中として勘定聞候と申時ハ、申懸候金銀売物以下勘定いたし、相手之払勘定仕、あい候所ハ其分ニ書付取可申候、自然払方仕方へ申かけ於在之者、勘定可入分ハ仕、此外之儀ハ申かけのよし書付いたさせ、次ニ相手双方其身之存様ニ書付仕、判形をいたさせ請取、此方へ見せ可申候事

一京中諸寺之門前寺内まて京町中法度之ことく町代可申届候事

一出家之法度之儀ハ如有来、其寺より可被申付候間、町代共かまひ申ましく候、以上

正保弐年七月十四日　　周　防（黒印）

上下京
町　代

慶安　二月十五日改元

一四〔永〕　〔別二-三七五〕

覚

一町中木戸をたて番太郎家へ引こミ罷在、病人候て医者をよひに参候もあけす候よし、早〻罷出使に参候主人之名をも聞、さきの医者之名をも聞、さき〳〵へ其町より送候て可通事

一其町へ盗人入候ハヽ、次之町二町三町まて木戸をうち、木戸をあけす候て次之町へ申届、我等屋敷迄町つたへ可申越事

一此以前より如申付、無届成もの不思儀成もの、其町に於在之者可申来事

右之通町中へ可申渡也

（慶安元年）子十一月廿八日　周防（黒印）

上京町代

一五〔永〕　〔別二-三七七〕

覚

一大野主馬子宗室と申もの近江ニ罷有候を、於江戸訴人出捕候、宗室母いんせい（ママ）ハ主馬女房ニて候、是又捕候、但いんせいハ一乱之刻、権現様命を御たすけ被成候事

一主馬儀未存命ニ有之由取沙汰候間、無油断穿鑿可仕候、若隠置訴人有所を於申来者、宿主之儀ハ不及申、其町中曲事ニ可被仰付候間、此旨穿鑿可仕候也

右之通京都町中不残可相触者也

（慶安二年）丑二月五日　周防（黒印）

上京町代

一六〔永〕　〔別二-三八二〕

覚

一女むきの上〻小袖表壱つニ付銀四百目、中下ハ此積を以下直ニ仕、買手相対次第直段相究売可申候、四百目ゟ上ハ何様之好候共、請取も又ハ売申儀も仕間敷候、近年高直故売買無之ニ付、於江戸呉服師共ニ被仰付候、無相違売買可仕

事
一結構成女中衆上〻小袖表壱つニ付銀六百目、中下ハ此積を
以下直ニ売上ヶ可申候、六百目ゟ高直成小袖の表御誂有之
共請取申間敷事
右呉服屋之外も此積を以売買可仕候、相違於仕者可為曲事者
也
慶安四年卯九月十六日　周　防(黒印)
上京
町　代

一七【永】

覚　〔別二-三八三〕

一対公義悪心之儀たくミ申もの於有之者、大名小身成もの出
家町人百姓等ニ至迄於在之者、早〻可申来候、縦他所之儀
ニても承及ニをひてハ可申来候事
一吉利支丹徒党をたて申合儀於在之者、早速可申来候、此以
前之如御法度、壱人成共きりしたんの宗躰於有之者、慥ニ
無之候ても承候ハヽ可申来候事
一今度牢人正雪、忠弥仕候ことく成いたつら成儀たくみ申も
の、町人出家百姓に至迄其町ニ於在之者可申来候、他所之
ものニても承及候ハヽ可申来候事
右早速於申来者ほうひを遣し、其上望之儀於有之者、町人に
似合候儀者申上相調可遣候、并そくたくにて、右之ヶ条頼申
儀於有之者、其そくたく十倍可遣候、無油断可申上者也
慶安四年十二月五日　周　防(黒印)
上下京
町　代

一八【永】

覚　〔別二-三八四〕

一諸商買《ママ》かい懸り仕候もの多在之由目安を持参申候、身上不
成候て少之買掛りも済事不成身躰之ものは、売手と相対仕、
じねんに済可申候吏
一かい掛り済可申程之身躰之ものハ、町中として致穿鑿済さ
せ可申候、済可申程之もの不済して、目安を売手持参申候
ハヽ、不済候もの不及穿鑿籠舎可申付事
右二ヶ条之儀、其町中としてせんさく仕候様ニ可申渡者也
慶安四年十二月五日　周　防(黒印)
上下京
町　代

承応　九月十八日改元

一九〔永〕　〔別二-三八九〕

覚

一京町中一町ニ両人つゝ昼番を仕、火事出来候ハゝ出合、はやく消し可申候、自然付火をも仕者於有之者捕候様ニ可仕事

一番ニ而無之候共火付候ものを於見出候者褒美を可遣、并不審成者見出於捕候者籠舎申付可置候、罷帰穿鑿可仕事

一京中一町切ニ夜ルハ不寝番可仕候、医者なと呼ニ参候使ハ町〻より先〻へ送届、使のもの遅〻無之様ニ可仕事

一暮六つ以後、用なくして一切あるき候事無用ニ可仕事

一一夜之宿借候もの、此如以前夜外へ出し申間敷候、若於出候者宿主可為曲事事

右之趣切〻町へ参可申渡候、町代も只今迄由断無之由、猶以情出し見廻り可申者也

承応弐年巳閏六月十七日　周　防(黒印)

二〇〔永〕　〔別二-三九一〕

当夏禁中火事ニ付而、御掃地以下早速仕候ニ付而、御扶持方町中之者ニ被下候間、可申渡者也

(承応二年)
巳十月二日　周　防(黒印)

上下京
町代

二一〔永〕　〔別二-三九六〕

覚

一従当年禁中御作事被仰付候間、京中ゟ人足五万人出之可申候、町人草臥候由風聞ニ付而、人足をも御赦免可被成之様ニ被思食候得共、禁中御作事手伝人足者自先年京人足斗ニ而仕来候間、有来作法ニ候付、五万人被仰付候間、有難奉存、前廉より人足積無相違仕置、其上人足之割高下相違無之様ニ穿鑿可仕候、京中何れの組ニても割を諸人存知むら無之様ニ仕置、御作事奉行衆御左右次第ニ五万人之分ハ、無油断出之可申候、此由可申聞者也

承応三年正月廿五日　周　防(黒印)

明暦 四月十三日改元

二二 【永】 〔別二-四〇二〕

覚

旧冬当春唐船積渡候白糸大分ニ付、五ヶ所之者買取候儀不罷成之由訴訟候、因茲度々僉議之上、得上意候処、数年蒙御恩候之間、春中早々割符之通買取之ねまし無之、諸商人ニ相渡之、其上不罷成候者可訴之処、去秋之直段を引下可構利潤所存、日来之不顧御恩、剰唐船帰帆之時分、御定をも乍存至只今延引候儀、重畳不届被思食候、五ヶ所糸割符破捨被仰付、右之糸公儀江被召上之候

右之趣被仰下候間、長崎へ罷下糸商買之町人共ニ可申聞者也

明暦元年未四月廿八日　佐渡(黒印)

周防(黒印)

上下京町代

二三 【永】 〔別二-四〇六〕

京都町々年寄可相定触状

町々年寄之事、廻年寄者或若輩老病、或無理非法之者多有之故、口々心々に申分仕、却而訴論災難に成族多し、相定年寄無之町者、早宿老を定置、最前令触知ことく、毎月二日於会所諸事吟味致へし、且又寄会に事をよせ振舞酒宴等に長し、当分之要用を致懈怠、剰後日之申事出来之族曲事たるへし、自今以後書出有之儀者、年寄町中共に自余之沙汰を相ましへす(ママ)、一同に可守法令之旨者也

明暦二年丙申正月廿六日　佐渡(黒印)

二四 【永】 〔別二-四一一〕

覚

一於諸国在々所々酒造之儀可為累年之半分由、去年被仰出候、当年者又去年之半分可造之旨堅申付、其減少之員数書注之可差上之旨被仰出之条、京都町々にをゐて改之書付可指上事

一於呉服所銀子三百目以上之小袖之表商売仕間敷旨、去春被仰出候付、当春江戸呉服屋中被相改之処ニ、売残之由ニ而

所持仕候、最前者一端も無之由申強、穿鑿之上右之通ニ候
故（カ）被取上之候条、於当地も右之趣可相改旨被仰出候、自今
以後三百目以上之小袖之表仕出候ハヽ可為曲事旨、呉服屋
并衣類にかゝハり候諸職人に急度可申触事
一諸事買置しめ売仕間敷旨前廉被相触候ニ付、今度江戸町人
諸色買置候員数書出させ、其上検使被差遣、蔵々被相改候
条、於当地も右之趣堅可申付旨被仰出候、於町々相改之、
只今買置候員数書出、其上自今以後堅買置しめ売仕間敷旨、
書物を取可指上事
一畳之表於備後国数寄屋表向後相止、書院之表をすきやに用、
書院にハ其次を用、段々一くらゐ麁相に当年よりおり出候
様に被仰付候条、当所畳屋中江可申付旨被仰出候、京都畳
屋中其旨を可相守由可申触事
一たはこ本田畑に作之候事、弥為停止事
右之趣今度於江戸被仰出候条、急度可相守之旨町中可令触知
者也

（明暦二年）申三月九日　　佐　渡（黒印）

上京　町代

二五 ［氷］　〔別二-四二〕

＊訴状之書様吟味可仕覚

一目安端書之書様

某甲跡職相論　　誰訴訟
　　誰論人
　　誰請人

同目安之奥書に誰々被召出被分聞召可被下旨可書付事、此
外境目論又ハ家屋敷売買其外一切之訴論等、皆此心得を以
書付指上可申也
一跡職之家屋敷等譲状之証文又ハ父方母方より相伝之差別、
又ハ自分に買求等之子細、兼又夫婦之間之実子継子養子行
合兄弟并勘当等之儀、無紛様に書付可指上事
一金銀并商買之物にかきらす、売懸買懸又ハ返弁之残銀等之
事、或新儀之中分之様ニ書付、或ハかたられたる様に無実
を申懸事、政道之妨、衆中之難儀不可不禁事
一金銀之預り借状を封付之預ヶ物之様に訴申事、罪科之軽重
甚同しからす、自今以後双方穿鑿之上、実犯露顕せ者急度
曲事に可申付者也、兼又金銀之取替返弁等之訴論、年月并
子丑等分明に書付可申事

一親類他人によらす、前かと令死去者之たくひ、書付指上候
ハヽ、年月并支干(ママ)等之差別書付可申事
一目安を付たる以後、下ゝにて曖相済事在之ハ、子細具書付
可指上、若非分之儀を申懸るといへとも、公儀を憚堪忍仕
もの在之に付、無実を申懸族可有之条、自今以後依怙贔屓
なく曖可申事
一公事相手等之儀に付、いつくの誰共不存様に書上申族曲事
たるへし、向後其者之子細尋極候て可書上事
右従町ゝ所指上之訴状并目安之内、濫訴之輩多有之条、粗令
触知者也、若違背之輩於在之者、縦雖為利運之訴論不可令蒙
裁許者也

(明暦二年)
申四月二日　　佐　渡(黒印)

下京
町　中

＊この触書の包紙裏書には、「此書物急下京中へ写させ、其以後町ゝゟ之訴状等可指上、一字も相違不仕様ニ可申触者也　四月二日　奉行所ゟ　町代」と記されている。

万治　七月二十三日改元

二六 〔永〕　〔別二-四八〕

口触

近年薬種商売ニ付、にせ薬種多有之旨、其沙汰依在之、堅御
制禁たる之条、自今以後可相守其旨、若偽薬種売買仕者有之
者、早速奉行所へ可申来、品により御褒美可被下之、若又見
遁聞遁輩於有之者、後日ニ相聞といふとも可為本人同罪之旨、
京都町中急度可令触知者也

明暦四戊戌年六月廿五日　　佐　渡(黒印)

下京町　代

二七 〔永〕　〔別二-四二〕

口触

於京都諸商売ニ付座を取立申事、朱銀之両座之外、私之法を
立、多勢をくミし、結徒党座を立申事、従前ゝ堅御制禁たる

に依て、先規板倉周防其旨を書出し令触知之処ニ、近年に至て私に寄合をいたし、座をくミ候て諸商売仕族有之旨、有其聞之条、自今以後先規之制禁を違背し、私に座をくミ申輩於有之者、急度曲事ニ可申付条、早速奉行所へ可申来、縦同類たりといふとも、其科をゆるし、品により御褒美可被下之旨、京都町中此旨を令触知、町々年寄共方ゟ一札取之可指上者也

(万治二年)
亥七月廿三日　　佐　渡(黒印)

下京
町　代

寛文 四月二十五日改元

二八 ［永］ 〔別二-四四六〕

覚

一女院御所姫宮方上の呉服一表に付白銀五百目より高直に仕ましく候、それより下の呉服は品〻により猶以下直に可仕上之事

一御台様上の呉服一おもてに付白銀四百目より高直に仕へからす、それより下の呉服ハ其品により猶以下直に可仕上之事

一御本丸女中上の小袖一表に付三百目より高直に致ましく候、それより下の衣類ハ品によりいよ〳〵下直に可仕事

右之通五年以前被仰出雖相触、於于今高直成衣類仕出候条、急度呉服屋中へ可申付之旨、此度重而被仰出候条、其旨を相守へし、若違背仕、御定より高直成衣類仕出候ハヽ、彼衣類を取揚、其上曲事ニ可申付之旨、京都呉服所其外衣類にかゝハり候諸職人共ニ急度可令触知者也

（寛文七年）
未四月廿三日　　佐渡（黒印）

上京
町代

二九 ［永］ 〔別二-四四七〕

定

一絹紬之儀、壱端ニ付而大工のかねにてたけ三丈四尺、はゝ壱尺四寸たるへき事

一布木綿之儀、壱端ニ付而大工のかねにてたけ三丈四尺、はゝ壱尺三寸たるへき事

右之通此以前より被相定之処に、近年猥有之間、向後書面之寸尺より不足に織出す輩於有之者可為曲事、来巳歳秋中より改之、不足之分ハ見出次第可取之間、諸国在〻所〻におゐて可存其旨者也

右之趣四年以前被仰出雖相触、其旨を相背猥織出候、其上絹紬に限たる御定之様に申なし、其外一切之織物丈尺不足有之条、自今以後於京都織出候絹布之類、御定之寸尺より不足有之者、彼絹布を取あけ、其上曲事ニ可申付之旨、京都織物屋中急度可令触知者也

（寛文七年）
未四月廿三日　　佐　渡(黒印)

上京
町　代

三〇　　西芳寺町文書

*表書之通猥秤を商売仕、或者忍々に秤を拵、或ハ秤直しと申所々ニ徘徊仕、又ハ似せ秤を用、又ハ豊後秤を持主手前ニて様々悪敷仕、棹糸等を付直し候ニ付、相改候へ共吴儀申及口論、町中を騒候由為曲事条、自今以後左様之者見出聞出におゐてハ、右之悪秤其人共ニ急度其所ニ預ケ置申来候欤、又ハ早速召連可罷出者也

寛文四年辰十一月三日　　佐渡守御在判

秤屋外記

口上

牧野佐渡守様御裏判、右之通先年善四郎頂戴仕置候を今度当御奉行様へ指上候ニ付、御裏書之通弥以相守候様ニ町中へ見せ候へと被為仰付候、以上

（寛文九年）
酉十二月七日　　町　代

* この触の書式が別二―四八九の元の形と思われる。

三一　〔永〕　〔別二―四九七〕

覚

一当年者八木不足候間、於諸国在々所々何によらす八木不費様に可仕事

一当秋中迄新酒造之儀、堅可為停止事

一辻売并振売之酒一切可為無用事

右之通急度可相守之、若違背之輩於有之者訴人に出へし、御穿鑿之上、御ほうひ可被下之者也

如此今度於江戸被仰出候条、堅此趣可相守之旨、京都町中江可令触知者也

寛文十年五月十二日　　対　馬(黒印)

上京
町　代

三二　〔永〕　〔別二―四九九〕

覚

此比京都町中并寺社門前町に遊女拘置之(マヽ)令商売族有之由、就有其聞所々改之、遊女拘置候ものは或籠舎之上追払、或令斬罪、支配人地主ニ茂過怠申付之、地は品により令闕所候、自今以後者従前々御法度之通弥無違失相守、遊女一切

不可隠置、町中之儀者年寄五人組改之、寺社門前之儀者其支配之面々より急度相改へし、清水、八坂、祇園、北野門前町之茶屋は、兼日御定之通茶たて女一人充可差置、是亦見分之躰遊女と相見へ候もの拘置候ハヽ、たとひ雖不商売曲事たるへし、況隠置令商売者可被処厳科之間、此旨堅可相守之事

右之通京都町中并寺社門前町中江可令触知候、十ヶ日過之相改、若違背之輩於有之者書面之通可為曲事之旨可申触者也

寛文十年六月廿七日　対馬(黒印)

上京町代

三三　【永】　〔別二-五〇二〕

覚

一諸国在々所々にて当戌年寒作之酒八木員数之儀、去年之通可造之、若令違背多作之族あらは、縦後日に露顕候共可為曲事之条、訴人に出へし、急度御ほうひ可被下之事

附、以来迄当座造之新酒者可為停止事

一たはこ本田畑に作候儀、弥以無用たるの間、年内より急度可申付事

一御領私領之内に在之寺社領之儀、縦御朱印所にて高之外たりといふ共、先条之通其所之御代官領主より急度可相触事

右之通今度被仰出之条、京都町中之輩宜令承知之旨可相触者也

寛文拾年九月廿三日　対馬(黒印)
若狭(黒印)

上京町代

三四　【永】　〔別二-五〇三〕

覚

京都町中幾利支丹宗門御制禁之事、累年被仰出之通常々無油断入念可相改儀勿論也、前方御触以後町々家売買ニ付、人あらたまり、并借屋替其外家々に召仕候手代男女之しもへ等迄宗旨をかへ、寺証文なと改り候事可有之間、其町々にをゐて幼少之ものまて人数の高にむすひ、銘々宗門のわけ委細書記之可差上事

右之通可相触者也

寛文十年九月廿四日　対馬(黒印)
若狭(黒印)

三五　　　　　　　　　　　　　　　　　　　　　　　　　上京　町代

口ふれ之覚　　　　　　　　　　　　　　　　　　　　歓喜町文書

一壱年切之奉公人ハ、三月五日ゟ明ル三月五日迄出かわり可
申候
一半季之奉公人ハ、　三月五日ゟ同九月十日迄ニ出かわり可
申候
弥此通相守候様ニと被為仰付候、以上
（寛文十一年）亥ノ七月廿二日

三六【永】　　　　　　　　　　　　　　　　　　　　〔別二-五二一〕

覚

一諸国商売人長崎到着之儀不同に罷下候、向後者此已前如御
定、七月五日切に可為長崎到着、それより遅参候輩者可除
入札事
　附、断なくして手代斗下し申間敷事
一貨物売渡之儀、毎歳七月五日まて商人長崎到着之者とも、
先次第段〻に於奉行所帳面に注置之、以其順〻可相渡之、
但、貨物買高者随其分際可遣之、直段者惣ならし考合、異
国人前〻代物相極、其直段にて可渡之事
一口銭銀之儀、唐船者毎年仕来通に可致之、阿蘭陀之商物買
取候輩も、向後者唐船之例に准之、口銭銀可出之事
一阿蘭陀貨物代金之儀、近年者金壱両に付而銀五拾八匁之両
替にて雖遣之、阿蘭陀持渡嶋〻之両替下直之由候間、自今
以後者金壱両付而銀六拾八匁之両替之積に可相渡之事
　附、日本より売渡候古銭、銅、小間物、染物、蒔絵道具、
　いまり焼物、品〻売渡候商人等并出嶋宿賃之儀、無損失
　様に可相斗之事
一唐船貨物代銀之儀、近年金壱両之両替銀五拾八匁にて雖遣
之、唐人持渡両替銀高直ニ付而迷惑之由訴之候、向後者銀
子にて売物代可相渡事
　附、若唐人金子望輩於有之者、可任其意事
一諸国商人異国物買取候代銀、近年者金銀両替呉国人なミに
付而、其両替利銀之考をいたし、呉国代物買取候直段につ
もり入候付而、商物之あたい高直に成候間、向後者京都、
大坂、長崎、其時〻の両替可為相場次第事
一何事によらす手たてたくミをなし、法を背輩有之者、長崎

之者ハ拾里四方追放すへし、他国之輩者長崎之商売可令停
止之、但其品により可被行厳科事
右之通従今年長崎江被仰出候間、存其趣、京都町中長崎商買
仕候者共へ可令触知者也
(寛文十二年)子四月七日　若　狭(黒印)　下京町　代

三七【永】

覚

去亥年裏判出之候訴訟人之内、対決に出さる輩於有之者、当
四月中奉行所江罷出、其子細可申断之旨、京都町中可相触者
也
(寛文十二年)子四月十日　若　狭(黒印)　下京町　代

三八【永】　〔別二-五三〕

四月七日入札之覚

壱番船之内

一白糸　百斤ニ付　上代銀四貫四百六拾目
中代銀四貫百目
下代銀三貫七百目
一中巻綸子　壱端ニ付　上代銀八拾九匁
中代銀四拾五匁
一大ぬめりんす　同　上代銀九拾匁
中代銀七拾五匁
一中ぬめりんす　同　上代銀六拾七匁
中代銀六拾四匁
一小ぬめりんす　同　中代銀三拾壱匁
下代銀弐拾九匁
一中山水毛氈　壱枚ニ付　代銀拾五匁
一こわ毛氈　同　代銀拾弐匁五分
一唐紙　壱束ニ付　代銀拾弐匁五分
以上

二番船之内

一白糸　百斤ニ付　上代銀四貫四百目
中代銀三貫八百目
下代銀三貫弐百八拾目
一上大飛さや　壱端ニ付　代銀弐拾八匁

一中小飛さや　同　代銀弐拾四匁
一中色小飛さや　同　代銀弐拾三匁
一中大白さや　同　代銀三拾九匁
一下白さや　同　代銀三拾壱匁
右五ヶ所商人共入札惣ならしを以相究候間、此直段ニ売払候様ニ唐人共江可被申含候、已上
子四月七日　高木作兵衛
高木彦右衛門
高嶋四郎兵衛
壱番船二番船宿町付町
乙名組頭衆中

四月九日入札之覚
壱番船之内
一中白縮緬　壱端ニ付　上代銀五拾目
中代銀四拾八匁
下代銀四拾六匁
一小白縮緬　同　代銀三拾四匁
一紋縮緬　同　代銀三拾五匁
一小飛紗綾　同　代銀弐拾五匁
一紋なしさや　同　上代銀四拾匁
中代銀四拾匁　但、尺長
一なミさや　同　代銀三拾壱匁
一薬種色〻　代銀拾三貫九百三匁七分
一せうゑんし　壱斤ニ付　代銀弐拾匁
一小熊　同　代銀八匁
一から皮　壱枚ニ付　代銀拾三匁
一三取鹿皮　同　代銀壱匁弐分
一まわた　壱斤ニ付　代銀弐拾匁
一唐墨　同　代銀弐拾六匁五分
一わたうち弓絃(弦)　同　代銀五匁
一ミやうはん　同　代銀壱匁
已上
二番船之内
中ノ一中白縮緬　壱端ニ付　代銀四拾八匁
中ノ一小白ちりめん　同　代銀三拾五匁五分
中ノ一紋ちりめん　同　代銀三拾五匁
中ノ一巻りんす　同　代銀八拾九匁
一大ぬめりんす　同　上代銀九拾七匁
中代銀七拾匁

下代銀三拾壱匁
下ノ一小ぬめりんす　同　代銀三拾壱匁
中ノ一さりん　同　代銀弐拾九匁
一南京せう　同　代銀拾九匁
一はくし　同　上代銀四拾壱匁
中代銀三拾七匁
中ノ一白羽二重　同　代銀弐拾匁
中ノ一色羽二重　同　代銀弐拾六匁
中ノ一白紬　同　代銀三拾匁
一染紬　同　代銀三拾匁
一紅糸　壱斤ニ付　代銀廿五匁
中ノ一色まかい　同　代銀三拾五匁
一山水毛氈　壱枚ニ付　代銀拾七匁
一こわもうせん　同　上代銀弐拾匁
中代銀拾四匁
下ノ一まわた　壱斤ニ付　代銀弐拾匁
一白木綿　壱端ニ付　代銀三匁三分
中ノ一黒木綿　同　代銀三匁
一小唐紙　壱帖ニ付　代銀壱匁一分

一から墨　壱斤ニ付　中代銀廿六匁五分
下代銀廿匁
一木綿さや　壱端ニ付　代(銀脱カ)拾七匁
一わたうち弓絃　壱斤ニ付　代銀五匁
一はくま　同　代銀七拾目
中ノ一しやくま　同　代銀(マヽ)
下ノ一とたん　百斤ニ付　代銀百弐拾目
一木のミらう　壱斤ニ付　代銀弐匁
一りちい　同　代銀壱匁五分
中ノ一竜眼肉　同　代銀三匁五分
一ミやうハん　同　代銀壱匁
一しきんてう　同　代銀六拾五匁
下ノ一人参　同　代銀弐百廿匁
中ノ一石から　同　代銀四分五り
一むミやうい　同　代銀弐分
一なつめ　同　代銀五分
下ノ一せうゑんし　代銀(マヽ)
一薬種色々　代銀弐貫弐百五拾弐匁
右五ヶ所之商人共入札物ならしを以相極候間、此直段ニ売渡

候様ニ唐人共江可被申含候、以上

子四月九日

高木作兵衛

高木彦右衛門

高嶋四郎兵衛

壱番船二番船宿町付町
乙名組頭衆中

於長崎当春入津唐船荷物之直段与去冬入津之直段差引有之、吟味之上如斯相極候付、今度従江戸被仰越之候間、存此趣猥商売高直ニ不可仕之旨、京都町中唐船荷物之商人共江可令触知者也

(寛文十二年)子五月　日　若狭(黒印)

下京
町代

三九 ［永］

覚

一諸国在々所々にて当年寒造之酒八木員数之儀、去年之通可作之、若令違背多造之族あらは、たとひ後日に露顕候とも可為曲事之条訴人に出へし、急度御ほうひ可被下之、違犯之輩者勿論、其名主五人組まて可被行罪科、但来年二月より右之酒商売可仕、其以前には一切不可売之事

附、当座造之新酒者、以来迄堅停止たるへき事

以上

(寛文十二年)子九月　日

右之趣今度於江戸被仰出之条堅可相守之旨、京都町中江可令触知者也

九月十二日　日向(黒印)

上京
町代

四〇 ［永］ 〔別二-五二八〕

覚

一今年糸巻物并薬種等高直に付、問屋共に度々申渡候通無油断致吟味へし、然者糸巻物売買之節者、包をとき荷物を見せ直段を相対にて可致売買事

一糸巻物并薬種等惣而しめうり買置、弥以令停止之事

一糸巻物并薬種等一切手形売仕間敷候、売買之節者買主方江早速相渡へし、問屋所に不可預置之事

附、問屋にて糸巻物売渡候ハヽ、名町所荷物何程売買仕候段、念を入帳面ニ書記置、奉行所より相尋候時分、急度書付可差上之事

右之条々京都町中可令触知、若相背輩有之ハ曲事たるへし、
訴人に出るもの於有之ハ、其品により御褒美可被下者也
(寛文十二年)
子十二月廿一日　　日向(黒印)

上京
町代

延宝　九月二十一日改元

四一［永］　〔別二－五三二〕

覚

去子年裏判出之候訴訟人之内、対決に出さる輩於有之者、来ル四月中奉行所へ罷出、其子細可申断之旨、京都町中可相触者也
(寛文十三年)
丑三月四日　　日向(黒印)

上京
町代

四二［永］　〔別二－五三三〕

覚

一長崎江罷下候者最前相触候通、貨物之人数極之、銘々帳面に記し出之候、去年下候ものハ罷下へし、当年初而名代手代下候ものハ、奉行所江申断可罷越事
一去年酒油其外諸色売物持下候輩者当年も可罷下候、若さゝ

ハり有之者、名代ハ不苦候事

右之通上下京町人共に可令触知者也

（寛文十三年）
丑四月廿一日　　日向（黒印）

上京
町代

四三　〔永〕

覚

一今度類火之町人作事仕候ハヽ、弥以かろく可仕之事

一作事仕候節、溝をひろけ、道之幅をせはめ申間敷事

一表のひさしあふたれ、跡〻と違仕出し申間敷事

右之通今度類火之町人共に可令触知者也

（寛文十三年）
丑五月十二日　　日向（黒印）

町代

四四　〔永〕

覚

一当年八木大豆高直付而、東海道者人馬之賃有来に三割増、其外之道路者二割増之積可取之、并宿賃者薪代ともに、いつれの道筋にても御定之一倍宛可取之事

一参勤之面〻近年次馬にて参上候故、弥以馬不自由候、当年者過半通馬にて被罷越可然之由、相達候事

以上

（延宝三年）
卯正月廿六日

右之趣江戸ゟ申来候間、可存此旨者也

二月五日　　日向

四五　〔永〕　〔別二-五三四〕

覚

去年国〻洪水付而諸民為窮困之間、当卯年者長年季之者又者譜代差置候共、相対次第不可苦之条、存其趣可相拘（ママ）之者也

（延宝三年）
卯二月　日

右之趣今度従江戸被仰下候間、京都町中可令触知者也

二月廿三日　　日向（黒印）

上下京
町代

四六　〔永〕　〔別二-五三九〕

覚

一近年火事場人多に有之間、向後役人之外一切参ましき事

附、親類縁者方江見廻ハ可為各別事
一町中より火消に出るもの、早速火事場へかけ集り、手桶を持参、精を出し水を汲へし、火本近辺混乱いたし、或立やすらひ見物之族、或盗人有之者可搦捕之候、若及異儀者討捨たるへき事
一火事場江町人刀脇差をさすへからさる旨、此以前より停止之間、弥以かたく相守へき事
右之条々触知へし、違背之輩有之者、其町之年寄迄可為曲事者也
(延宝三年)卯五月六日　日向(黒印)
上京町代

四七【永】

覚

一正月晦日之夜、摂州川辺郡米谷村清澄寺江強盗入、住持并同宿壱人切殺、衣類少々盗取候而逃候ニ付、衣類之書付別紙ニ相添遣候間、右之もやうの衣類寸尺大方合候ハヽ、当月朔日より以来預り又ハ質に取候とも買候とも、早々可申来事
一朔日以来、町中之者之内手負有之歟、他所之ものにても手負候ものに宿借シ候ハヽ、早々可申来事
一日比見馴さるかんしやうなる非人、朔日以来居候ハヽ、其所ニ而令僉議不審於有之者、早々召連可来事
右之趣相改可申候、若隠置脇より相知候ハヽ、穿鑿之上急度曲事可申付者也
(延宝六年)午二月十五日　日向(黒印)
下京町中

「(別紙・貼継)
清澄寺ニ而盗候衣類品々
一白羽二重両面綿入小袖　壱
但、ゑりあか少付未洗
一浅黄羽二重裏白羽二重綿入小袖　壱
但、一度洗二三度着、ゑりあか少付
一加賀白羽二重両面綿入小袖　壱
但、未洗、後之腰雨水ニ而きわつき有、ゑりあか少付
長四尺四寸四分
右三つノ小袖　ゆき弐尺五分
袖下壱尺四寸四分
但、かねさしにて
一黒加賀絹裏白綿入ふり袖　壱

但、六七度着、丸ノ内ニ三つ柏もよきノ糸ニ而ぬいも
ん有
一白加賀絹両面綿入ふり袖　壱
但、ゑりあか少付
一同ふり袖　壱
但、ゑりあか少付
長三尺九寸七分
右三つノ小袖　ゆき壱尺九寸　但、かねさしニ而
袖下壱尺四寸七分
以上」

四八〔永〕

覚

一当四月廿四日之夜、御室領山城国葛野郡鳴滝之内福王子村
米屋藤右衛門与申者之所江、強盗十四五人程押込銭銀盗取、
右藤右衛門親了斉与申ものを切殺申候処ニ、悴藤右衛門鑓
ニ而盗人壱人突殺、藤右衛門も手を負候、右之盗人共家に
火を付逃のき候、手を負候者も有之候哉、道筋ニ少のり相
見へ候事
一四月廿四日以後、町中之者之内手負有之候欤、他所之者ニ
而も手負候ものに宿かし申欤、或不審成もの於有之者早ヽ
可申来事
一日比見なれさるがんじやう成非人、廿四日以後ニ居候者、
其所ニ而令僉議不審於有之者、早ヽ召連可来事
一被突殺候盗人、年比四十五六、せいハ大ふり成男、ふとり
しヽ、上ひけ有、むかふ歯壱枚無之、着物ハ表紬之花色無
紋、裏白紬、帯ハさんとめ、奥嶋ニ而有之事
一右書付之通之もの存当有之候欤、又ハ此年かつかうの男廿
四日以後行衛不知、廿四日之晩ニ其所に不居もの於有之者、
致吟味早ヽ可申来事
右之通ニ候間、不審成もの於有之者、早速可告来、若隠置脇
よりしれ候者、穿鑿之上急度曲事ニ可申付候間、町中幷寺社
方共ニ可相触者也
(延宝六年)午四月廿六日　日向(黒印)
上京 町代

之内、江戸江致持参、土屋相模守本多淡路守所江相達候様ニ
可被可被(衍カ)触之候、以上
六月(貞享年間カ)　日

貞享　二月二十一日改元

四九　　　　　　　　　　　　　　　歓喜町文書

*口上

一五月節供ニ結講(構)成のほりかふと出シ申事御停止ニ被仰付候、のほりの儀織物なと不及申、かふと具足なとニても金銀之箔ちらし申事、堅御停止被仰付候

子ノ四月廿五日

* この触は原本の記載順によれば貞享元年のものと思われる。

五〇【永】

覚

御当家御代〻之御朱印所持之寺社之輩者勿論、御一代之御朱印於令所持者、不依寺社領之多少、又者境内斗之雖為御朱印、此度御朱印可被下之旨被仰出候条、面〻領分并支配所に有之寺社之輩、御先代之御朱印に写を差添、今年七月より八月迄

元禄　九月三十日改元

五一　［文］

一宗対馬守御屋鋪
河原町三条上ル町
支配人　一ノ宮助左衛門殿
人参申請候時持セ遣候判形人
長浜屋
庄三郎
大文字屋
五郎左衛門
万屋
三郎兵衛
小間物屋
弥兵衛
人参壱匁ニ付五匁五厘宛
壱度ニ人参壱匁宛より外ハ調不申候
但シ病家之名
医師之名書付遣し可申事
（元禄三年）
十一月七日

宝永　三月十三日改元

五二　［月］

一自身番之儀、明朔日ゟ差免候旨、洛中洛外へ可触知者也、
但御所近辺去年ゟ自身番申付置候町ゝハ、其侭自身番相勤
候様ニ可申渡候事
（宝永六年）
二月晦日

正徳　四月二十五日改元

五三［月］

一町中諸商人看板其外表立候者、禁裏様御用仙洞様御用と書あらハし候類可書上旨被仰付候間、町内ニ在之候ハヽ、今明日中ニ其者之名商売之品書付、私宅迄可被指越候、無之候共其通書付、是又御越可有候、以上

（正徳元年）七月十一日　　町代

五四［月］

一此間方ゝ火はやく候、自火をも投火といつハり申族在之候、自今已後ハ吟味之上ニて投火をも自火同前たるへき間、随分火之用心念入可申者也、若於相背者年寄五人組迄可為曲事者也

（正徳三年）二月三日

五五（参）［永］

町代勤方

一京都町中ゟ御年頭為御礼、例年私共四人宛江戸江罷下り、正月三日御礼相勤、御目見仕御暇被為下候節、御銀拝領仕候事

一於江戸不時之御祝儀御座候節も罷下り、御目見仕御暇被為下候節、時服拝領仕候事

一公事訴詔日早朝ゟ御番所江罷出、御前江相詰御差図次第公事訴詔人之出入致させ申候、尤被召出候者ハ私共江被仰付、町ゝ江申渡出シ申候事

一洛中寺社方町方共諸事之御触等、幷何事ニよらす被仰渡候義、私共江被仰付、町ゝ江申渡候事

一御上洛幷御上使二条御番代り御宿割之節、罷出申候事

一禁裏御作事之節、町夫手伝人足幷加茂川筋京廻り土居藪御用之町夫申渡候事

一毎年二条御城御鑓矢之根磨之節、研屋共江申渡出シ申候事

一町中ゟ何事ニよらす御番所江訴出候儀取次申上候事

一町方寺社方ゟ江戸幷遠国江罷下り候女、御関所手形御願申上候節、私共相改、願書ニ加判仕差上ケ候事

一火事之節、不残罷出町夫人足支配仕、焼跡絵図ニ認差上候
事
一御検使并御闕所有之節罷出候事
一昼夜ニ不限町廻り御出候節罷出候事
一例年宗門改町々ゟ帳面取揃、惣勘定目録相添差上申候事
一洛中酒屋造株譲り替之節、私共加判仕指上申候事
一上下御灵神事之節、道筋支配懸り之町代罷出候事
一今宮神事之節、西陣支配懸り之町代罷出候事
一祇園会神事、七日ハ寺町大雲院、十四日ハ誓願寺、右両所
江従御所司警固御出シ候節、下京之町代右両所共罷出候事
一公事ニ付町代立会勘定被仰付候刻、私共立会、双方申分吟
味仕、目録相認させ差上候事
一町々年寄替り之節、筋目吟味仕、御帳面ニ判形致させ出候
事
一町々家売買之節、私共立会、町儀御定之外多取不申候様ニ
吟味仕、売券状ニ加判仕候事
一御月番切ニ町代部屋、昼之内下町代壱人宛相詰申候、并小
番之者ハ昼夜相詰申候事
一御目付様御在京中、其外御巡見御上京之節、下町代御案内
ニ罷出候事
一町中拝借米之節、私共江被仰付御米請取町々江割付相渡シ、
返納銀取集メ上納仕候事
一町中江御預ケ者有之候節、御意之趣申渡シ、預ケ手形取之
差上候事
一町代支配之寺社并年貢地之町家新家願之節取次之候事
一何事ニよらす辻固御警固御座候節罷出候事
右之外町方御用筋之儀、不寄何事私共ニ被仰付、夫々ニ御用
相勤申候ニ付、其品々委細ニ難書上御座候、以上
正徳四年午十一月　町代

五六【月】
巳年五畿内 播磨
一米五千七拾石余
右ハ大坂御蔵米現銀御売払入札有之候間、来ル廿九日朝五つ
時分、玉造御蔵へ家持請人召連参、米見届ケ、翌朔日入札披
候様ニ望之買人共へ可申触者也
（正徳五年）五月廿五日

五七【月】

口触

一本山山伏　当山山伏　冨士垢離山伏
右町内在之候ハヽ、本寺書付町代方迄、来朔日二日之内持参
可在者也
（正徳五年）五月廿九日

五八【月】

一賀茂川筋西堤荒神口上ル所、同下鴨口上ル所石垣蛇籠御修
復入札有之間、明十五日ゟ十八日迄之内、綾小路西洞院東
へ入町角倉甚平宅へ家持請人召連参、根帳写取、来十九日
安房屋敷にて札披候様ニ望之者共へ可相触者也
（正徳五年）八月十四日

五九【月】

一巳年越後米米千三百五千（ママ）石余
右者大坂御蔵米現銀御売払入札在之間、来ル十九日之朝五つ
時分、玉造御蔵へ家持請人召連参、米見届、翌廿日入札披候
様ニ望之買人共へ可申触者也
（正徳五年）八月十四日

六〇【月】

一去ル午年五畿内丹刕江刕米弐千六百七十石程
右ハ二条御蔵米現銀御売払入札有之候間、望之者ハ明十五日
より廿日迄、肥後屋敷へ家持請人召連参、米見届、根帳ニ付、
翌廿一日ニ札披候様ニ望之買人共へ可相触者也
（正徳五年）十一月十四日

享保　六月二十二日改元

享保元年

六一【月】

一賀茂川筋柊野下水除蛇籠并東堤二条上ル塵捨場蛇籠御修復入札在之候間、明朔日ゟ同五日迄之内、綾小路西洞院東へ入町角倉甚平宅へ家持請人召連参、根能（帳）写取、同六日肥後屋敷ニて札披候様望之者共へ可相触知者也

八月廿九日

六二【月】

一今度松平讃岐守殿上京逗留中、火之用心弥念入候様ニ町中裏借屋等迄急度可申触事

一上使町〻御通之節見世先へ出居申候者、又ハ通りニ通之町（ママ）人不作法無之様ニ可仕事

附、上使御通り之節道筋二階ニ人置申間敷候事

一上使御寄宿ゟ五町四方自身番、右御上着前夜ゟ御発駕当日暮迄、自身番念入仕候様ニ被仰付候

東ハ加茂川限　西ハ東洞院

北ハ押小路　南ハ高辻

九月十八日

六三【月】

一御上使御着前夜ゟ御発駕之暮迄、昼夜自身番可仕旨被仰付候、以上

東ハ加茂川　南ハ高辻通

西ハ東洞院　北ハ押小路

霜月十四日

享保二年

六四【月】

一此間風立候間、火之元之義麁抹無之様ニ可念入旨ニ町〻并裏借屋等迄急度可申渡旨、洛中洛外可相触者也

酉二月三日

六五 【月】

口触

一御進献之御蠟燭入札有之間、望者ハ明十五日小堀仁右衛門宅へ家持請人召連参、仕様帳写取、来十五日仁右衛門方ニて札披在之候間、売人共へ可相触者也

十二月十四日

享保三年

六六 【月】

一三条大橋小橋破損御修復入札在之間、明十六日ゟ中井主水宅へ家持請人召連参、記《ママ》根帳、仕様帳面写之、来ル廿二日於安房屋敷札披候様ニ望之売人ともへ可申触者也

九月十五日

六七 【月】

口触

一御払竹在之竹之品書付し遣候、望之者来月三日之朝五つ時分、西御役所へ入札持参可仕者也

御払竹積置候覚

一三拾四束　此竹数弐百七拾弐本　五寸廻竹

但、壱束ニ付八本ツヽ

一八拾八束　此竹数千五拾六本　四寸廻竹

但、束ニ付十二本ツヽ

一百四拾三束　此竹数四千九百卅五本　弐寸廻小竹

但、一束ニ付平均卅五本ツヽ

右者三口共北野神明町ニ積之

一笹枝　弐百廿六束

右ハ北野高橋上ル紙《ママ》谷川之内弐ヶ所ニ積之

一百十六束　此竹数千三百九十弐本　四寸廻竹

但、壱束ニ付十弐本宛

一百廿四束　此竹数四千三百四十本　弐三寸廻之小竹

但、壱束ニ付平均卅五本ツヽ

右弐口ハ西京領西岡道川原ニ積之

一笹枝　百拾六束

右者西京領右同所之西畑ニ積之

九月晦日

六八 〔月〕

一城加三栖堤重置腹付之御普請在之間、望之者入札家持請人召連、明後廿日四つ時ゟ廿五日朝迄、伏見石川備中守役所へ罷越、仕様帳写取可申候旨可申触者也

十一月十八日

六九 〔月〕

一妙法院宮薨去ニ付、今日ゟ来月二日迄三日之内、鳴物停止之旨、洛中洛外へ可相触者也

十一月廿九日

享保四年

七〇 〔月〕

一城州宇治御茶新壺之袋入札在之間、六日ゟ十三日迄之内、京蛸薬師室町西へ入町上林門太郎旅宿へ参、仕様覚書写取、来ル十六日門太郎宅ニて札披候様ニ望之売人共へ可申触者也

四月

七一 〔月〕

一明九日五つ半時、朝鮮人参向之道筋見分ニ御出被成候、町〻年寄五人組出向候様ニ被仰出候間、右刻限御出向可在之候、以上

九月八日　　町代

七二 〔月〕

一明十日五つ半時、朝鮮人参向道筋町御奉行様方御見分被遊候間、見世店をかたつけ、屛風立候処ニハ屛風を立、二階ニハ簾を掛、兎角朝鮮人通り候時之如くニ仕置可申事、尤年寄五人組ハ出向可申事*

一横町竹垣簀戸御通り之節立よせ置可申事

一朝鮮人通候節堂上方之御衆中、宮門跡方之御衆并ニ高貴ノ御方為御見物見セ店を御借り被成候ハヽ、誰人之通伝ニて借し申候や、又ハ其身御出入仕候故ニ借し候や、其訳書付町代方へ指出し可在之候事

九月九日　　町代

* 「此触ハ町ニよりて不参ノ方在之候由」と加筆がある。

七三 〔月〕

一明朔日朝鮮人使御所司様へ参候節、辻ゝニて喧𠵅口論無之物静ニいたし、且又見物之人数無作法無之様ニ可仕旨、急度申渡候様ニ被仰付候

十月廿九日

享保七年

七四 〔月〕

口上之覚

一町ゝ年寄判鑑指上候様ニ被仰付候間、明十八日私宅迄印判御持参可被成候、已上

二月十七日　　町代

七五 〔月〕

口上

一頃日申通候条、道具類切類所持之者町内ニ在之候哉、内ゝニて承合度之旨書付相廻候処、御公儀ゟ急度御改之様ニ風聞在之由ニ付、最早書付不及御越候条、左様ニ御心得可在之候、以上

五月朔日　　町代

七六 〔月〕

一二条御蔵敷之内会所并高塀御修復其外石垣被仰付候、望之者明廿八日廿九日両日之内、玉虫左兵衛方へ家持請人召連参、根帳写取、入札いたし候様ニ望之者へ可相触者也

六月廿六日

七七 〔月〕

口上

一此度町中へ御延売米先達而被仰渡候通上納銀無滞出し可申、借屋へハ家主へ受取申、米之内相対を以借シ候義勝手次第ニ可仕候旨被仰付候間、其御心得可在之候、以上

六月晦日

七八 〔月〕

口上覚

一宗門改帳、例年之通指上候様ニ被仰付候間、来ル廿五日迄
私宅へ御越可被成候、已上
八月朔日　　町代

七九［月］
口上
一明十日、町〻溝筋御見分在之間、年寄五人組出向居候様ニ
被仰付候条、其御心得可被成候、以上
八月九日　　町代

八〇［月］
口触
一頃日風立候間、火元之義随分念入候様ニ町〻裏借屋等迄急
度可申付候旨、洛中洛外端〻迄可相触もの也
十月五日

八一［月］
口上
一御用之義在之間、町〻年寄壱人五人与壱人来ル五日朝六つ
時、西屋敷へ罷出候様ニ被仰付候
一隙入不申事ニ候間、給物等持参仕間敷旨被仰付候
一大勢之事ニ候間、下人等召連候義無用可仕旨被仰付候
一年寄病気ニ候ハヽ五人与弐人罷出候様ニ被仰付候、右五日
朝刻限無相違可罷出候、為其如斯御座候、以上
十二月二日

享保八年

八二［月］
一大豆六百石余 子年五畿内
右ハ大坂御蔵大豆現銀御売払入札在之候間、望之者来ル廿三
日之朝五ツ時、玉造御蔵へ家持請人召連参り、大豆見届、翌
廿四日入札披立候間、此旨可相触者也、已上
正月十八日

八三［月］
一御土居藪御用之町夫壱軒ニ付銀三分六リンツヽノ積り、竹
伐人足高之通町切ニ取集メ、当十八日朝五ツ時ゟ八ツ時迄、

日暮通御城馬場上ル町東側御所司様御裏門へ町ゝ年寄壱人ツゝ右銀子并印判持参、藪方御役人宮本勘六殿、小野徳右衛門殿へ御渡シ可在之候、銀上包書様、何軒役、銀何匁、数何つ、町代誰持、何之通何之町年寄何屋誰
右之通銀子持参年寄麻上下を着シ、刻限無相違御出可在之候

二月十四日　　町代

八四【月】

口上

一普請願之義、願人斗訴状ニ印判仕罷出候様ニ先年被仰付候処、隣家之者加判致シ出し候願人も在之間、弥願人斗之印判にて絵図願書出シ候様、今一応申聞候様ニ被仰付ニ付、如此ニ候、以上

二月十七日　　町代　誰

八五【月】

口上

一菊御紋挑灯之義ニ付書付持参、来ル廿五日昼時分、東御役屋敷へ御出候様ニ可申渡旨、新家方ゟ被仰渡候間、案紙認遣し候

二月廿三日　　町代　誰

方角寺社方へ之名宛

口上書

一菊御紋挑灯、何之誰様ゟ何年以前、何ノ何月御寄附
右之通ニ御座候、今度御尋ニ付書付指上ヶ申候、以上

享保八年卯二月廿五日　　何之社
何何某印

御奉行様

何茂寺社方書付持参、役人中披見在之、各ゝ預り置候、重而自是可申入旨被仰渡、何茂退也

八六【月】

一宗旨帳二冊内一冊ハ中美濃紙ニて一冊ハ半紙ニて御認、来九月十六日十七日両日之内ニ御上ヶ可有候、以上
且又宗旨帳ニ付、町代衆ニ祝義之義御無用ニ候、左様ニ御心得可在候、以上

八月三日　　当町　亀甲屋町

八七　〔月〕

一宗門帳之指上候日限、来ル十六日朝飯後、東御役所へ持参
可被成候、但弐冊ともニ御持参

九月十日　　町代

八八　〔月〕

口触

一与次郎并非人等町方ニて婚礼其外諸祝義之節仏事抔之折、
銭を大クむさほり取候由、向後左様之事申族在之ハ、其者
留置可申来候事

十月廿五日

享保九年

八九　〔月〕

口触

一火所改之書付、明後廿二日四ツ時、東御屋敷へ御持参可被
成候、以上

閏四月廿日　　町代

九〇　〔月〕

一卯年近江米四拾八石余

右ハ大津御蔵米御売払入札在之間、望之者明二日ゟ家持請人
召連参、根帳ニ付、米見届、来ル八日豊前屋敷ニて札披候様
ニ可存其旨者也

六月朔日　　当町　東片町

九一　〔月〕

口上

一宗門人別帳、去年之通美濃紙帳壱通并半紙帳壱冊相認、来
ル九月十六日四つ時、西御役所江年寄五人組之内壱人御持
参可被成候、以上

但、月書ハ九月と可被成候、以上

八月七日　　町代

享保十一年

九二［月］

一火所改書付当町へ取集、来ル廿七日五つ時、年寄五人組之
内壱人、東御屋敷持参可仕旨被仰付候、以上
右之通火所書付被為仰付候、廿六日朝飯過ゟ八つ時分迄ニ当
町年寄方迄可被遣候
正月廿二日　塗師町

九三［月］

巳年伊予　肥前
一米千弐拾壱石
右者大坂御蔵米現銀御売払入札在之間、来ル廿五日之朝五つ
時、玉造御蔵へ罷越、御米見届、翌廿六日四つ時前、松平日
向守於御役所札披在之間、望之者ハ家持請人召連可罷出旨可
相触もの也
四月廿一日

九四［月］

一火所改メ書付、来ル廿六日四つ時分迄ニ当町へ御持参可被
成候、但日付ハ廿八日と御書付可被成候
五月廿三日　当町

九五［月］

一先達而御触在之候人数書、弥来ル六月四日五つ時、東御役
所へ持参可被成候
五月廿三日　町代

九六［月］

一火所改書付当町へ取集メ、廿九日五つ時、年寄五人組之内
壱人、東御役所へ持参仕候様ニ被仰付候、以上
九月廿六日

享保十二年

九七［月］

五畿内米
一米千五百石余
右者二条御蔵ニ而御払米在之間、入札望之者ハ明十五日ゟ同

十七日迄之内、玉虫左兵衛方へ家持請人召連参、根帳ニ付候
様ニ可相触もの也

四月十七日

九八［月］

一熊野山勧化物并勧化帳御添被成、来ル九日九つ時ゟ八つ時
迄、当町へ御持参可被成候、以上

五月四日　　当町 扇屋町

九九［月］

午年安芸 伊予 土佐 肥前 加賀
一米四千弐百六拾四石弐斗五升
午年五畿内
一米七千七百石余
右ハ大坂御蔵米現銀御売払入札在之間、望之者ハ来ル十六日
朝五つ時、玉造御蔵へ罷越、米見届、翌十七日四つ時入札披
在之間、家持請人召連罷越候様ニ可相触もの也

五月十四日

一〇〇［月］

午年五畿内 越後
一米六千八十石余
右ハ大坂御蔵米現銀御売払入札在之候、来月三日之朝五つ時、
玉造御蔵へ罷越、御米見届、翌四日四つ時、松平日向守於御
役所入札披在之間、望之者家持請人召連可罷越候旨可相触も
の也

七月廿九日

一〇一［月］

一筑後守三条組屋敷外側高塀之建直御普請入札在之間、望之
者ハ明五日ゟ同八日迄之内、筑後番所へ家持請人召連参、
根帳ニ付、仕様帳面写取、同十日筑後於番所札披候間、此
旨可相触もの也

八月四日

一〇二［月］

午年美作
一米千六百六十二石余
右ハ大坂御蔵米現銀御売払入札在之候、来ル十二日朝五つ時、
玉造御蔵へ罷越、米見届、翌十三日四つ時前、松平日向守於
御役所入札披在之間、望之者家持請人召連可罷越旨可相触も
の也

八月九日

一〇三［月］

口触

一両替町弐ヶ所家屋敷入札在之処、相止候旨被仰付候、以上

十二月五日　町代

一〇四［月］

午年五畿内
一米千百石程　外卅三番御蔵

右ハ二条御蔵米御売払入札在之間、望之者ハ来ル十七日迄之内、御蔵奉行跡部八郎兵衛方へ家持請人召連参、根帳ニ付、翌十八日御米見届、十九日於御蔵場札披在之候、代銀之義ハ来申正月廿五日切上納仕、米引取候様ニ可相触もの也

十二月十五日

享保十三年

一〇五［月］

口上

一鞍馬口黄檗派閑臥庵町々勧化ニ被廻候間、心次第ニ奉加可付候と被仰出候事

申五月七日　町代

一〇六［月］

一極上種油壱石壱斗

右現銀御買上ヶニ罷成候、望之者明後十四日四つ時、東御役所へ入札可致持参旨可申触事

五月十二日

一〇七［月］

*覚

未年
一米八百六十石余　外御蔵廿七番 廿九番

未年
一大豆百五十石　同断三十八番

内百石程　摂刕

五十石程　江刕

右者二条御蔵大豆御売払入札在之候、望之者来ル三日迄、奈佐清大夫方へ家持請人召連参、根帳ニ付、四日米大豆見届、翌五日於御蔵場札披在之候、右代銀皆上納之義ハ札披ゟ日数

七十日切上納仕、米大豆引取候様可相触者也
　七月朔日
＊この触は別二－補三二〇では判読できなかった文字が判明するため収録した。

一〇八〔月〕
一宗門人別改帳、例年之通美濃紙帳一冊半紙帳壱冊相認、来
ル九月十六日五つ時過、東御役所へ年寄ニ而も五人組ニて
も壱人持参候様ニ被仰付候、以上
　但シ、月付ハ九月と可被成候、以上
　八月五日　　町　代

一〇九〔月〕
　口　上
一町内ニ鍛冶屋在之候ハヽ、名前書付御越可被成候、尤有無
之義来ル十一日迄ニ御返事可被成候、以上
　九月五日

享保十四年

一一〇〔月〕
一北大原来迎寺町中相対勧化ニ相廻り度旨御願申上候処、願
之通御免被成候、右之趣町中へ相知らセ置可申旨被仰渡候
ニ付、如斯御座候、以上
　正月十五日　　町　代

一一一〔月〕
一廿一日廿六日御幸之御触状御出し被成候へとも、御延引之
旨被仰渡候ニ付申廻し候、以上
　正月廿一日　　町　代

一一二〔月〕
申年城刕　摂刕
一米六百石　　外御蔵三十七番
右者二条御蔵米現銀御売払入札在之間、望之者ハ来晦日迄之
内御米見届、奉行庄田主税方へ家持請人召連、根帳ニ付、翌
朔日御米見届、入札之義ハ六条新地米会所へ致封印相渡し可

申候、翌二日四つ時越中於御役所札披候間、右之旨可相触も
の也
三月廿六日

一一三〔月〕
一極上種油壱石弐斗
右現銀御買上ケニ罷成候、望之者明後三日四つ時、東御役所
へ入札持参可仕旨可申触候事
四月朔日

一一四〔月〕
一米六百石 申年城刕 摂刕　　外御蔵卅七番
右ハ二条御蔵米現銀御売払入札之儀ハ先達而相触候へとも、
延引之儀在之ニ付、此節入札申付候間、望之者ハ来ル六日迄
之内、御蔵奉行奈佐清大夫方へ家持請人召連参、根帳ニ付、
七日御米見届、入札之義ハ六条新地米会所へ致封印相渡し可
申候、翌八日四つ時越中於御役所札披候間、右之旨可相触も
の也
四月四日

一一五〔月〕
口上
一役料銀当暮取集候内半銀盆前請取候様被仰付候間、組町之
分御取揃、来ル十二日昼時迄之内、堀川夷川上ル惣会所へ
行事町ゟ御越可被成候、以上
壱軒役ニ弐分五リンツヽ
七月六日　　町代
拾七軒　　大坂材木町
右之通御認被成、明後十一日四つ時迄、行事町へ御越可
被成候、以上　　扇子屋町

一一六〔月〕
一宗門帳之義、来月十六日持参候様ニ先達而申遣候へとも、
来月十三日五つ時、西御役所へ持参指上候様ニ被仰渡候、
以上
八月廿六日

一一七〔月〕

一申年五畿内米九千六百七十石余
右ハ大坂御米現銀御売払入札在之候間、来ル十八日朝五ツ時、玉造御蔵へ罷越、御米見届、翌十九日四ツ時前、松平日向守於御役所札披在之候間、家持請人召連可罷出旨可相触者也
十一月十六日

享保十五年

一一八【月】

覚
一玉造酉年伊勢 伊与 出雲 薩摩米弐千六百七拾八石余
右ハ大坂御蔵米現銀御売払入札在之候間、来ル七日五ツ時、玉造御蔵へ罷越、御米見届、翌八日松平日向守於御役所四ツ時前札披在之候間、望之者家持請人召連可相越旨可申触者也
五月三日

一一九【月】

覚
一材木方
一日雇方
一小買物方
一張付方
一壁土方
右ハ二条御城中御破損御修復御入用之間、望之者明七日ゟ九日迄、寺町通丸太町上ル所中井主水方へ家持請人召連参、帳面ニ写取、来ル十一日四ツ時分於市小屋札披候間、此旨可相触者也
五月六日

一二〇【月】

一町代役料之義、去年之通半銀申来候
壱軒弐分九リン宛　拾七軒〆四匁九分三リン
右之銀子封印被成、来ル六日四ツ時当町へ御越可被成候、以上
七月三日　当町　扇屋町

一二一【月】

一宗門人別改帳、例年之通美濃紙帳壱冊半紙帳壱冊御認、来

ル九月十三日五ツ時、東御役所へ年寄五人与之内壱人御持参可有之候、以上

八月五日　町代　山中仁兵衛

一二二　【月】

口触

一先達而宗門帳被指上候日限十三日と申遣し候得共、去ゝ年之通当十六日五ツ時、東御役所へ御持参可被成候、以上

九月六日　町代

一二三　【月】

酉年越前
一米七千百石余

右ハ大坂御蔵米現銀御売払入札在之候間、来ル廿九日朝五つ時、玉造御蔵へ罷越、米見届、翌朔日四つ時、稲垣淡路守御役所ニて入札披在之間、望之者家持請人召連可罷越旨可相触者也

九月廿三日

一二四　【月】

酉伯耆　薩摩　越前　出雲
戌讃岐　豊前　豊後　伊与
一米六千九百廿四石余

右者大坂御蔵米現銀御売払入札在之候間、来ル廿九日朝五つ時、玉造御蔵へ罷越、米見届、翌卅日四つ時前松平日向守御役所ニて入札披在之候間、望之者ハ家持請人召連可罷越旨可相触者也

十月廿七日

一二五　【月】

一竹伐人足壱人ニ付銀壱匁宛町切ニ包ミ、行事町へ取集メ、来ル廿六日四つ時、行事町年寄壱人東御役所江持参指上ケ候様ニ被仰渡候

銀包紙上書

何十何人分
銀何十何匁　数何つ
町代山中仁兵衛
何通何之町年寄誰印
何通何之町
何屋誰包印

右之通御認可在之候、以上
十一月廿三日　町　代
右人足十三人分、明後廿五日四つ時迄、行事町へ御渡し可被成候
大坂材木町
行事町　姉小路木ノ下町

享保十六年

一二六〔月〕
一米五千石　酉ノ年畿内
右ハ大坂御蔵米御売払入札在之旨、来ル廿一日朝五つ時、玉造御蔵へ罷越、御米見届、翌廿二日四つ時前ニ稲垣淡路守御役所ニて入札披在之候間、望之者家持請人召連罷越候様ニ可相触者也
正月十九日

一二七〔月〕
一米七千三百五拾石余　酉年五畿内
右ハ大坂御蔵米現銀御売払入札在之候間、来ル十日朝玉造御蔵へ罷越、御米見届ケ、翌十一日四つ時於松平日向守御役所ニ入札披在之間、望之者家持請人召連罷越候様ニ可相触者也
二月八日

一二八〔月〕
一御所方御修復御用之石瓦紙類入札在之間、望之者来ル廿四日ゟ廿六日迄之内、小堀仁右衛門方へ参、根帳写取、入札仕候様ニ町中洛外へ可触知者也
二月廿一日

一二九 〔月〕

一北野松梅院類焼ニ付、志之寄進物請申候義を札ニ書記、門前ニ建置、寄進物請申度旨御願被申上、御免被遊候、諸方相対勧化と紛敷在之候故、先達而申廻候得共、又〻私共ゟ口上ニて申置候様ニ被仰渡候ニ付、如斯御坐候、以上

二月廿一日

一三〇 〔月〕

*一祇園社今度万灯執行仕度旨祇園社中ゟ御願被申上、万灯御免可被成候、志之輩万灯講可被致相対候、氏子之町〻江ハ相知らセ候様ニとの御(カ)事候、以上

町代

* この触は年月日を欠くが、原本の記載順にしたがう。

一三一 〔月〕

一江戸へ通し人足之儀入札申付候間、望之者ハ来ル十一日十二日両日之内、四つ時ゟ八ッ時迄西御役所へ参、書付写取、来ル十五日四つ時札披候間、家持請人致同道、右刻附入札被致持参事

右之通支配〳〵へ可申置候、以上

三月八日

一三二 〔月〕

口触

一牧野河内守殿御役屋敷三ヶ所御修復入札在之候由、望之者明十二日ゟ十八日迄之内、寺町通丸太町上ル所中井主水方へ家持請人召連参、根帳ニ付、仕様帳写取可申候、札披之義ハ主水方ニて承合候様ニ可相触者也

三月十一日

一三三 〔月〕

酉ノ年五畿内
一米七千四百五拾石

右者大坂御蔵米現銀御売払入札有之間、来ル十五日朝五つ時、玉造御蔵へ罷越、米見届、翌十六日四つ時前、稲垣淡路守御役所ニて入札披有之候間、望之者家持請人召連罷越候様ニ可相触者也

三月十三日

一三四 〔月〕

口上

一明廿一日禁裏御能ニ付、役者今夜丑之刻御案内致候間、町中木戸へ無問取早速通候様ニ被仰渡候、以上

三月廿日　町代

一三五 〔月〕

口触*

一近日御皇御所御幸ニ付、火之元之儀町ゝ裏借屋等迄随分入念可申候

右之通洛中洛外へ急度可触知者也

四月

* 「此口触ノ書様前後」と加筆がある。

一三六 〔月〕

一材木方　日雇方　小買物方　張付方　壁方

右ハ二条御城内御破損御修復御入用之間、望之者明三日ゟ六日迄之内、寺町通丸太町上ル所中井主水方へ家持請人召連参り、帳面写取、来ル九日於市小屋札披在之候間、此旨可相触者也

五月二日

一三七 〔月〕

一米五百十石余 酉年五畿内 長門

右ハ大坂御蔵米現銀御売払入札在之候間、来ル十四日朝五つ時、玉造御蔵へ罷越、米見届、翌十五日四つ時、稲垣淡路守於御役所入札披在之間、望之者家持請人召連罷越候様ニ可相触者也

五月十一日

一三八 〔月〕

一伏見豊後橋御掛置(直)在之候間、明十九日ゟ六月朔日迄之内、望之者北条遠江守方へ罷出、根帳ニ付写取、同十一日伏見於御役所札披在之候間、家持請人召連、朝五つ時入札持参可仕旨可相触者也

五月十八日

一三九［月］

戌年作劢
一米九百弐拾五石程　　廿五番外御蔵
右ハ二条御蔵米現銀御売払入札在之候間、望之者来ル七日迄
之内、御蔵奉行奈佐清大夫方へ家持請人召連参、根帳ニ付、
翌八日御米見届、入札之義致封印、六条新地米会所へ持参相
渡し可申候、札披之義ハ同九日四つ時越中於御役所披之候間、
右之旨可相触者也
　　六月三日

一四〇［月］

戌年五畿内
一米千六百七拾三石余
右ハ二条御蔵へ御払米在之候間、望之者ハ明十二日ゟ小堀仁
右衛門方へ家持請人召連参、根帳ニ付、来ル十六日御米見届、
札披日限之義ハ仁右衛門方ニて承合候様ニ可致旨可相触者也
　　六月十一日

一四一［月］

戌年長門　播磨　筑後　備中
一米壱万百三拾壱石余
同　美作　豊後　豊前　丹波
一米千五百弐拾壱石余
右ハ大坂御蔵米現銀ニ御売払入札在之候間、来ル十五日朝、
玉造御蔵へ罷越、米見届、翌十六日四つ時、松平日向守於御
役所入札披在之候間、望之者ハ家持請人召連罷越候様ニ可相
触者也
　　六月十三日

一四二［月］

戌年近江
一米九百九拾石余
右ハ大津御蔵米現銀ニ御売払入札在之候間、望之者明廿日ゟ
来ル廿三日迄之内、大津鈴木小右衛門方へ家持請人召連、根
帳ニ付、米見届、入札致封印、六条新地米会所へ持参相渡し
可申候、札披之義ハ同廿五日四つ時、越中於御役所ニ披之候
間、右之旨可相触者也
　　六月十九日

一四三［月］

戌年作劢
一米八百石余　　外御蔵廿九番
右ハ二条御蔵米現銀御売払入札在之候間、望之者明廿三日ゟ
来ル廿六日迄之内、御蔵奉行奈佐清大夫方家持請人召連罷越、

根帳ニ付、翌廿七日米見届、入札致封印、六条新地米会所へ持参相渡し可申候、同廿八日四つ時前、越中於御役所札披之候間、右旨可相触者也

六月廿六日

一四四［月］

一米六百八十五石程　戌年丹波　外御蔵卅二番

右ハ二条御蔵米現銀御売払入札在之候、望之者明十九日ゟ廿日迄之内、御蔵奉行水野金兵衛方へ家持請人召連罷越、根帳ニ付、翌廿一日米見届、入札致封印、六条新地米会所へ相渡し可申候、同廿二日朝、越中於御役所札披在之候、右之旨可相触者也

七月十八日

一四五［月］

一東福寺門前一二三之橋掛直し入札在之候間、望之者明廿五日ゟ寺町丸太町上ル処中井主水方へ家持請人召連、根帳ニ付、仕様帳写取、来月三日四つ時前、越中於役所札披候間、此旨可相触者也

七月廿四日

一四六［月］

口触

一光照院宮薨去ニ付、今晩ゟ明後廿八日迄、鳴物停止申付候間、洛中洛外ニ可相触者也

但、普請ハ無構

七月廿六日

一四七［月］

一嵯峨黒木其外割木払入札在之間、望之者ハ嵯峨へ参り、御運上場根帳ニ付、来月四日東御役所江入札持参可申事

七月廿七日

一四八［月］

一米五千百三十石余　戌年美作　豊後　豊前　長門

右者大坂御蔵米現銀御売払入札在之間、来ル九日朝五つ時、玉造御蔵へ罷越、御米見届、翌十日四つ時前、松平日向守御役所ニ而入札披在之間、望之者家持請人召連罷越候様ニ可相

触もの也
八月七日

一四九［月］

戊午摂刕
一米弐百四石　外御蔵弐拾八番
同断作刕
一米五百卅三石余　同断拾九番

右者二条御蔵米現銀御売払入札在之間、望之者明八日ゟ御蔵奉行海野源五郎方へ家持請人召連罷越、根帳ニ付、同十日米見届、入札致封印、六条新地米会所持参相渡可申候、同十八日四つ時前、越中於御役所札披候間、右之旨可相触者也
八月七日

一五〇［月］

一城刕淀小橋孫橋御修復入札在之間、望之者明十六日ゟ廿二日迄之内、寺町通丸太町上ル処中井主水方へ家持請人召連、根帳ニ付、仕様帳写取、同廿三日四つ時、越中於御役所札披候間、右之通可相触もの也
八月十五日

一五一［月］

戊午美作　豊後　豊前　長門
一米五千百三拾石余

右者大坂御蔵米現銀御売払入札在之間、来ル十八日之朝五つ時、玉造御蔵へ罷越、御米見届、翌十九日朝四つ時前、松平日向守於御役所入札披在之間、望之者家持請人召連罷越候様ニ可相触もの也
八月十六日

一五二［月］

一江刕志賀郡追分大善関(谷)寺幷馬場村松本村御林山松茸御払成候間、望之者ハ大津鈴木小右衛門方へ参、根帳ニ付、入札相認、来ル廿五日四つ時、越中於御役所札披候間、家持請人召連罷出候様ニ可相触もの也
八月廿日

一五三［月］

一油小路一条橋御修復入札在之間、明廿二日ゟ廿四日迄ノ内、寺町通丸太町上ル所中井主水方へ家持請人召連参、根帳ニ付、仕様帳写取、来ル廿七日四つ時、越中於御役所入札披

在之間、望之者共へ可申触もの也

八月廿一日

一五四［月］

一二条御城内東西番頭并両組番衆、次ニ与力同心小屋三ヶ年ニ御修復入札在之間、望之者ハ来ル廿五日ゟ九月七日迄之内ニ、寺町丸太町上ル町中井主水方へ家持請人召連参、根帳ニ付、仕様帳写取、札披之儀ハ主水方ニて承合候様可相触もの也

八月廿三日

一五五［月］

戌年美作 豊後 豊前 長門

一米五千百三拾石余

右者大坂御蔵米現銀御売払入札在之間、来ル廿八日朝五つ時、玉造御蔵へ罷越、御米見届、翌廿九日四つ時、松平日向守御役所ニて入札披在之間、望之者家持請人召連罷越候様可相触もの也

八月廿六日

一五六［月］

一二条御蔵奉行水野金兵衛御役所御修復入札在之間、望之者明廿八日ゟ寺町通丸太町上ル町中井主水方へ家持請人召連参、根帳ニ付、仕様帳写取、来月四日越中於御役所札披候間、此旨可相触もの也

八月廿七日

一五七［月］

一河内国誉田八幡社修理ニ付、勧化御免社僧共五畿内巡行候処ニ、於在々端々人馬并宿等滞之旨江戸表江相願候由、御領私領共ニ人馬并宿等相対を以賃銭取之、指支無之様ニ可致之旨江戸ゟ到来候間、右之趣洛中洛外へ可相触もの也

八月廿八日

一五八［月］

一賀茂川筋五条橋下ゟ毛穴井迄所々蛇籠敷石并御用水溝筋竹垣共破損御修復入札在之間、望之者来十五日迄之内、小川通御池上ル町角倉甚平方へ家持請人召連、根帳ニ付、仕様帳写取、同十九日四つ時分、越中御役所へ入札持参可仕旨

可相触もの也

九月十日

一五九［月］

一枝柴千百五拾七束

一葉柴九百五拾束

一枝木三百八拾四束

一下苅柴七百五拾八束

一竹枝百六拾三束

一ねそから八束

右者加茂川西堤筋ニ在之候品〻御払入札在之間、望之者ハ明十一日ゟ小川通御池上ル町角倉甚平方へ家持請人召連参、根帳ニ付、右之品〻見届、来ル十九日四つ時分、越中御役所へ入札持参可仕旨可相触もの也

九月十日

一六〇［月］

戊年豊後　長門　備前
一米四千六百三石三斗

右者大坂御蔵米現銀御売払入札在之間、来ル十三日朝五ツ時、玉造御蔵へ罷越、御米見届、翌十四日四ッ時分、稲垣淡路守御役所ニて入札披在之間、望之者家持請人召連罷越候様ニ可相触もの也

九月十一日

一六一［月］

口上

一明十六日朝六ッ時半ニ宗旨帳指上ケ申候間、神泉苑町桔梗屋伝右衛門殿方へ半紙帳御持参可被成候、以上

九月十五日　当町　丸木材木町

一六二［月］

戊年播磨　備後　越前　筑前
一米九千弐百九拾石余

右者大坂御蔵米現銀御売払入札在之、来廿五日朝五つ時、玉造御蔵へ罷越、御米見届、翌廿六日稲垣淡路守御役所にて入札披在之間、望之者ハ家持請人召連罷越候様ニ可相触もの也

九月廿三日

一六三［月］

十五日入札
一九束　但、九寸廻り
一八十束　但、七寸廻り
一五百十七束　但、六寸廻
一六百七十九束　但、五寸廻り
一百八十七束　但、四寸廻
一九拾九束　但、束竹
一百拾九束　但、なよ竹
一千九百拾一束　但、笹竹
一十六束　但、ねそから
　　竹千六百八十五束
　合笹枝千九百十一束
　　ねそから十六束
十六日入札
一葉柴　　壱万弐千九百六十三束
一下刈　六千弐百八十五束
一はい木　弐百四束
一元木　十六束
　合
右者御土居藪竹并右品〻御払入札在之間、望之者ハ来ル十一日ゟ川原町二条下ル町角倉与市方へ家持請人召連参、根帳ニ付、品〻見届、来ル十五日十六日朝四ツ時、与一方ニて入札披在之候間、此旨可相触もの也
　　十月九日

一六四　［月］
戌年備前 長門
一米弐千百八十九石弐斗六升弐合
右者大坂御蔵米現銀御売払入札在之間、来十九日朝五ツ時、玉造御蔵へ罷越、御米見届、翌廿日四ツ時前、松平日向守御役所ニて入札披在之間、望之者家持請人召連罷越候様ニ可相触もの也
　　十月十七日

一六五　［月］
戌年山城
一米千六拾七石余
右ハ大津御蔵米現銀御売払入札在之間、望之者ハ来ル廿二日迄之内、大津鈴木小右衛門方へ家持請人罷越、根帳ニ付、同廿三日御米見届、入札封印致し、六条新地米会所へ持参相渡し可申候、同廿四日四ツ時前、於越中御役所札披候間、此旨可相触もの也

十月十七日

一六六　【月】

戊午五畿内
一米千四十弐石　　外御蔵十八番

右者二条御蔵米現銀御売払入札在之間、望之者来ル廿日迄之内、御蔵奉行水野金兵衛方へ家持請人召連罷越、根帳ニ付、同廿一日御米見届、入札致封印、六条新地米会所へ持参相渡し可申候、同廿二日四ツ前、於越中御役所札披候間、此旨可相触もの也

十月十七日

一六七　【月】

一加茂川筋今出川下ル砂川筋蛇籠破損御修復入札在之間、望之者来ル廿三日之内、寺町通丸太町上ル所中井主水方へ家持請人召連参、根帳ニ付、仕様帳写取、同廿四日越中御役所へ入札持参可仕旨可相触者也

十月廿一日

一六八　【月】

一智(知)恩院御灵屋御門御造替其外所々御修復并練塀木柵共両様入札在之間、望之者明二日ゟ四日迄之内、寺町丸太町上ル所中井主水方へ家持請人召連参、根帳ニ付、仕様帳写取、同八日四ツ時分、越中於御役所札披在之間、此旨可相触もの也

十一月朔日

一六九　【月】

一中立売堀川橋御修復入札在之間、望之者明二日ゟ四日迄之内、寺町丸太町上ル所中井主水方へ家持請人召連参、根帳写取、来ル六日四ツ時前、越中於御役所札披在之間、此旨可相触もの也

十一月朔日

一七〇　【月】

戊午五畿内
一米九百五拾七石五斗　　外御蔵廿一番

右者二条御蔵米現銀ニ御売払在之間、望之者来ル八日迄之内ニ、御蔵奉行海野源五郎方へ家持請人召連罷越、根帳ニ付、同九日御米見届、入札致封印、六条新地米会所へ持参相渡し

可申候、翌十日四ツ時前、越中於御役所札披候間、此旨可相触もの也
　十一月四日

一七一〔月〕

一三束　但、八寸廻
一卅一束　但、七寸廻
一弐百九拾八束　但、六寸廻
一弐百三拾三束　但、五寸廻
一六拾六束　但、四寸廻
一四拾束　但、束竹
一四拾弐束　但、なよ竹
一弐百卅束　但、笹竹
一拾弐束　但、ねそから
　竹七百三束
　合笹竹弐百卅束
　　ねそから十弐束
一葉柴　弐千四百十三束
一下刈　千三百八拾八束
一はい木　百八拾八束

右者御土居藪竹并品々御売払入札在之候、望之者来ル十二日ゟ川原町二条下角倉与市方へ家持請人召連、根帳ニ付、右品々見届、同十六日四ツ時、与市方ニ而札披在之候間、此旨可相触もの也
　十一月十日

一七二〔月〕

一建仁寺町通鞘町通五条下ル町音羽橋弐ヶ所掛直入札在之間、望之者明十四日ゟ十七日迄、寺町通丸太町上ル所中井主水方へ家持請人召連参、根帳ニ付、仕様帳写取、来ル廿日四ツ時前、越中於御役所札披候間、此旨可相触もの也
　十一月十三日

一七三〔月〕

一千本通松原中堂寺領橋掛直し弐ヶ所入札在之間、望之者明廿六日ゟ寺町丸太町上ル所中井主水方へ家持請人召連参、根帳ニ付、仕様帳写取、来ル廿九日四ツ時前、越中於御役所札披在之間、此旨可相触もの也

十一月廿五日

一七四　［月］
一種油弐石弐斗　但シ、壱斗ニ付代銀何程
右者二条御城内御入用灯油、来ル子ノ正月ゟ極月迄十三ヶ月分、（毎月ゟ極《マ》月迄十三《マ》ヶ月分）毎月御入用次第油指上ケ、代銀七月極月両度小堀仁右衛門方ニ而請取申候積り、望之者明四日ゟ六日迄筑後御役所へ参、根帳ニ付、来ル八日九ツ時札披在之間、家持請人召連罷出候様ニ可相触もの也

十二月三日

一七五　［月］
戌年近江
一米七百七拾石余
右者大津御蔵米現銀御売払入札在之間、望之者ハ明後五日迄、大津鈴木小右衛門方へ家持請人召連罷越、根帳ニ付、来七日ニ米見届、入札之儀ハ封印致候て、六条新地米会所へ相渡し可申候、同八日四時迄ニ筑後於御役所札披在之候間、此旨可相触もの也

十二月三日

一七六　［月］
戌年五畿内
一米六百卅壱石　　二ノ丸御台所　七番御蔵
一同五百四拾七石五斗　　同断　八番御蔵
右者二条御米現銀御売払門落入札在之間、望之者ハ来ル十日迄、御蔵奉行奈佐清大夫方へ家持請人召連参、根帳ニ付、翌十一日米見届、入札之義ハ封印致シ、六条新地米会所へ相渡し可申候、同十二日四ツ時、筑後於御役所札披候間、右之旨可相触もの也

十二月六日

一七七　［月］
戌年備前　讃岐　丹波　越前
一米四千八百三拾石余
右者大坂御蔵米現銀御売払入札在之間、来ル十日朝五ツ時、玉造御蔵へ罷越、御米見届、翌十一日四ツ時、松平日向守御役所ニて札披在之間、望之者家持請人召連罷越候様ニ可相触もの也

十二月八日

一七八 [月]

一鞘町五条下ル音羽橋御掛直、明後十一日ゟ取掛候間、御普請中牛馬往来指留り候間、此旨可相触もの也

十二月九日

一七九 [月]

一町々ニふいこ致所持候職人在之候ハヽ、名前并大ふいこハ寸尺書付指上候様ニ被仰付候間、右職人有無之訳、其人之商売躰、来ル十六日迄ニ私宅へ御越可被成候、以上

十二月九日　町代

一八〇 [月]

一建仁寺町五条下ル音羽橋御掛直シ明十五日ゟ取掛り候ニ付、御普請中人馬共ニ往来指留候間、此旨可相触もの也

十二月十四日

享保十七年

一八一 [月]

一水飛制法粉辰砂之義、先達而商売停止申付、荒辰砂ニて只今迄商売いたし候へとも、左候てハ病用之間ニ合兼候ニ付、自今和薬改所ニて水飛制法いたし候粉辰砂包置封印いたし商売いたし候間、所々薬種屋とも先々へ売遣し候とも、和薬改所ニて包候封印之侭商売致し候様ニ可仕候、封印無之粉辰砂致商売候者於在之ハ、和薬改所ゟ申出候様ニ申付候、右之趣相守可申候、若シ違背候者在之候ハヽ、吟味之上曲事可申付候

正月十二日

右之通江戸表ゟ相触候間、於当地も洛中洛外へ可相触者也

正月十二日

一八二 [月]

一米五千六百拾九石余（戌年豊前 越前）

一大豆七百弐十八石（酉年五畿内 播磨）

右者大坂御蔵米大豆現銀御売払入札在之候、来ル十四日朝五ツ時、玉造御蔵へ罷越、御米大豆見届、翌十五日四ツ時、稲垣淡路守於御役所入札披在之間、望之者家持請人召連罷越候様ニ可相触もの也

正月十二日

一八三 [月]

一風立候間、火之元随分入念可申旨、洛中洛外町続裏借屋迄
急度可相触もの也

正月十二日

一八四 [月]

*口上覚

一嵯峨法輪寺本堂修復并渡月橋為修造、洛中洛外相対之上、
米袋勧度旨相願候処、願之通被仰付候、依之彼寺之僧可被
致巡行候間、右之趣我々共ゟ相知らセ置候様ニ被仰渡候、
以上

二月朔日　町代

* この触は別二一-補三二三と同文であるが、日付が明記されているため再録した。

一八五 [月]

口上覚

一嵯峨黒木其外割木入札在之間、望之者ハ嵯峨へ参、御運上
場根帳ニ付、来月四日西御役所へ入札持参可申事

二月朔日　町代

一八六 [月]

一二条入道前関白殿薨去ニ付、明後十二日ゟ三日鳴物停止候
間、洛中洛外可相触もの也

二月十日

一八七 [月]

一西陣扇子町大応寺境内ニ在之候陵柵(ママ)并石垣、葛野郡小野郷
上村下村在之候陵弐ヶ所御入用入札在之間、望之者在之候
ハヽ、中井主水方ニて根帳ニ付、来ル十六日五ツ時、西御
役所へ入札持参候様ニ可申触事

二月十三日

一八八 [月]

一米弐千七百八石　戊年豊後 豊前

右者大坂御蔵米現銀御売払入札在之間、来十五日朝五ツ時、
玉造御蔵へ罷越、米見届、翌十六日四ツ時前、於松平日向守
御役所入札披在之間、望之者ハ家持請人召連罷越候様ニ可相

触もの也

二月十三日

一八九［月］

戌年備前 長門

一米七千弐百四拾石余

右者大坂御蔵米現銀御売払入札在之間、来ル十九日朝五ツ時、玉造御蔵へ罷越、御米見届、翌廿日四ツ時、松平日向守於御役所入札披在之間、望之者家持請人召連罷越候様ニ可相触もの也

二月十七日

一九〇［月］

一為年頭御礼去暮年寄町代江戸へ罷下り候処、御入輿御祝義も相兼、年始一所ニ献上物指上ヶ候付、右入用洛中洛外惣寺社門前境内并町中へ割懸ヶ

壱軒役ニ付弐分八リン三毛八ツヽ可出之

右者去冬出し候役数之通町切ニ取集、堀川通夷川上ル町町代会所へ行事町ゟ持参いたし、請取書を取可申者也、右之通壱軒役ニ付弐分八リン三毛八ツヽ町切ニ取集、来ル三月六日四ツ時、行事町ゟ御持参可在之候、以上

三月四日

一九一［月］

戌年越前

一米六千七百五拾石余

右者大坂御蔵米現銀御売払入札在之間、来ル廿八日朝四ツ時、玉造御蔵へ罷越、米見届、翌廿八日四ツ時、稲垣淡路守御役所ニて入札披在之間、望之者家持請人召連罷越候様ニ可相触もの也

三月廿五日

一九二［月］

戌年美作 豊後 豊前

一米七千百拾石余

右者大坂御蔵米現銀御売払入札在之間、来ル廿一日之朝五ツ時、玉造御蔵へ罷越、御米見届、翌廿二日四ツ時前、稲垣淡路守御役所ニて入札披在之間、望之者家持請人召連罷越候様可相触もの也

四月十八日

一九三　〔月〕

一材木方　日雇方　小買物方　張附方　壁方

右者二条御城中御破損御修復御入用之間、望之者明十二日ゟ十五日迄之内、寺町通丸太町上ル処中井主水方へ家持請人召連参、根帳写取、来ル廿一日於市小屋札披在之間、此旨可相触もの也

五月十一日

一九四　〔月〕

戌年美作
一米六千五百三拾石余

一散米

右者大坂御蔵米現銀御売払入札在之間、来ル十四日之朝五ツ時、玉造御蔵へ罷越、米見届、翌十五日四ツ時前、稲垣淡路守於御役所入札披在之間、望之者ハ家持請人召連罷越候様ニ可相触もの也

五月十一日

一九五　〔月〕

覚

亥年五畿内
一米千六百四拾八石余

右者二条御蔵米御払米在之間、望之者ハ明廿二日ゟ小堀仁右衛門方へ家持請人召連参、根帳ニ付、来ル廿六日米見届、札披之儀ハ仁右衛門方ニて承合候様ニ可相触もの也

閏五月廿一日

一九六　〔月〕

亥歳近江
一米千八拾三石余

右者大津御蔵米現銀御売払入札在之間、望之者来月朔日ゟ同三日迄ノ内、大津鈴木小右衛門方へ家持請人召連参、根帳ニ付、同四日米見届、同五日四ツ時於筑後御役所札披候様、此旨可相触もの也

後五月卅日

一九七　〔月〕

亥年越前　美作　備後
一米六千九百六拾石余

右者大坂御蔵米現銀御売払入札在之間、来ル廿七日朝五ツ時、玉造御蔵へ罷越、御米見届、翌廿八日四ツ時前、於稲垣淡路守御役所入札披在之間、望之者ハ家持請人召連罷越候様ニ可

相触もの也

六月廿五日

一九八　【月】

口触

役料半銀
一四匁九分三リン　此銀弐包上封銀の御書付可
戌年増銀半銀
一三匁弐分三リン　被遣候、其通共指遣し申候

〆八匁壱分六リン

右之通唯今申来候、明二日昼時分ニ無相違御指出し可被成候

七月朔日　当町　杉屋町

一九九　【月】

亥年摂劦
一米六百七拾六石　外御蔵廿四番
同年丹波
一米五百拾三石五斗　同断　卅六番

右者二条御蔵米御売払門落入札在之間、望之者来ル十六日迄内、御蔵奉行海野源五郎方へ家持請人召連参、根帳ニ付、同十七日米見届、同十八日四ツ時ニ於筑後御役所札披在之間、代銀之儀ハ札披キより日数五十日を限り上納仕、米引取積り入札候様ニ可相触知者也

七月十三日

二〇〇　【月】

亥年丹後　越前
一米六千七拾石余

右者大坂御蔵米現銀御売払在之間、来十八日朝五ツ時、玉造御蔵へ罷越、米見届、翌十九日四ツ時前、稲垣淡路守御役所ニて入札在之間、望之者家持請人召連罷越候様ニ可相触もの也

七月十三日

二〇一　【月】

一二条御蔵奉行阿部三郎右衛門御役屋敷破損所取繕入札在之候間、望之者来ル廿六日迄之内、寺町丸太町上ル所中井主水方へ家持請人召連参、根帳ニ付、仕様帳写取、同廿七日四ツ時、筑後御役所ニて札披候間、此旨可相触者也

七月廿三日

二〇二　【月】

一江劦滋賀郡追分大谷関寺并馬場村松下村御林山松茸御払ニ

成候間、望之者大津鈴木小右衛門方へ参、根帳ニ付、入札相認、来ル八月四日四ツ時、於筑後御役所札披候間、家持請人召連罷出候様ニ可相触もの也

七月晦日

二〇三［月］

覚

一嵯峨黒木其外割木払入札在之間、望之者ハ嵯峨へ参り、御運上場根帳ニ付、来五日西御役所へ入札持参可申事

八月二日

二〇四［月］

一米六千百廿石余 亥年丹波 美作 備中

右者大坂御蔵米現銀御売払入札在之間、来ル十二日朝五ツ時、玉造御蔵へ罷越、米見届、翌十三日四ツ時前、稲垣淡路守御役所ニて入札披在之間、望之者家持請人召連罷越候様ニ可相触もの也

八月十日

二〇五［月］

一去ル五日以来左之書付衣類質物ニ取候歟、或ハ買求又ハ預り置候者在之候ハヽ早々可申出候、惣而右之類是迄相触候得とも一向不申出候、畢竟質屋古手屋方ニ在之候ても隠置不申義と相聞へ不届ニ候、急度遂吟味可訴出候、此旨洛中洛外町々并質屋古手屋裏借屋等迄可相触もの也

紋さや紫の着物　裏紅

丹後嶋着物　裏浅黄　もへきはつかけ

白茶小紋着物　裏日野きぬ白

茶ちりめん着物　裏紅もやうふちの三ツ巴色糸ニて縫、裾もやう垣

白むく振袖袷

丹後嶋振袖着物　うら紅

袖下嶋袷　裏ちやいろきぬ

松坂嶋着物　うらきぬもへき

地花色しよつかう模様振袖羽織　裏紅

丹後嶋振袖羽織　うら白きぬ

木綿大名嶋小布子　うら茶色

木綿うけおり帯

紺木綿袷　茶裏はつかけ
白日野絹
もへきとんす帯
緋ちりめん　きやふ
緋とんす帯
白かゝ　きやふ
惣数十八品
九月十一日

二〇六［月］

一米四百拾石（亥年五畿内）　外御蔵卅六番
一米六百石（同断）　同廿番
一大豆百石（亥年摂刕）　同卅二番
右者二条御蔵米大豆現銀御売払門落入札在之間、望之者来ル十六日迄ニ御蔵奉行奈佐清大夫方へ家持請人召連参、根帳ニ付、翌十七日米見届、同十八日四ツ時前、伊賀守於御役所札披候間、右之趣可相触もの也
九月十二日

二〇七［月］

一此度於泉涌寺御廟所御重塔御石灯籠御花瓶台石柵亀之甲敷石、御塔外廻り石柵等被仰付候間、望之者ハ明十四日ゟ大宮通三条上ル町多羅尾治左衛門旅宿へ家持請人召連罷越、根帳ニ付、札披之義ハ治左衛門方ニ而承合入札致持参候様ニ洛中洛外幷白川村へも可相触もの也
九月十三日

二〇八［月］

一此度泉涌寺御廟所廻り石垣入札在之間、望之者明十六日三条通西新地石原清左衛門方へ家持請人召連罷越、根帳ニ付、仕様帳写取、場所見届之上日限承合、入札致持参候様ニ洛中洛外へ可相触もの也
九月十二（ママ）日

二〇九［月］

一米四百九十弐石（亥年五畿内）　二ノ丸御台所前　壱番御蔵
一（同）米七百四拾九石　同所　三番御蔵
〆千弐百四拾壱石

右者二条御蔵米御売払門落入札在之間、望之者来ル廿五日迄
御蔵奉行奈佐清大夫方へ家持請人召連参、根帳ニ付、翌廿六
日米見届、同廿七日四ツ時前、伊賀於御役所札披候様ニ右之
趣可相触もの也
九月廿三日

二一〇 【月】

一晒地白惣模様　　せうゑんし入　五ツ
長サ四尺弐寸
ふり袖　片身片袖
翠簾ニこうほね、つるニ折紅葉のもやう、糸桜ニ短冊雪輪
ニつくしのもやう
翠簾ニこうほね、つるニくすの花ニかい桶の模様
萩ニ竹扇子、地紙梅の立木のもやう
萩ニ桔梗紅葉の立木草花のもやう
一同地浅黄惣模様　せうゑんし入　壱ツ
長サ四尺弐寸　振袖　片身片袖
糸桜ニ笹、水に草花のもやう
一同地白裾模様
長サ四尺弐寸
水ニかきつはたのもやう
つい立ニ菊の模様
一地平地白惣模様　片身片袖　壱ツ
長サ四尺弐寸　ふり袖
桜の立木、雪輪ニ菊の模様
一同地白裾模様　　両身斗　三ツ
長サ四尺弐寸
水ニ橋山吹の模様、水ニ紅葉の立木の模様
水ニいせきニ山吹の模様
一同地白裾模様　　両身斗　八ツ
長サ三尺八寸
くすの葉の模様　　てうしゆんの模様
菊つるのもやう　　桔梗つるのもやう
古林菊つるの模様
菊つるの模様　　くすの葉の模様
一同地白惣模様　　せうゑんし入　壱ツ
長サ四尺　両身斗
いこうニ梅の立木の模様

一晒地白形浅黄両面小紋片身斗　九表
　長サ四尺
水ニちとり小紋　松葉ニさくら
稲妻ニ紅葉　ことちニ梅の折枝
松葉ニもみち　ふきよせ小もん
かきに石竹　松葉ニさくら
雪にさくら
一地平地白形浅黄両面小紋　六表
　長サ四尺　片身斗
いかきニ桜小紋　松ニ柳鳥小紋
丸りやう　風吹小紋
小蔦の小紋　筏ニ桜
一同地白形茶小紋片面
　長サ四尺　片身斗
もくらニ桶　けし小紋
梅ニたんほゝ、垣ニ萩
くもニもミち
一同地白形とひ色片面小紋　弐表
　長サ四尺　片身斗

きりニもみち　もくらニ桶
一同ときわ小紋片面　片身斗　壱反
　長サ四尺　ちとり小紋
一同地白形浅黄両面小紋　弐反
　長サ四尺ふり付
ふきよセ小もん　蔦唐草小紋
一晒立地　但、地白ニて　七反
　長サ四尺　ふり袖
一同立地　但、地白ニて　壱反
　長サ三尺八寸　袖壱尺三寸
一同立地　但、地白ニて
　長サ三尺五寸　袖壱尺八寸五分
一地平立地　但、地白ニて
　長サ四尺ふり袖
一白高宮　長サ弐丈四尺物　三拾反
　但、番付　七拾六番　拾反
　同　九拾弐番　十反
　同羽印　拾反
〆片身物数　四拾四色

反物数　拾五反
白高宮　三拾反
右書付之品〻先月十四日以来質物ニ取候歟又ハ買取又ハ預り置候者在之候ハヽ、壱品ニても早速可訴出候、若隠置及露顕候ハヽ急度可相咎候、此旨町〻質屋古手屋其外裏借屋等迄可相触もの也

十月六日

二一一【月】

覚

一縄五千束　壱把ニ付　但、五尺繙五十尋
一わら千丸　但、壱丸打違五尺縄

右者二条御城中御破損御入用之縄藁入札在之間、望之者来ル十四日迄之内、御蔵奉行海野源五郎方へ家持請人召連参、根帳ニ付、翌十五日四ツ時於筑後御役所札披在之間、此旨可相触もの也

十月十一日

二一二【月】

一泉涌寺ニ而御塔供養ニ付仮小屋等入札在之間、望之者来ル十七日十八日迄内、中井主水方へ家持請人召連罷越、根帳ニ付、仕様帳写取、同十九日平岡彦兵衛旅宿ニて札披在之間、右之趣洛中洛外へ可相触もの也

十月十五日

二一三【月】

亥年五畿内
一米百九拾六石五斗　外御蔵拾九番
一米八百廿四石　同断弐拾番

右者二条御蔵米御売払門落入札在之間、望之者来月二日迄、御蔵奉行阿部三郎右衛門方へ家持請人召連、根帳ニ付、翌三日米見届、同四日四ツ前、伊賀於御役所札披之間、右之趣可相触もの也

十月廿九日

二一四【月】

一城州淀大橋破損御繕入札在之間、望之者明十日より十二日迄、寺町通丸太町上ル処中井主水方へ家持請人召連参、根帳ニ付、仕様帳写取、同十四日四ツ時分、伊賀於御役所札

披候間、此旨可相触もの也

十一月九日

二一五 [月]

亥年近江
一米五百九拾石余

右者大津御蔵米御売払入札在之間、望之者ハ明廿日ゟ来ル廿二日迄之内、大津鈴木小右衛門方へ家持請人召連罷越、根帳ニ付、同廿三日米見届、入札封印いたし、翌廿四日四ツ時、伊賀於御役所札披候間、此旨可相触者也

十一月十九日

二一六 [月]

覚

一年頭御礼惣町中為名代江戸下り入用洛中洛外惣而寺社門前境内并町中之分

壱軒役ニ付四分八リン二毛五

一町代部屋并小番給銀中座増銀、但寺社門前除之

〆七分四リン四毛五　洛中ゟ可出之

一六角堂前鐘撞給銀　下京中ゟ可出之

壱軒役ニ付六毛四ツヽ

一町代役料之儀ハ去年之通申付候、右之通吟味之上申渡候間、右出銀堀川夷川上ル町町代惣会所へ行事町ゟ持参、請取書を取可申候、勿論右銀取集之儀ニ付、町々ニて寄合等致、入用銀懸り候義一切可為無用候

十一月廿三日

右御触書之通壱軒役ニ付七分五リン九ツヽ町切ニ取集、来ル廿八日四ツ時行事町ゟ御持参可被成候、以上

町代

覚

一拾四匁弐分六リン七毛一　拾九軒分

右一軒役ニ付七分五リン九ツヽ、年頭御礼六角堂鐘撞給銀町代部屋入用中座小番給銀まし銀

右之通壱包ニ被成

八匁壱分六リン　町代役料并戌年ゟ増銀半銀

右之通壱包ニ被成、合弐包来ル廿七日四ツ時迄ニ可被遣候、以上

当町

二一七 ［月］

覚

一種油弐石弐斗程　但、壱ヶ年ニ付代銀何程

右者二条御城内御入用灯油、来ル丑正月ゟ同極月迄十二ヶ月分、毎月御入用次第油差上候、代銀七月極月両度小堀仁右衛門方ニ而請取之候積り、望之者ハ明四日ゟ六日迄、筑後守御役所へ参、根帳ニ付、来八日九ツ時札披在之間、家持請人召連罷出候様ニ可相触もの也

十二月三日

二一八 ［月］

覚

一六拾四束　但し、五寸廻り

一八拾五束　但、束竹

一葉柴　六百卅四束

一下刈　七拾弐束

一はい木　弐百拾七束

一元木　三十本

一ねそから　拾八束

右御土居藪竹并品々御売払入札在之間、望之者ハ明四日(ママ)河原町二条下ル角倉与市方へ家持請人召連参、根帳ニ付、右品々見届、来ル八日朝四ツ時、与市方ニて札披在之間、此旨可相触もの也

十二月六日

二一九 ［月］

一今度於泉涌寺御塔供養之節用ひ候諸仮屋畳薄縁御払被成候間、望之者今明日中平岡彦兵衛旅宿所へ罷越、指図を請、右品々見届候上入札致持参候様ニ洛中洛外へ可相触もの也

十二月十三日

二二〇 ［月］

口触

一寒気強、殊之外風立候間、火之元之義随分念入候様ニ洛中洛外町々裏借屋等迄急度可相触もの也

十二月十八日

二二一 ［月］

覚

一亥年五畿内米八百七拾壱石　外御蔵弐拾五番
一同断米五百四拾石　同断弐拾弐番
合千四百拾壱石

右者二条御蔵米御売払入札候間、望之者来ル廿日迄、御蔵奉行奈良(ママ)清大夫方へ家持請人召連参、根帳ニ付、同廿一日ニ米見届、同廿二日四ツ時、筑後於御役所札披在之候、代銀之義ハ来ル丑二月廿日限上納仕、米引取候積致入札候様ニ可相触もの也

十二月十八日

二三二〔月〕

一亥年五畿内米三百石余　外御蔵三拾七番

右者二条御蔵米御売払入札在之間、望之者明廿四日、御蔵奉行奈佐清大夫方へ家持請人召連参、根帳ニ付、翌廿五日米見届、同日筑後於御役所札披在之候、代銀之義ハ来丑二月廿日限上納仕、引取候積り致入札候様ニ可相触もの也

十二月廿三日

享保十八年

二三三〔月〕

一木柴　三千四百五十弐束
一下刈　四千四百七拾弐束
一はい木　六拾四束

右者御土居并内藪ニ在之候品々入札有之候間、望之者明六日ゟ河原町二条下ル角倉与市方へ家持請人召連参、根帳ニ付、品々見届、来ル十日四ツ時、与市方ニて札披有之候間、此旨可相触者也

三月五日　当町　高田町

二三四〔月〕

一飢人被下候米高正月ゟ四月十日迄之分、左之通書付致シ、当九日ニ無相違私宅へ御越可被成候

覚

一御米　何石何十度ニ受取申候

但シ、壱俵ニ付五斗九合

内、何石正月何日ゟ四月十日迄飢人へ相渡し申候

但シ、委細之勘定帳ハ追而可指上候

一飢人四月十日迄之有人

男何人、女何人、子何人、此一日之分相渡し米何斗

右之通ニ御座候、以上

四月十一日　何之町　年寄誰印

追而、御米壱俵何程在之候而も、五斗九合之廻しを以テ、飢人壱人ニ男ハ着米弐合、女并子共ハ壱合ツヽノ積りを以テ勘定可在之候、以上

四月六日　町代

二二五【月】

口上之覚

一此度貧窮人へ御米被下候割

壱人住ニ六升、弐人程へ八升、三人程ニ以上壱斗

右ハ三人住ゟ何程多ニ而も此割ニて候

一御米御渡し之日限ハ当廿一日二条御蔵へ行事町ゟ御請取ニ御出可在之候

一御米請取之仕様、案紙帳遣し候間、其通御認奥ニ貧窮人有之候町々年寄連判、此紙ニて認、案紙と一所ニ廿八日御持参可在之候、以上

四月十九日　町代

二二六【月】

口上

一町々ニ在之候薪屋、当晦日迄ノ内、向寄年番方へ印判持参、印札受取候様ニ被仰付候、以上

六月廿二日　町代

二二七【月】

覚*

一当四月御救を請候飢人貧窮人も此節之風邪を請候処、薬抔給申あたひなく、不便さま〳〵也事在之候哉、其上病付候ハヽ、若及飢死候者多出来不申候哉

一三条通高倉東へ入出雲寺和泉掾と申本屋、先達而江戸ゟ薬種之板行物売弘メ被仰付候、此節別而調法ニ可成物ニ候、買求、其功を得候者在之哉、又ハ買求候もの無之候哉

右之訳組町御聞合明十六日当町ゟ私宅へ書付御返事可在之候、
以上

七月十五日　町代

右之通町代ゟ申参候間、有無之品御書付被成、十六日四ツ
時迄行事町へ御越可被成候

五条橋通万寿寺町

＊「但、此ノ触ハ五条辺ハ在之、三条ゟ上辺ハ無之候」とある。

二二八　【月】

亥年仙台
一米四千六百卅五石余
同年越前
一同六百六拾石余

右ハ大坂御蔵米現銀御売払入札在之候間、来ル廿七日朝五ツ
時、玉造御蔵ニ罷越、御米見届、翌廿八日四ツ時、稲垣淡路
守於御役所入札披在之候間、望之者家持請人召連罷越候様ニ
可相触者也

七月廿五日

二二九　【月】

＊一金銀箔打手間取共、同箔商売人共
右之者町々在之候ハヽ、明卅日九ツ時御用有之旨、西御役所
へ罷出候様ニ被仰渡候、右刻(限)銀印領持参可有之候、以上

八月廿九日　町代

＊この触は別二一―補三六二と内容は同じであるが、本文字句や日付に相違があるため収録した。

二三〇　【月】

一宗門人別改帳美濃紙帳并半紙帳、来ル十六日朝五ツ時、年
寄五人与之内壱人東御役所へ持参仕候様ニ被仰渡候、以上

九月四日

二三一　【月】

子ノ年五畿内　播磨　丹波　伊勢　三河　甲斐
一米六千五百石余
同出羽并米沢手
一同弐百五十石余

右者大坂御蔵米現銀御売払入札有之候間、来ル九日朝五ツ時、
玉造御蔵へ罷越、米見届、翌十日四ツ時前於松平日向守御役
所入札披有之候間、望之者共家持請人召連罷越候様ニ可相触
者也

十月五日

二三二　【月】

子年出羽
一米四千八百五拾石余

右ハ大坂御蔵米現銀御売払入札有之候間、来ル十九日朝五ツ時、玉造御蔵へ罷越、米見届、翌廿日松平日向守於御役所入札披在之候間、望之者ハ家持請人召連罷越候様ニ可相触者也

十月十九日

二三三　【月】

一竹伐人足拾六人分

右之銀子明廿七日九ツ時迄当町へ可被遣候、以上

行事町

竹伐人足壱人ニ付銀壱匁ツヽ町切ニ包之、行事町へ取集、来ル廿八日朝五ツ時行事町年寄壱人西御役所へ持参指上候様ニ被仰渡候

十月廿六日

銀包紙上書

何拾何人分 銀何拾何匁数何ッ　年寄誰印 何之通何之町丁代仁兵衛持

右之通御認可有之候、以上

町代　仁兵衛

二三四　【月】

覚*

子年三河
一米千五百五拾石弐斗

右ハ大坂御蔵米現銀御売払入札有之候間、来ル八日朝五ツ時、玉造御蔵へ罷越、米見届、翌九日四ツ時於松平日向守御役所入札披有之候間、望之者ハ家持請人召連罷越候様ニ可相触もの也

十二月六日

* この触は別一ー補三九二と石数が異なるため収録した。

享保十九年

二三五　【月】

子年五畿内　丹後　駿河
一米三千六百弐拾石余
亥年五畿内
一大豆三百七拾石余

右ハ大坂御蔵米現銀御売払入札在之候間、来ル廿七日朝五ツ時、玉造御蔵へ罷越、米見届、翌廿八日四ツ時、稲垣淡路守於御役所入札有之候、望之者ハ家持請人召連罷越候様ニ可相触者也

正月廿四日

二三六　［月］

西丸子年五畿内
一米五千石余

右ハ大坂御蔵米現銀御売払、来ル五日朝五ツ時、玉造御蔵入札、翌六日四ツ時札披有之候

四月三日

寛保　二月二十七日改元

寛保元年

二三七　［文］

口上

酒井左衛門尉様　廿二日御着
松平肥後守様　廿三日御着

右御寄宿五町四方自身番之義、御着前夜暮六ツ時ゟ仕候様被仰付候、以上

酉九月廿一日

奥田佐兵衛
当町　和泉式部前町

宝暦　十月二十七日改元

宝暦十三年

二三八【御】

*一壱番　古走樋類　一拼
一弐番　古板類　同断
一三番　高塀古屋根板類　同
一四番　古角物類　同
一五番　古不浄物類　同

右ハ新在家御門御修復小屋ニ有之候古木類御払入札有之候間、望ノ者ハ来ル十八日ゟ廿一日迄内、右御修復小屋へ家持受人召連参、根帳ニ付、古木類見届、同廿二日朝五ツ時、阿波於御役所札披候間、此旨可相触者也

＊　この触は月日を欠くが、原本の記載順によれば六月のものと思われる。

二三九【御】

*一枯竹　九十束

右御払再入札有之候間、望ノ者来月朔日四ツ時、川原町二条下ル角倉与一方へ家持受人召連参、根帳ニ付、翌二日四ツ時、与一方へ入札持参候様可相触者也

＊　この触は月日を欠くが、原本の記載順によれば六月のものと思われる。

二四〇【御】

大岡金兵衛
浅原又左衛門　御役屋敷井戸破損御修復入札申付候間、望ノ者ハ明廿六日同廿七日、寺丁丸太町上ル中井主水方へ家持受人召連参、根帳ニ付、帳面写取、同廿九日四ツ時、阿波於御役所札披候間、此旨可相触者也

未八月廿五日

二四一【御】

大津吾妻川浚入札申付候間、請負望ノ者ハ来月朔日ゟ同六日迄ノ内、大津御役所へ家持受人召連罷越、根帳ニ付、仕様帳面写取、場所見届、同七日四ツ時於大津御役所ニ札披候間、入札可致持参候

未八月廿七日

二四二 〔御〕

新調御道具入札品訳并日割書付

九月一日ゟ同三日迄仕様帳写取、四日札披

一木材方　一鋳物方　一鍛冶方

九月二(日脱カ)ゟ同四日迄写取、五日札披

一桶方　一小間物方　一挑灯傘

右之入札有之候間、望ノ者ハ書面之日割相考、神泉苑町御池下ル丁東側石原清左衛門角倉与市御道具会所へ家持受人召連参、根帳ニ付、札披候義ハ姉小路大宮西へ入清左衛門旅宿、河原町二条下ル与一屋敷、右両所ニて札披候積り入札可致旨可相触者也

未八月廿八日

二四三 〔御〕

＊一石清水八幡宮厄除ノ神札先年相願、毎年町々へ弘メ来候処、右御免ノ義年久敷相成候ニ付、此義紛敷義ニ而ハ無之、尚又町々ニて世話いたし呉候様相願候ニ付、此段拙者共ゟ申通、尤押而相勧メ候義ニ而ハ無之旨被仰渡候

＊ この触は月日を欠くが、原本の記載順によれば十二月のものと思われる。

天明　四月二日改元

天明五年

二四四 〔浦〕

来ル五日酉刻、九条故大納言殿東福寺江御葬送ニ付、松明等も有之、道筋堺町、三条、寺町、五条、伏見海道、東福寺南之門迄

右町々年寄、村々庄屋共火之元心を付候様可申通事

巳七月朔日

二四五 〔浦〕

紀伊前中納言殿御息女明七日御京着御道筋、伏水海道上江、五条通西へ、寺町通上江、三条通西へ、烏丸通上へ、鎗図子東へ、一条殿御裏御殿迄、右道筋掃除可仕候、手桶箒差出候にハ不及候、尤右道筋当日斗車往来差留候間、其旨可相心得者也

巳八月六日

天明六年

二四六〔真〕

右家屋敷欠所御払相成候間、望の者者見届候上、来月四日五ツ時、大隅御役所入札可致持参候もの也

午八月

西陣西社町
玉屋清七
家屋敷

二四七〔真〕

当年分御年賦金銀不納之者共、来ル六日朝五ツ時、本人ニ年寄付添、西御役所へ罷出候様被仰渡候ニ付、申廻候、以上

午九月朔日　山内勝介

二四八〔真〕

当午年御年賦金銀未不納之者共、来ル十二日朝五ツ時、西御役所へ年寄五人組付添罷出候様被仰渡候ニ付、申廻し候、以上

午閏十月九日　山内勝助

二四九〔真〕

当午年御年賦銀不納之者、来ル廿二日朝五ツ時、西御役所へ年寄付添罷出候様被仰渡候、以上

但、不納之者無之町分ハ、町名之下ニ其訳御認メ可被遣候

午閏十月廿日　山内勝助

二五〇 ㊂〔真〕

四条通真町
丸屋太郎兵衛
小(カ)刀屋金十郎

右者当年分御年賦金銀不納ニ付、来ル五日朝五ツ時、年寄五人組付添、西御役所へ罷出候様被仰渡候、以上

午十一月朔日　山内勝助

二五一 ㊂〔真〕

四条河原町西へ入町
松屋権左衛門

河原町四条上ル町
悴　権之助
松屋与兵衛

右明十六日朝五ツ時、東御役所へ町役付添罷出候様ニ被仰渡
候、尤いつれも本人相揃罷出候様、且（ママ）又被仰渡候事
午十一月十五日
右之趣承知仕候
真町 年寄弥太郎
米屋町 同 市兵衛

一右十六日ニ出候所、田中与三右衛門引受御役所金元利ニ而
金五拾九両滞申、今日ゟ十日切被仰付候
元金五十両、利合九両
但、権左衛門宿権介
年寄代いせや喜八
五人与玉や久兵衛

二五二 (参) 〔真〕

四条小橋西入町南側 みすや与申 質屋
右明廿九日朝四ツ時、東御役所江町役付添罷出候様被仰渡候、
以上
十一月廿八日
右之趣承知仕候、已上
年寄 弥太郎

二五三 〔真〕

二条河原町西入町 奈良物や弥兵衛
河原町三条下ル町 村上文蔵
西御役所へ可相納候
木屋町上大坂町 床壱ケ所
同通石屋町 同壱ケ所
四条真町 同弐ケ所
同所橋本町 同壱ケ所
西石垣柏屋町
同斉藤町 同四ケ所
斉藤町 物置并駕籠置場
四条川原 古日小屋
右冥加銀例年之通いたし、来ル十八日迄ニ東御役所江無相違
上納仕候様被仰渡候、以上
午十二月十四日 山内勝助

右之趣承知仕候、以上

真町　年寄弥太郎判

二五四〔真〕

川原町竹屋町下町伊賀屋小兵衛養母とめ与申五十六才ニ成候もの、当廿五日不斗罷出帰り不申候由、尤貫紬納戸茶布子、木綿継〻布子を着、花色絹帯いたし居候由、触流之儀願出候間、右躰之ものうろたへ居候ハヽ、西御役所へ召連訴出候様可申通むね被仰渡候、已上

午十二月　　山内勝助

天明七年

二五五〔浦〕

東福寺之内

万寿寺

東福寺

右之ヶ所明廿一日戸田因幡守殿御廻見（ママ）、夫ゟ伏見御役所江御出被成候、尤為御案内丸毛和泉守殿被相越候、依之去ル丑年御触置在之候通、諸事入念心得違無之様、御道筋先〻へ不洩様可相触事

未三月廿日

明廿一日所司代御廻見之節、牛馬往来御差支無之様取斗可申旨、御道筋先〻江可申遣事

御道筋

御屋敷ゟ東番場、二条通東へ、両替町南へ、三条通東江、寺町通南江、五条通東江、伏見海道上之門ゟ御入

東福寺之内

万寿寺

東福寺

宇治見山

伏見御役所

右門前道阿弥町、大手筋、京町墨染横町ゟ伏見海道北江、五条通西へ、寺町通北江、三条通西江、両替町北へ、二条通西江、東番場、御屋敷江

御出門朝六ツ時前

右之通被仰渡候間、御道筋掃除致、手桶箒差出、御往来道夜分ニ候ハヽ行燈差出可申、尤町役之者罷出無油断御心得、不

礼無之様御心得可被成候、以上

未三月廿日

奥田佐兵衛

二五六 〔永〕

前ゝ御朱印頂戴之寺社之輩、御朱印可被下間、御料私領ニ在之寺社領之御朱印ニ写を差添、当七月より九月迄之内、江戸江致持参、松平和泉守青山大膳亮所江相達候様、先達而相触候処、当時米穀高直ニ而遠国より出府之儀可為難儀間、此節差急不及出府、来ミ月頃迄ニ勝手次第出府候様可被触之候、尤委細之儀者和泉守大膳亮江承合候様可被致候

右之通可被相触候

七月

右之趣山城国中寺社江可相触者也

未七月

大隅(黒印)

和泉(黒印)

二五七 〔浦〕

丸毛和泉守様此度御参府被遊、来ル十五日御発駕之趣ニ候間、御道筋町ゝ掃除いたし、御通筋前夜一町ニ行燈五ツ程ツヽ差出シ可申候、尤車留被仰付候

右之趣被仰渡候ニ付、此段申達候、已上

未ノ九月十三日

奥田佐兵衛

二五八 〔浦〕

来六日酉刻、九条故准后殿東福寺江御葬送ニ付、松明等も有之候間、道筋堺町南、三条通、寺町通南、五条、伏見海道南之門迄

右町ゝ年寄村ゝ庄屋共火之元念入候様可申通事

未十月三日

右之通被仰渡候ニ付申達候、見込町ニ而も御道筋町ゟ御通可被成候

奥田佐兵衛

二五九 〔浦〕

池田筑後守様去ル《(ママ)》廿三日比御上着被遊候間、御道筋掃除いたし、御通すじ前夜一町ニ行燈五ツ程ツヽ差出可申、尤車留被仰付候

右之趣被仰渡候ニ付申廻候、以上

但シ、御通筋行燈之儀五ツ程ゟ軽ク差出候而茂不苦候旨被
仰渡候、無間違様可被成候、尤見込町〻江ハ為心得申達候
事

未十一月十八日　　奥田佐兵衛

天明八年

二六〇〔天〕

大坂丸平米施行ノ御触

大坂丸屋平兵衛義、此度焼失ノ町〻へ施米致シ度旨相願候ニ
付、右米明十日割渡シ候間、行事町ヨリ一人ツヽ壬生米市場
へ向、朝五ツ時罷越、右米相請候様可致候

二月九日

二六一〔天〕

御所辺葬礼通行差留ノ御触

禁裏、聖護院宮エ仮皇居、仙洞御所、青蓮院宮エ仮御所、大
女院御所、白川照高院宮エ仮御所、女院御所、女一宮御方、
修学院村林丘寺宮エ仮御所

右御所近辺見通シ田畑道葬礼通行差留候間、相憚リ堅ク通行
致マシク候、此旨洛中洛外へ早〻可相触モノ也

右御触書、上ハ三条ヨリ下ハ五条迄、西ハ野限リ、東ハ加茂
川限、竪横町〻并寺社共ニ随分急〻相廻可申候事

三月八日

右御触出候後、大女院御所ハ智恩院宮へ御遷幸、女院御所、女一宮
御方大仏宮へ御遷幸、右ニ付黒谷中山ノ焼場モ御差留、粟田口ノ御
仕置モ相止、三条西御土居際ニテ御仕置有之候

二六二〔天〕

*御地築ニ付御触書ノ外申合候口達

一此度御地形築堅ノ御触ハ、為冥加老人子供差出、裏屋住居
ハ勿論表家ニ居候テモ、是マテ働等モ相成候エ共、足弱等
ニテ睃〻働等モ難成程ノモノ、其外一体貧窮ノモノ差出可
申候

但、老人ハ六十才以上、子供ハ十才ヨリ十五才迄ト相心
得可申候

一銘〻築堅メノ道具ハ於場所相渡可申候、尤右道具ニ引合候
上、鳥目被下候積

一御触ノ通我カチニ町ミヨリ罷出候エハ混雑可致、追ミ御地
形御築堅モ在之候エ共、先初度御地形ハ日数廿四日ノ間ニ
築堅メニ付、御触ノ通日割致有之、猶又委敷日割左ノ通
初日　一町ヨリ二十六人宛
百三十町　早川喜八郎　　百町　本間又右エ間(衛門)持場
〆二百三十町　此人数五千九百八十人
三月廿四日　朝　老千四百九十人　児千五百四人
昼　老千五百十七人　児千四百九十人　四百五十〆九百文
下サル
四月六日　朝　老千九百廿五人　児千三百八十七人
昼　老千九百廿九人　児千三百七十一人　五百二十三〆三
百文
四月十四日　朝　老千七百七人　児千二百三十九人
昼　老千七百八人　児千二百四十六人　四百六十五〆七百
文
二日目　八十一町　五十嵐源五方内　　九十九町　山中
与八郎持場　　五十九町　東寺内
〆二百三十九町　此人数六千二百十四人
三月廿五日　朝　老千七百十七人　児千三百九十人
昼　老千七百三十九人　児千三百六十八人　四百八十三〆
五百文
四月七日　朝　老千五百三十八人　児千四百四十二人
昼　老千五百四十二人　児千四百五十五人　四百五十二〆
八百五十文
四月十五日　朝　老六百十七人　児千四百廿六人
昼　老千六百九十九人　児千三百四十六人　四百七十〆二
百文
三日目　七十一町　荻野七郎左エ門方内　　百七十五町
梅村七左エ門持場
〆二百四十六町　此人数六千三百九十六人
三月廿六日　朝　老千七百八十四人　児千三百七十九人
昼　老千八百廿二人　児千三百三十九人　四百九十四〆五
百文
四月八日　朝　老千七百九十三人　児千三百四十三人
昼　老千七百九十四人　児千三百五十二人　四百九十三〆
五百文
四月十六日　朝　老千七百九十七人　児千三百四十四人
昼　老千八百十九人　児千三百十四人　四百九十四〆五百

文

四日目　百九十五町　早川新四郎持場　六十町　西寺

内

〆二百五十五町　此人数六千六百三十人

三月廿七日　朝　老千九百八十五人　児千三百十九人

昼　老二千五人　児千二百九十一人　五百廿九〆五百文

四月九日　朝　老千九百二十人　児千三百五十三人

昼　老千九百三十一人　児千三百四十三人　五百十九〆九百文

四月十七日　朝　老千九百十七人　児千三百五十七人

昼　老千九百廿九人　児千六百五十一人　五百十九〆五百五十文

五日目　百四十三町　石垣甚内　九十九町　松原幸助持場

〆二百四十二町　此人数六千二百九十二人

三月廿八日　朝　老千六百七十九人　児千四百三十人

昼　老千六百九十二人　児千四百十七人　四百七十九〆二百文

四月十日　朝　老千八百一人　児千三百十三人

昼　老千七百六十七人　児千三百三十八人　四百八十九〆三百五十文

四月十八日　朝　老千八百七人　児千二百八十六人

昼　老千八百十人　児千二百八十九人　四百九十〆四百五十文

六日目　百八十三町　田内彦助　六十八町　竹内助九郎持場

〆二百五十一町　此人数六千五百二十六人

三月廿九日　朝　老千七百九十人　児千三百八十六人

昼　老千八百十二人　児千四百一人　五百〆三百五十文

四月十一日　朝　老千八百七十四人　児千三百六十四人

昼　老千八百三十六人　児千三百八十六人　五百八〆六百文

四月十五日　朝　老千八百三十四人　児千三百八十七人

昼　老千八百三十人　児千三百七十人　五百四〆二百五十文

七日目　百五十三町　松尾左兵衛方内　八十六町　古久保勘十郎持場

〆二百三十九町　此人数六千二百十四人

四月一日　朝　老千八百十三人　児千二百四十二人
昼　老千八百六人　児千二百四十四人　四百八十六〆二百
文
四月十二日　朝　老千八百五十七人　児千二百九人
昼　老千八百七十人　児千百八十六人　四百九十二〆二百
五十文
四月廿一日　朝　老千九百十三人　児千百五十三人
昼　老千九百十三人　児千百四十九人　四百九十七〆七百
文
八日目　三十三町　松村三良左ヱ門方内　百十二町
奥田佐兵衛持場　九十三町　山内勝助持場
〆二百三十八町　此人数六千百八十八人
四月五日　此三日ノ書付紛失
四月十三日
四月廿二日
右日刻順ノ通操戻候様、尤一町二十六人ヲ半分ハ朝五ツ時
ヨリ九ツ時迄、半分ハ九ツ時ヨリ七ツ時迄罷出候ニ付、此
内老人足弱半分、子供半分ノ積、組町有之分ハ勿論離町、
且長屋向々ケ所ハ最寄近町申合、町々年寄共世話イタシ、
朝夕刻合候積リ得ト可申聞候
一老人足弱子供ノコトニ候エハ、都テ怪我等イタシ候テハ不
宜候間、町々ニテ年寄共世話イタシ、我カチニ無之様教示
可致候、右此度御触ノ日限斗ニ無之、追々築堅メ日限在之
候間、集リ候場所并右築堅道具相渡候場所、且鳥目請取候
節、互ニ助合、カサツ無之様相心得可申候、築堅相スミ候
上、人数操出鳥目被下候間、呉々心得違無之様可申含候
一町柄宜敷所ニハ御触通ノモノモ無之町々モ可有之候ニ付、
右体ノモノ無之町ハ組町近町等申合、一町ヨリ二十六人ノ
積ヲ以融通致シ可差出旨、得ト可申含候
但、長屋向等ニハ家数等無数所モ在之候間、是又近町へ
融通イタシ差出候テ可然旨、得ト可申含候
一鳥目ヲ被下候ヲ聞伝へ、老人子供ニ無構、外渡世ヲモ在之
候屈竟ノモノ等罷出候ヲハ不宜候間、右体ノモノハ差出不
申候積
一裏借屋ニテモ相応ニ相暮シ候モノハ不差出積リ、乍然老人
子供ハ家持借屋ニ無構可差出候
但、町々ニ寄、貧窮ノモノヲ差置、家持借屋共老人子供
共罷出候義ハ不宜候、家持モ家持ニヨリ可申、借屋モ借

屋ニヨリ可申候間、此段モ町々ニテ勘弁可致候コト

一右日刻ノ通、方内又ハ持場町代罷出差配致シ候義ハ勿論ノ義ニ候エ共、其外ニモ雑色二人町代四人ツヽ罷出差図可致候

右ノ通相心得、貧福ノ撰ヲ明白ニ致、依怙贔屓無之様可致候

＊この触は七－四七に附随したもので、文中の老、児の人数や賃銭高は、実績に基づいて後に書き入れたと思われる。

寛政

寛政元年　一月二十五日改元

二六三　［文］

口上

一御拝借銀利足無滞上納仕候

一今日被仰出候趣、去年大火後冬年《（ママ）》ニ至、火事穏ニ有之静謐ニ候処、当年此節ニ相成度々出火有之候、全町役之者等閑ニ致候故之事ニ相聞へ候、別而御造営中厳敷火之元入念候様可致事

書付ニも不及、組町相集メ申聞セ候歟、又ハ行事等遣し、口上ニ而得与行届キ候様ニ可申通旨被仰渡候、以上

寛政元年酉十二月八日　　当町　永楽町

寛政二年

二六四　［文］

新典侍局就御着帯、土御門家急御用之節、左之道筋被致往来候間、夜中町〻木戸早速明ケ、滞無之様可致候
梅小路村土御門家門前北江、七条通東江、朱雀村北東江、壱貫町北江、松原通東江、室町通北江、四条通東江、堺町通北江、丸太町通東江、賀茂川堤北東江、聖護院村
但、出水之砌ハ
四条通東江、京極通北江、三条通東江、賀茂川堤東川端北江、丸太町通筋迄、夫より東北江、聖護院村
強ク風雨之節ハ
梅小路村土御門家門前より八条通東江、大宮通北江、三鉄通東江、台所門通北江、七条通東江、東中筋北江、五条通東江、烏丸通北江、四条通り、従是上右同断
戌五月廿一日
右御触書之趣承知印形之上早〻御順達、留りより御返し可被成候、以上
五月廿二日　奥田佐兵衛
右御書付奈良物町より廿二日申ノ刻相達、早刻印形致円福寺前町江為持遣し候事

二六五　［海］
御遷幸御道筋町〻之内堺町丸太町ゟ三条通小橋迄之間、明十一日ゟ車留被仰付候間、其旨町〻へ為心得可申通旨被仰渡候、以上
但し、地車板車類も通す間敷旨町内へ通りかゝり候ハヽ、御道筋直し候ニ付、外道罷通候様相達可申付旨、是又被仰渡候、町内ものゟ心を付通ス間敷旨被仰渡候、以上
戌十一月十日　奥田佐兵衛

二六六　［海］
禁裏遷幸之御当日早暁子刻過、仮皇居江関白殿車ニ而堺町通ゟ遷幸之節道を通行有之候間、右道筋差支無之様町〻為心得可申聞候事
戌十一月　奥田佐兵衛

二六七　［海］
来ル廿六日仙洞遷幸ニ付、九門并御道筋辻〻為警固罷出候両組与力同心支度所之義、差支ニ不相成候処何れニ而も一ト間用意可致候、尤茶たばこ之外堅ク差出シ申間敷候、若心得違

馳走ヶ間敷義等差出候ハヽ、急度可相断旨申付候間、右警固
之町々此旨可相触者也
　戌十一月
右之通被仰渡候、尤御警固御寄宿之義ハ先日之名前所ニ申付
置可被成候、以上
　戌十一月　奥田佐兵衛

二六八〔海〕

九門其外御警固場御挑灯御下宿在之候町々江御預ヶ被成候
義も可有之候、其旨町役之者相心得居候様申聞可置旨被仰
渡候事
一烏丸下立売上ル所右挑灯支配致候者罷越可申候ハヽ、其旨
心得居候様被仰渡候事
　戌十一月廿日　奥田佐兵衛

二六九〔海〕

明後廿二日禁裏還幸ニ付、九門并御道筋辻々為警固罷出候両
組与力同心共支度所之義、差支ニ不相成所何れニ而も不苦候
間、一ト間用意可致候、尤茶煙草之外堅差出間敷候、若心得
違馳走ヶ間敷品差出候ハヽ、急度可相断旨申付候間、右警固
町々江此旨可相触事
　十一月廿日
右之趣承知印形上早々御順達、留りゟ御返シ可被成候、以上
　十一月廿日　奥田佐兵衛

二七〇〔海〕

*女院御所御車来月二日巳刻、右仮御所ゟ被牽付候間、還幸御
道筋町々へ其旨相心得差支無之様可致候、尤三条通縄手辻ゟ
建仁寺町通馬町迄、御所北御門前迄之町々庇木戸等、此間申
渡置候分来月朔日迄取払可申候、此段御道筋町々へ可申通事
右之通被仰渡候付申達候、以上
　奥田佐兵衛

* この触は月日を欠くが、原本の記載順によれば十一月のものと思われる。

二七一〔海〕

女院還幸御道筋之内、御所御門ゟ馬町西へ建仁寺町通北へ縄
手三条辻迄之町々、今晦日朝ゟ牛馬往来難相成候、尤右三条
縄手辻ゟ西江堺町北江丸太町迄之御道筋牛馬留は、先達而申

付置候通、是又心得違無之様可致候、此段可申通候事
右之通被仰渡候、以上
戌十一月晦日　　奥田佐兵衛

寛政四年

二七二［海］

伏見海道八町目津国屋源四郎養婦さのと申六才ニ成候者、木綿竪嶋布子紫縮面致、当月十四日罷出帰り不申、何方へ迷ひ居候とも難斗触流之義願出候、右躰之者迷ひ居候ハヽ召連、西御役所へ訴出候様可申通旨被仰渡候、以上
二月　　奥田佐兵衛
当町　骨屋之町

二七三［海］

寺社之内唐門灰筋塀
但、唐門灰筋塀有之分ハ御寄附等ニ而有之哉、御寄附ニ而無之往古ゟ有来分ハ由緒之訳、前〻灰筋塀等有之、当時焼失又ハ中絶有之向ハ寄附状、其外証拠可相成書物類右之通訳ヶ早〻取調、来ル廿三日迄東御役所へ可申出候、唐門灰筋塀等無之寺社ハ別段ニ無之趣申出ニ不及候、併御寄附又ハ往古ゟ唐門灰筋塀有之候と可申出、重而其寺社ゟ再建修復等申立候而も、此度取調ニ付不申出追而申出候而者難成候間、其旨相心得唐門灰筋塀有来候向者勿論、唐門又ハ灰筋塀斗ニ而も有来之寺社之向ハ申出候様、洛中洛外町在之寺社其外京都御役所へ普請願申立候寺社之分ハ不洩様可申通候
但、当御役所へ前〻ゟ普請願等差出来之近江丹波大和之内寺社之分者、宿坊用達之者ゟ可申通候
右之通可申通旨於東御役所ニ被仰渡候、以上
子六月十三日　　奥田佐兵衛
当町　大文じ町

二七四［浦］

般舟院
其外
右之ヶ所明三日松平伊豆守殿御巡見被成候ニ付、為御案内菅沼下野守殿被相越候間、先〻案内之義例之通申通、無礼無之様可申付候、且御往来在町商売差支無之様、尤掃除一切いた

し候ニ不及候事
子十一月二日
御巡見御道筋
御城之内御見分相除（ママ）西番場、嵯峨口ゟ右江、千本通り右へ、
今出川　般舟院
夫ゟ諸々御帰り道、今出川堀川ゟ左へ、中立売右へ、室町
左へ、三条通右へ、川原町

寛政五年

二七五［浦］

竹田不動院
安楽寿院
伏見御役所
此外宇治筋十八ヶ所
稲荷社
右之ヶ所明六日所司代堀田相模守殿御巡見被成候付、為御案
内菅沼下野守殿被相越候間、先々案内之義例之通申付、不礼
無之様可申付候、御往来在町諸商売差支無之様、尤手桶箒差
出不及、掃除等一切いたし候ニハ不及候事
丑四月五日
御道筋
表御門番場右江、堀川通左へ、三条通右へ、油小路通野道、
竹田村　不動院
夫ゟ諸々御出
御帰り道
稲荷社上之鳥居通右へ、伏見海道左江、五条通右、寺町通
左へ、三条通右へ、両替町左江、二条番場、御屋敷

二七六［浦］

坂本筋
山王七社
其外諸々
大津御蔵
四ノ宮其外
右ケ所明廿九日所司代堀田相模守殿被成御巡見候付、為御案

内と菅沼下野守殿被相越候付、御往来御道筋在町諸商売差支不礼無之様、尤手桶等差出候不及、掃除盛砂等一切いたし候ニ不及候事

丑四月廿八日

御出道

東番場左へ、二条通東へ、加茂川筋東堤北江、夫ゟ所ゝ

御帰り道

山科日岡村ゟ直ク三条通西江、両替町通北江、二条通西江、番場、御屋鋪

右之通被仰出候間、諸事無相違様御取斗可被成候、以上

丑四月廿八日　奥田佐兵衛

七月十三日　年寄

二七七［浦］

町方盆踊之義火災後可相慎所、心得違候而昨年も踊致候町抔も有之、御咎被仰付候事ニ候間、踊候儀銘ゝ相慎可申候、当地男女共甚風儀悪敷、別而女之風俗悪敷相成、御上ニも歎ヶ敷被思召候間、其旨口上ニ而申通候様被仰渡候ニ付、行吏町年寄江町代ゟ被申通候間、右之趣書付ヲ以申達候間、心得違無之様相慎可被申事

二七八［浦］

来春為上使松平隠岐守上京ニ付、家来下宿之儀高倉六角下ル町同人屋敷近辺四町四方町家之内ニ而可成丈可申付候、尤先方ゟ手当者格別、宿料等之儀乞請候儀致間敷候、此度ハ下宿家数等も可成丈相減候筈ニ候、至来春追ゝ下宿割当等も可有之候へとも、実ゝ差支難渋之物ともハ其段下野御役所へ可申付候、糺之上何れ共可申付候、此旨隠岐守屋敷最寄町ゝへ可申通候事

右之通被仰渡候ニ付申廻し候、以上

丑十二月　奥田佐兵衛

四条高倉東へ入　年寄与左衛門
堺町四条上ル町　同　平兵衛
同通錦上ル町　同　五郎兵衛
同通蛸薬師上ル町　同　新左衛門
同通六角上ル町　同　平兵衛
三条高倉東へ入　同　孫右衛門
同　北側　同　長兵衛

柳馬場三条下ル町　同　吉左衛門
六角柳馬場東へ入町　同　次郎兵衛
柳馬場六角下ル町　同　元雄
蛸薬師柳馬場東へ入町　同　利兵衛
柳馬場蛸薬師下ル町　同　次郎兵衛
錦小路柳馬場東へ入町　同　源兵衛
柳馬場錦下ル町　同　権左衛門
四条柳馬場東へ入町　同　作十郎
富小路四条上ル町　同　勘兵衛
同通　錦上ル町　同　嘉兵衛
同通　蛸薬師上ル町　同　八郎兵衛
同通　六角上ル町　同　伊兵衛
三条通柳馬場東へ入町　同　又兵衛
麩屋町三条下ル町　同　彦兵衛
同通　六角下ル町　同　三郎兵衛
同通　蛸薬師下ル町　同　卯兵衛
同通　錦小路下ル町　同　長兵衛
右之通承知印形被成、早ゝ御廻し可被成候、以上

寛政六年

二七九〔浦〕

此度為御上使松平隠岐守様近ゝ御上着被遊候ニ付、
一御道筋掃除并盛砂之事
一御上京前夜御道筋町ゝ家並行燈差出し候事
右先格之通無相違様可相心得旨被仰渡候ニ付申廻シ候、以上
寅三月十日　奥田佐兵衛
御道筋
三条通柳馬場、六角通高倉
右之通相触状相廻シ申候　年寄

二八〇〔浦〕

一去ル申年御触有之候博奕賭之諸勝負之儀につき、昨日御役人様方年寄方江御立寄被遊、右御触書之趣猶又急度相守可申候、不埒之者とも有之候ヘハ本人ハ勿論家内之者町役等難儀ニ相成候間、無油断相改候様被仰渡候ニ付、又ゝ申年

之御触書相廻し候間、召仕等ニ至迄得与申聞せ、心得違無之様急度相守可申事

寅十一月十七日

年寄
五人組

以上

寛政七年

二八一［浦］

一明後廿二日、御所司様御上京被遊候ニ付、御道筋前夜行燈差出不及候

一掃除仕盛砂不及、手桶箒ハ有合之侭差出、新ニ取調不及候

一車留者不被仰付候、差掛り候節御目障ニ不相成候様、所之者心を付候様可致候

右之通間違無之様御取斗可被成候、以上

卯八月廿日

奥田佐兵衛

右ニ付、明廿一日御道筋為御見分御役人方御出被成候間、例之通り御待請、諸事間違無之様御心得可被成候、以上

五ツ時御出宅ニ而

但、西之方より御見分被成候間、其段御心得可被成候、

二八二［海］

宗門帳、例年之来ル（通脱カ）九月二日朝五ツ時ニ東御役所江持参相納候様被仰渡候ニ付申達候間、当月中ニ当町へ御越可被成候

卯八月廿八日

当町　坂井町

二八三 ㊫［浦］

来ル十六日辰刻、御姫宮様御通行之節

一掃除致、家並ニ手桶箒差出シ可申事

一御通行之節たはこ并ニ給物等無用之事

一毛氈敷物無用之事

一前夜ゟ二階戸障子〆きり、御通之節二階江堅上り申間敷候事

一火之元無油断随分念入可申事

一御通行之節男ハ土間に罷在、無礼無之様可仕事

右之通相心得、無礼等無之様家別ニ一両人宛罷出政道可仕事

卯十月

年寄
五人組

二八四〔海〕

去ル申歳六月町〻江御貸附被仰付候御拔金（ママ）之利足、其節被仰渡候通、一ケ月三朱之積りヲ以、当卯七月ゟ十二月迄六ケ月分、夫〻御貸附高ニ応し雑穀ニ而も銀子ニ而も勝手次第ニ、来ル十日朝五ツ時一町限ニ相調、行事町江取集之侭、行事町ゟ東御役所へ年寄五人組ノ内壱人印形持参相納候様可致旨被仰渡候、已上

　卯十二月

一焼町壱町ニ付銀拾三匁五分四リン弐毛ツヽ
一焼残町壱町ニ付銀四匁五分壱リン三毛八ツヽ

二八五〔海〕

去ル申年類焼町〻江拝借被仰付置候銀米、当年米ノ分も銀納致候ハヽ、左之通直段ヲ以、来ル十七日五ツ時、西御役所へ上納被仰付候、割左之通

　類焼町壱町分
　十ケ年割納高壱町ニ付
　　銀四匁壱分五リン五毛一弐
　　米八升三合壱夕〇弐四九三
　此米代銀六匁四分壱リン五毛五余
　　但し、壱石ニ付相場七拾七匁弐分

右之通銀米代共一町限ニ相調、行事町へ取集メ之侭添書いたし、行事町年寄壱人印形持参相納候様可申通事

　卯十二月

寛政八年

二八六〔海〕

一去ル申年町〻へ御貸附被仰付候御拔金之利足、其節被仰渡候通、一ケ月三朱之積を以、当正月ゟ七月迄六ケ月分、夫〻御貸付高ニ応し銀子ニ而成とも勝手次第、来ル十日朝五ツ時、一町限ニ相包、行事町へ取集メ之侭、行事町ゟ東御役所へ年寄一人印形持参可相納様可申通旨被仰渡候、以上

　七月
　　　　　奥田佐兵衛
　　　　当町　大黒町

二八七 ［海］

去ル申歳町々江御貸附被仰付候御拔金之利足、其節被仰渡候通、一ヶ月三朱之積を以、当辰七月ゟ十二月迄六ヶ月分、夫々御貸附高応し雑穀ニ而茂銀子ニ而も勝手次第、来ル十日朝五ツ時、一町限ニ相包、行事町ゟ取集メノ侭、東御(役脱カ)所江年寄五人組ノ内印形持参相納候様可申通旨被仰渡候事

辰十二月　　奥田佐兵衛

一焼町壱町ニ付銀拾三匁五分四厘弐毛ツヽ

一焼残町一町ニ付銀四匁五分壱リン三毛ツヽ

当町　骨屋之町

右之銀子明後九日迄ニ行事町へ御越し可被下候

寛政九年

二八八 ［海］

宗門帳、来月二日朝五ツ時、東御役所江刻限無遅滞相納候様被仰渡候ニ付申達候、以上

八月廿四日　　奥田佐兵衛

滕屋町

二八九 ［海］

宗門帳、例年之通来ル九月二日朝五ツ時、西御役所江持参相納候様被仰渡候ニ付申達候、則当廿七日廿八日両日之内ニ当町江御越可被成候、右御案内如斯御座候、以上

巳八月　　宗旨納当町　円福寺前町

二九〇 ［海］

*去ル申年町々江御貸付被仰付候御救金之利足、其節被仰渡候通、一ヶ月ニ三朱之積りを以、当巳七月ゟ当月迄閏月共ニ七ヶ月分、来ル十日五ツ時一町限相包、行事町江取集候侭、行事町ゟ東御役所へ年寄五人組之内壱人印形持参相納候様被仰付候、以上

一焼町壱町ニ付銀拾五匁七分九厘九毛

一焼残り町壱町ニ付銀五匁弐分六厘六毛

来ル八日中ニ当町へ御持参可被成候、以上

当町　伊勢屋町

＊この触は月日を欠くが、原本の記載順によれば十二月のものと思われる。

寛政十年

二九一〔浦〕

明十四日、御所司代御発駕ニ付、御道筋掃除いたし、手桶箒
も有合候分差出、車留被仰付候、前夜行燈之義者御免被遊候、
諸事先例之通御心得、御取斗間違無之様可被成候、以上
　五月十三日　　　　　　奥田佐兵衛

寛政十一年

二九二 (参)〔浦〕

聖護院宮様来ル三日御通行ニ付、
一前日ゟ掃除致、見苦敷儀無之様可致候、尤手桶等差出し候
　ニは不及、前夜ゟ家別ニ行燈差出し置可申事
一火之元無油断弥念入可申事
一二階ニて拝見堅無用、得与〆切可置事
一幕すたれ毛氈之類無用事
一屏風にて囲候義有之候ハヽ、目立不申方取斗可申事
一御通行之節不礼無之様可致候、尤見せ先ニて酒たは粉其外
　給物等無用之事
一家別ニ一両人宛罷出拝見之人〻無礼等無之様政道可致候、
　尤無益之儀無之様御取斗可被成候
右之通為御心得申達候、以上
　未三月　　　　　　　年寄
　　　　　　　　　　五人組

享和 二月五日改元

享和三年

二九三 〔海〕

亥十二月五日

当地年寄惣代
寺社境内組町中惣代年寄共

当地町人共永続為御救金弐万両、天明八申年ゟ拝借被仰付、右利銀ヲ以町中永続御手当籾雑穀御買上ヶ被置候処、尚又此上利銀ヲ以籾米(衍カ)籾米御買上被仰付、市中御救之御備ニ可被成遣間、拝借金之義ハ是迄之通御貸延被仰付、上納之義ハ追而及沙汰候間、一同其旨可存候

右申渡候通、町中永続之御手当被成遣候義共御憐愍之程厚ク難在可存候、一同呼出可申義ニ候へ共、用捨ヲ以組行事町中呼出申渡候間、得与相心得一同不洩様其旨可申達候

但、右之通申渡候得共、年延拝借之義不勝手之筋在之、相納度町中も在之候ハヽ可申出候

右之通今五日朝六ツ時於東御役所御立会ニ而被仰付、御請書
差上り申候ニ付、御通達申上候
十二月五日

天保 十二月十日改元

天保五年

二九四 〔浦〕

近ゝ松平伊豆守殿御上京候間、御道筋町ゝ不作法無之様可致候

一御道筋御上京前夜家並ニ行燈出シ可申候

一御道筋掃除致家並ニ手桶箒差出し、並能盛砂可致候

一御上京前日御道筋車留

右之通可相触者也

六月　　中ノ町

二九五 〔浦〕

来ル廿七日、所司代松平伊豆守殿御上京ニ付、右道筋御見分明廿四日明六ツ時前ニ御出宅ニて御役人中方被相越候、無相違御待請可被成候、以上

六月　　中ノ町

二九六 〔浦〕

明廿八日、太田備後守殿所司代御屋敷へ御出被成候間、御道筋掃除致、不作法不致、見苦敷義無之様可致、尤盛砂等致候ニ者不及候

右之趣可相触もの也

六月

御旅館より御道筋

河原町通北へ、三条通西へ、西堀川通直ニ東番場、所司代御屋鋪へ、北御門ゟ御城入

右御門ゟ御城出、元之通御旅館へ御帰り

六月　　当町 北桝屋町

二九七 〔浦〕

今廿八日、太田備後守殿所司代御屋鋪へ御出被成候間、御道筋掃除等之儀ニ付触書差出置候へとも、御延引相成候間、其旨相可心得候、尤明廿九日ニ相成御出、昨日相触候通御道筋掃除致、不作法不致見苦舗(ママ)儀無之様可致候、尤盛砂等致候ニ者不及候

右之趣可相触者也

六月　　　　　　　　　　中之町

天保六年

二九八［浦］

東福寺　稲荷社　藤森社　梅谷　古城山

下野丸　御香宮　安楽寿院　不動院

右之ヶ所明廿八日松平伊豆守殿被成御巡見候ニ付、為御案内深谷遠江守殿被相越候間、先ゝ案内之儀例之通申通、無礼無之様可申付候、御往来在町諸商売差支無之様、尤掃除等改而致不及候事

二月

御屋敷、番場、二条通右江、両替町左へ、三条通右へ、寺町通左へ、五条通右へ、伏見海道北門ゟ東福寺

夫ゟ六ヶ所御出、不動道(ママ)

右門前竹田海道偶(仮)橋御渡、夫ゟ野道、油小路通左へ、二条通、番場、御屋舗

未二月　　　　　　　　　　中之町

二九九［浦］

仏国寺　万福寺　恵心院　興聖寺　観流亭跡　通円茶屋

宇治橋　橋姫社　平等院　御茶師竹田伯清　上林六郎　御茶壺蔵　上林又兵衛

右之ヶ所明十八日松平伊豆守殿御巡見被成候ニ付、為御案内深谷遠江守殿被相越候間、先ゝ案内之儀例之通申通、無礼無之様可申付候、御往来在町諸売買差支無之様、尤掃除等改而致候ニ不及候事

四月

御屋敷、番場、二条通り右江、両替町通左り、三条通り右江、寺町通左へ、五条通右へ、伏見海道鳥居先町右へ、七拾軒町左へ、大亀谷

夫ゟ十一ヶ所御出

右門前左へ、宇治橋際ゟ御乗船、伏見豊後橋詰ゟ御上り、直豊後橋通り大和海道七拾軒町、夫ゟ元之道御帰り

四月

三〇〇【浦】
明十八日、松平伊豆守殿御巡見被成候処、天気合ニ付御延引、
来ル廿一日御巡見候、此段先〻江可申通候事
四月十七日

三〇一【浦】
明廿六日、松平伊豆守殿御巡見被成候処御延引、来ル廿八日
御巡見之事ニ候、此段先へ可申通候事
四月

三〇二【浦】
風立候間、裏借屋ニ至迄火之元弥可念入旨、洛中洛外江可相
触者也
壬七月　当町　弁慶石町

三〇三【浦】
一祇園南町伊予屋源助母尼妙延と申者六十三才ニ成候者、当
九月十六日不斗被(ママ)出行衛不相知旨、右妙延之儀青梅煎蚫形
嶋布子浅黄木綿襦袢を着、黒天鵞絨帯いたし、黒紹頭巾を
かむり、触流候儀右源助頼出候間、右躰ものうろたへ居候
ハヽ、西御役所へ召連訴出候様可申通事
十一月　当丁　弁慶石町

天保七年

三〇四【浦】
仏国寺　西方寺　万福寺　三室戸寺　恵心院
興聖寺　観流亭跡　通円茶屋　宇治橋　橋姫社
平等院　竹田道雲　上林六郎　御茶壺蔵　上林亦兵衛
右之ヶ所明朔日松平伊豆守殿御巡見被成候付、為御案内深谷
遠江守殿被相越候間、先〻案内之儀例之通申通、無礼無之候
様可申付候、御往来在町諸商売差支無之様、尤掃除等改而致
候ニ不及候事
三月廿九日
御屋敷、番場、二条通右江、両替町通左江、三条通右江、
寺町通左江、五条通右江、鞘屋町通左江、大仏正面通右江、
伏見海道左江、鳥居先町右江、七十軒町左江、大亀谷
夫ゟ拾三ヶ所江御出

仏国寺
上林又兵衛
右門前左江、宇治橋際ゟ御乗船、伏見豊後橋詰ゟ御揚り、
直豊後橋通大和海道七拾軒町、夫ゟ元へ御帰り
御屋敷へ
中之町

三〇五 (参) [浦]

此度米高直ニ付、従御公儀様京市中一統難儀も可致由を御察成被為下候而、町毎へ東御役所様ゟ米弐斗五升、西御役所様ゟ銭弐貫五百文御救ひ成被為下候、是ハ裏借家ニ至迄吟味之上難渋之者共有之候ハヽ、分ケ遣すへきよし之御事ニ候、猶委敷義ハ追日可申入候得共、先触書ニ而申入候、最早米直段も少ゝ下直ニ相成へき時節ニ次第ニ高直之趣誠ニ心不成事ニ候間、一日も早銘ゝ身を慎ミ麁食をいとわず、まじり物を食し、朝夕者かゆ等を致シ可成丈ケ米穀ヲ喰延し候様ニ可致候、御公儀様ニも御心をいたませられ厚き御恵ミ成被為下候、御有難きを下ゝ召遣ひ之小者ニ至迄へ申聞せ、銘ゝ冥加之程をしり、精ゝ身を大切ニ慎ミ、麁食たり共有難く日ゝ頂戴いたし、豊年之時を可相待由を家ゝ之主人より下女下男ニ至まで得と為申聞教喩可被致候、右為心得之申通し候、以上

九月廿一日
中之町 年寄
五人組

三〇六 [浦]

此度被為御救被下候米銭之儀者、極難渋之者斗ニ而町ゝ毎ゝ相糺配分致遣候様、尤極難渋之者無之町方ハ極難渋人多町内江組町限相廻し遣候様、勿論組町之内ニ極難渋人無之分ハ他組町へ相廻候を配分いたし候訳当町より申し出候様、其余之者江者配分致間敷旨、口上ニ而早ゝ可申聞旨御沙汰有之候、以上

九月
当町 南桝屋町

三〇七 [浦]

頂法寺　瑞泉寺　建仁寺　祇園社　安養寺
長楽寺　双林寺　新善光寺　本覚寺　平等寺
大雲院　金蓮寺　津国屋伊八　歓喜光寺
円福寺　誠心院　誓願寺

右之ヶ所明十五日松平伊豆守殿為御巡見御出被成候ニ付、為御案内古橋長門守殿被相越候間、先ゝ案内之儀例之通り申通候、無礼無之様可申付候、御往来町ゝ諸商売差支無之様、尤掃除等改致候ニ不及候事

但シ、御巡見之寺社宝物書認メ置、先ゝニ而長門守殿組証文方役人江可差出候、尤宝物手間取不申候様可入御覧旨可通事

十月十四日

右御屋敷、番場、二条通右へ、両替町左へ、三条通り右へ、烏丸左へ、六角通

順（ママ）法寺

右門前へ左へ、六角通左へ、東洞院右へ、三条通右へ、木屋町

瑞泉寺

右門前元之通右、三条通り右へ、縄手通り直、建仁寺町通り

建仁寺

夫ゟ五ヶ所へ御出候

本覚寺

右西門ゟ右へ、下寺町左へ、五条通り右へ、不明門通南門ゟ御入

平等寺

右西門右へ、烏丸通右、四条通右へ

大雲院

右門前右へ

金蓮寺

御境内植木鉢物類御覧

津国屋伊八

右門前へ右江

歓喜光寺

右門前右へ

円福寺

右境内御通り抜

誠心院

右境内御通抜

誓願寺

右北門左へ、三条通右へ、両替町、夫ゟ元通御返り

御屋敷

天保八年

三〇八 〔浦〕

一寺町五条上ル柏屋春名前沽券状壱通
一西陣姥ケ北町菱屋次兵衛沽券状壱通
右明和四亥年十一月改沽券状紛失候旨訴出候付、吟味之上新沽券状相渡候条、以来前書年月ゝ沽券状通用致間鋪旨、洛中洛外へ可申通事
正月

天保十四年

三〇九 〔浦〕

諸色元直段御調ニ付酒造人共儀直段引下ケ、諸白其外銘酒之類壱升ニ付百三拾文、中酒壱升ニ付百拾文、並酒一升ニ付百文ニ売捌候旨申立候ニ付、市中造酒屋請酒屋共江右直段ニ売捌可申旨相達候様被仰渡置候処、此頃酒ニ水を交せ売捌候様相聞候間、右体水を交品柄を劣らせ候而者直下ケ致候詮も無之、此上御糺等ニ相成候而者不容易儀ニ付、心得違無之様右商売人共へ尚又可申旨被仰渡候間、右造酒受酒商売人共へ不洩様御達可被成候
一是迄追ゝ諸色共元直段御調ニ付書付差出候内、豆腐其外直段引下ケ不申向も有之、又者直段引下ケ品柄を劣らせ目方抔を減し候品も在之哉に相聞候間、右体心得違無之様可致旨、夫ゝ江可申達旨被仰渡候間、精ゝ御取斗ひ可被成候
右之趣酒屋并是迄元直段書付差出候諸商人共へ御達シ可被成候、已上
七月廿二日　手洗水町
右之通御口達在之候間、御通達申上候

三一〇 〔浦〕

覚
一燈之油　壱升ニ付代三百文
右者今般厚キ御趣意ニ付書面之通素人売いたし、小売商売人江者壱升ニ付三百文之内壱分迄引下ケ売渡候段、絞り油屋之内八幡屋善四郎外拾壱人之者申上候ニ付、外油屋共儀も右直段ニて売候様、尤直段書油屋共表へ早ゝ差出候様可申付、併

右直段ニ而売捌候而者不引合迷惑致、無拠者も有之候ハヽ、
其段申出候様被仰渡候事
右之趣油商売之者へ不洩様御通達之事
八月十一日　手洗水町

三一一【浦】

此度御触ニ背候品着用致候者并風俗ニ抱り候遊女芸者等之姿絵有之器物売捌候者共、夫々御吟味之上御咎被仰付候条、弥以御触之趣心得違無之様持場限可申聞置事
但、本文之趣不洩様申聞せ、町々張出候ニ不及候事
卯九月廿日

三一二【浦】

覚

一地造極上醤油　壱升ニ付　代八拾文
一同　上醤油　同断ニ付　代七拾文
一同　中同　同　代四拾文
一同　下同　同　代三拾弐文
一白味噌　壱〆目ニ付　代弐匁
一中味噌　同　代壱匁五分
一大坂赤味噌　同　代壱匁六分

右は今般厚キ御趣意ニ付書面之通り直段引下ケ素人売致、尤醤油之方小売屋江之凬直段ハ壱割下ケ売渡候段、右両商人共申立候ニ付、外醤油屋并ニ味噌屋共義も右直段ニ而売候様、且又右両商人共表江早々右直段書差出候様可申通、併右直段ニ売捌候而者不引合迷惑致、無拠者有之候得ハ、其段申出候様被仰渡候事
右之趣両商売人共江不洩様早々御通達之事
九月廿一日　手洗水町

三一三【浦】

町入用懸り高減方之儀ニ付、追々御触之趣を以何れも減方致候儀ニ可有之候間、一町限御改革以前之懸り高と減方致候掛り高と左之通為相認、持場限早々取集可差出候、尤此外委敷減方之儀者猶追々相尋候儀も可有之候
凡差定り候町入用
去ル丑年之分以前五ヶ年平均之高
銀何程

御改革ニ付減方取調候高一ヶ年分
　銀何程
　但シ、壱軒役ニ付何程

卯十二月

何町
年寄　誰印
五人組誰印
平町人誰印

右半紙ニ認メ

右之通被仰出候間、早々組町々江御達被成、行事町へ書付御取集、来ル五日迄ニ持場へ御差出可被成候、已上

卯九月廿八日

三一四　［浦］

近々酒井若狭守殿御上京候間、御道筋町々不作法無之様可致候

一御道筋御上京前夜家並ニ行燈出し可申候

一御道筋掃除いたし、家並ニ手桶箒差出し、並能盛砂いたし可申候

一御上京前日当日御道筋車止メ可申付候

右之通可相触者也

弘化 十二月二日改元

弘化元年

三一五［浦］

一去ル卯年北国米壱万石、此度大坂御蔵ゟ二条御蔵江移替相成、牛車牽通候間差支等無之様可致、尤非常之節ハ罷出手当可致旨、当五月申通し差出置候処、右移替此節相済候ニ付、最早不及其儀候条、右町〻早〻可申置候事

右之通町〻不洩様御触書差出し可申事

天保十五辰ノ九月　　中之町

三一六［浦］

来月二日辰刻、竜宮御方橋本家より御参内被仰出候間、御所近辺ハ猶以裏借屋ニ至迄、火之元念入可申候、此旨洛中洛外へ不洩様可相触者也

十一月廿九日　　当町　菱屋町

弘化二年

三一七［浦］

明六日、酒井若狭守殿御事、知恩院宮御方へ御使御勤被成候御道筋左之通ニ而、掃除等諸事先格之通ニ相心得、御通行之節見せ先へ出居候而不作法之躰無之様可致候

但、盛砂等いたし候ニハ不及候

一火之元之義弥以無油断心を付可申候

一右当日知恩院宮御本坊近辺町〻も弥火之元入念候様可致候

右之通御道筋町〻并ニ御本坊近辺町〻へ可申通候事

三月五日

御道筋

所司代御屋敷より番場、二条通東へ、両替町通南へ、三条通り東へ、大橋御渡縄手通り南へ、古門前通東へ、知恩院宮へ御入

御使相済、元之御道筋御帰

右御道筋車牽通候儀無用ニ可致事下（ママ）

右之通り被仰渡候間、諸事先格之通り御取斗可被成候、以上
　　　　　　　　　　　　　　町代

三一八［浦］

一此度湯銭直増之義、左之通
一男女　七文
一子供　五文
一乳のミ子　四文
右直増当五月中、但六月より八月迄、是迄之通引下ケ直段、
九月ニ至候得者伺可申候様
右之通り被仰渡候事
　　　　　　　　　　　　直段調取扱掛り
　巳五月
　　　　　　　　　　　　　　三町組

三一九［浦］

藤森社　古城山　下野丸　御香宮　伏見御役所
右之ケ所明廿三日酒井若狭守殿御巡見被成候ニ付、為御案内
ト伊奈遠江守殿被相越候間、先ゝ案内之儀例之通り無礼無之
様可申付候、御往来在町諸商売差支無之様、尤掃除等改而いたし候ニ不及候事
　五月廿二日
御屋敷、番場、二条通り右へ、両替町通り左へ、三条通り
右へ、寺町通り左へ、五条通り右へ、伏見海道、西鳥居ゟ御
入
　　　　　　　　　　　　藤森社
夫ゟ三ケ所御出
　　　　　　　　　　　　伏見御役所
右元之道左へ、大手筋右へ、京町通右へ、墨染左へ、伏見
海道、夫ゟ元之道へ御帰り
　　　　　　　　　　　　御屋鋪

三二〇［浦］

去辰年北国米壱万石、此度大坂御蔵ゟ二条御蔵江移替相成候
間、左之道筋牛車牽（カ）通り候間、差支等無之様可致候、尤も非
常之節者早ゝ罷出非常手当可致候
高瀬川端大黒町西へ、川原町北へ、三条通西へ、東堀川北
へ、御池姉小路之間車橋牽通り西堀川、姉小路西へ、猪熊
北へ、番場

右之通り之趣不洩様右町〻江可申通事

巳五月

三二一〔浦〕

去辰年北国米壱万石、此度大坂御蔵ゟ二条御蔵へ移替相成候ニ付、伏見着船之上、左之道筋牛車牽通候間、差支等無之様可致候、尤も非常之節者罷出非常手当可致候

伏見ゟ北へ東洞院、西へ松原通、北へ烏丸通、西へ四条通り、北へ室町通、西へ三条通、北へ東堀川、西へ御池姉小路之間車橋牽通西へ堀川、姉小路西へ、猪熊北へ、番場

右之趣伏見支配所境ゟ東洞院通村〻町〻へ不洩様可申通事

五月

三二二〔浦〕

一先達而町〻ゟ員数書上有之候通用御停止金銀、追〻引替相済候残古金類、当時所持之者員数共書付相認メ行事町江取集メ、来ル晦日迄ニ持場江差出候様被仰渡候、以上

但、右古金類無之町分も其段書付相認差出候様被仰渡候、

以上

九月廿七日　当町　中之町

三二三〔浦〕

胤宮御方為御養育閑院殿江御逗留之処、御近例ニ付右近辺火之元至而念入、物騒敷儀等無之様早〻可申通事

巳九月

弘化三年

三二四〔浦〕

一此度御葬送、蛤御門より烏丸通南へ、三条通東へ、寺町通南へ、五条通東へ、伏見海道南へ、泉涌寺江御入之事ニ候条、右道筋町〻江此旨可相触者也

二月十六日

三二五〔浦〕

来月四日、大行天皇御葬送ニ付、御車道筋蒔砂幅壱丈四尺ニ可致候事

一御葬送之節拝見之者共、御車御通候砌平伏仕、男ハ十五歳

以上土間ニ可罷在候、女并子供ハ床之上又ハ格子之内ニ而も拝見不苦候間、不作法無之様急度相慎可申候、勿論二階ニ而拝見之義堅可為無用候
右之通御葬送御道筋町々江可申触候事
午ノ二月十七日

三二六［浦］
来月四日、大行天皇御葬送ニ付、来月二日ゟ同四日迄、牛馬并ニ車留申付候
但シ、般舟院門前ハ廿五日迄差留候間、其旨可申通事
午二月十九日

三二七［浦］
明後廿五日、御道筋等御見分御奉行様其外御越被成候ニ付、町役之者壱人宛罷出居候様被仰渡候、以上
二月廿三日

三二八［浦］
御道筋
室町蛸薬師下ル七条左京居宅ゟ室町北へ、三条通東へ、縄手通南へ、古門前通、知恩院御入
明八日、広大院様御位牌知恩院へ御安置ニ付、御道筋差支無之様相心得、通り掛り候往来人制シ留メ、勿論不浄体無之万端無滞様、右御道筋町々年寄五人組罷出取斗可申候
但、手桶箒差出候ニ者不及候
右之趣御道筋へ早々可相触者也
午三月七日

三二九［真］
頃日菜種取入相仕舞可申、当年作柄之儀所々寄少々吴田可有之候得共、全ク不作とも不相聞、毎々申渡し置候通、時之相場を外ニし実々無之直段糶売買いたし、又者持囲直待等いたし候族も有之候ハヽ、急度可及沙汰候間、情々正路下直ニ古油屋共へ売渡し、潤沢ニ相成候儀専一ニ相心得可申、此旨前以心得違無之様、庄屋年寄共ゟ厚可申付候
右之趣洛中洛外在々江可申通事
閏五月

三三〇〔真〕
明後廿日、御目附松平勘太郎殿従三条高瀬船ニ而川筋御見分、伏見ニ而御乗替、八幡、山崎筋巡見之事ニ候、先〻案内之儀、例之通可申通事
六月十九日

三三一〔真〕
加茂川筋洪水三条五条橋損落、往来難相成候付、万一非常之儀在之候ハヽ、東西川縁之漁師持（ママ）へ水心有之もの共へ差掛り申付候儀可有之哉ニ付、右様之節者水心在之もの共早速三条川端へ寄集可申旨、持場雑色町代共ゟ加茂川両縁江早〻可申聞置事
午七月八日
右之趣奉承知、早速町内へ申通置候様可仕候、以上

三三二〔真〕
申通書
此度加茂川筋出水五条橋中程損落候処、女院御葬送御道筋之儀ニ付、急速御修復取掛り、御葬送之節無御差支様取斗候積ニ候、右ニ付而者万一又〻加茂川筋出水、右橋残り之分も損候様之儀有之候而ハ、忽チ御差支ニ相成候間、若強雨ニ而出水可致程之事も有之候ハヽ、右橋東も橋西も向寄五町四方之町〻ゟ明桶明樽等有合候丈ケ達者成人足ニ為持、町役人差添、早速右橋上江相運び水を吸込、橋損シ不申様手配可致候、此旨右橋向寄町〻江早〻可申通事
午七月九日
右被仰渡之趣奉畏候、以上

弘化四年

三三三〔真〕
四品并五万石以上諸大名方御家来名前所付被致承知度旨、下総守被申候間、来ル廿九日迄ニ右書附御差出可被成候、以上
五月
水野下総守組与力
桂　数太郎
鵜飼助四郎
上田良蔵
真野岩太郎

手嶋柔治郎

諸大名方
御家来中

三三四 [真]
四品并ニ五万石以上諸大名留主居無之分者、用達名前所付相認、来ル廿九日迄ニ御役所江可致持参旨可申通事
五月

三三五 [真]
明朔日、御目附斉藤左源太殿爰許御出立、従三条高瀬船ニ而川筋御見分、於伏見ニ船御乗替、八幡、山崎御巡見、夫ゟ夜船ニ而大坂表江御越有之候間、案内之儀例之通可申付事
五月廿九日

三三六 [真]
伏見支配所境ゟ北江東洞院、西江松原通、北江烏丸通、西江四条通、北江室町通、西江三条通、北江東堀川、西へ御池姉小路之間車橋牽通、西堀川、姉小路西江、猪熊北江、

番場

去午年西国米五千石、此度大坂御蔵ゟ二条御蔵江移替ニ相成候ニ付、淀川筋過書船ニ而追ヽ為積登、伏見ニおゐて高瀬船ニ積替、右川筋為積登ニ相成候間、前書川ヽ筋両側縁之村ヽ町ヽ相心得、差支等無之様可致、尤非常之節者早ヽ罷出、非常手当可致旨、当四月触置候処、右積登此節相済候付、最早不及其儀候条、右村ヽ町ヽ江早ヽ可申通事
未六月五日
右之通就被仰出申通候、以上
松尾左兵衛

三三七 [真]
明後廿一日、御目附加藤修理殿従三条高瀬船ニ而川筋見分、伏見ニ而乗替、従夫八幡、山崎筋御巡見之事ニ候間、先ヽ案内之義例之通可申付事
六月十九日

嘉　永　二月二十八日改元

嘉永元年

三三八【真】

覚

一脇差　壱腰

身長サ弐尺斗、下緒柄糸黒、鞘黒、鍔鉄丸、小柄無之、

其外不分

一黒紬小袖　壱　紋九ツ曜

一鼡小紋絹同　壱　紋鋏片はミ

一同断　壱　紋丸ニ木瓜

一紅梅織同　壱　紋鋏片はミ

一晒鼡小紋　壱　紋同断

一相小紋絹単羽織　壱　紋九やう

右男物

一絹鼡小紋小袖　壱　紋割桐

一右同断　壱　紋枝桐

一紬嶋染袷　壱　紋五三桐

一黒五分九寸巾帯　壱

右女もの

右一昨十五日已来質ニ取、又ハ買入候もの有之候ハヽ、早ヽ西御役所へ持参可訴出候事

二月十七日　当町　塩屋町

下大坂町

三三九【真】

一明廿一日、御目附滝川三郎四郎殿夋許見、従三条高瀬船ニ而川筋御見分、於伏見船御乗替、八幡、山崎御巡見在之候間、案内例之通り可申付事

四月廿日

三四〇【真】

一酒井若狭守殿御風邪気ニ付、端午御礼御玄関ニ而申置候様可致旨、前ヽ右御屋敷へ罷出来候寺社町人共不洩様可申通事

五月四日

三四一 (参) 〔真〕

一河刕誉田八幡宮本社就大破、諸国勧化御免被成下候ニ付、其段去ル午年、去ル未年御触書御差出し御座候処、右勧化物壱町限ニ御取集メ被成候而、来ル八日迄鍋屋町へ無相違御差出し可被成候、已上

　但し、勧化物御包被成候而、其御町名委敷御書記御差出し可被成候

　　申六月

　　　　　　触当町 鍋屋町

　　　　　　橋本町

右之通申参り候ニ付、銀壱両寄進いたし候事

三四二 〔真〕

一松平紀伊守掛丹州保津川廿分一運上木板御払入札被仰付、代銀者来ル十一月十五日限延納之積り、望之者者家持受人召連、保津川運上場へ罷越、右御払木及見、根帳ニ付、来ル廿一日四つ時、運上場於役所ニ札披候旨可相触者也

　　申六月

三四三 〔真〕

一当春黄檗山勧化之義、御触書御差出し之所、此節右寺役僧可致廻行趣、其段組町々江通達いたし、有志輩ハ格別出情寄進在之様致度被申候事

　但し、御声掛り之事、内実在之候間、此段御含候事

　　申六月

　　　　　　触当町 橋本町

　　　　　　鍋屋町

右之通趣御達し申候、已上

三四四 〔真〕

一来ル廿九日、天気能候ハヽ、御目附阿部数馬殿三条高瀬舟ニ而川筋見分、伏見ニ而舟乗替、八幡、山崎巡見、尤雨天ニ候ハヽ翌晦日巡見之事ニ候、先々案内之義例之通り可申付事

　　七月廿六日

三四五 〔真〕

覚

一黒縮面綿入　　壱

裏花色ちゝふ、紋轡
一紺天絹綿入　壱
裏紋、右同断
一松葉色熨斗目袷　壱
裏紋、右同断
一花色のしめ袷　壱
裏紋、同断
一花色絹袷　壱
裏紋、右同断
一竪嶋絹袷　前同断
一黒斜子袷羽織
裏白絹、紋丸ニ蝶
一黒縮面単羽織　紋轡
一浅キ帷子　紋轡
一松葉色紬単物　紋轡
一花色木綿壱反風呂敷
紋蝶、大川と記在之
一紺中風呂敷　菊紋付
〆

右当廿三日已来質ニ取、又ハ買取候者在之候ハヽ、早ゝ東御役所へ持参可訴出候旨可申通事
申七月廿七日
下樵木町
当町　南車屋町
北車屋町

三四六［真］

一明廿九日、御目附阿部数馬殿高瀬川見分、八幡、山崎巡見之義、御用在之延引、明後晦日巡見之事ニ候、先ゝ案内之義可申通事
七月廿八日

三四七［真］

錺師年番
菱屋清兵衛外弐人
細工場
四条通河原町西へ入町
錺屋三五郎
錺金物方請負
出水通猪之熊《（ママ）》西入町

錺屋吉兵衛
新椹木町竹屋町上町
亀屋善兵衛
御襖御絵張付方請負
寺町通二条上町
玉屋利右衛門
丸太町通河原町西入町
富田屋惣左衛門
借家

今度女御御殿御修復ニ付、請負之者共へ夫ゝ御修復之品追ゝ御下ケ遣ニ付、細工場居宅借家弐町四方、火之元別而入念候様可申通事

申八月

米屋町　川口町
真町
風呂屋町　橋本町
稲荷町
舟頭町

三四八　［真］

一欠所諸道具御払相成候間、望之者ハ廿二日廿三日之内、家持請人召連、下総御役所へ届出候上、左之所へ罷越其品見届、来ル廿五日五つ時、右御役所へ入札持参可致候旨可相触者也

九月

諸道具　出水新町東入町　丹波屋兼松
同　二条河原町東入町　宇治屋新兵衛
同　新河原町梅木町　阿波屋くま
同　猪熊松原上ル町　いせ屋庄兵衛
同　鞘町五条下弐町目　井筒屋喜兵衛
〆

九月

三四九　［真］

覚

一黒絹小袖　一
紋丸之内ニ横木瓜
一白地かすりさつま木綿単物　壱
〆　右先月廿七日已来

一刀　壱
身無銘、柄糸黒、縁頭鉄、目貫不知、鮫常体、鍔鉄七宝彫、
切羽金滅金、鎺銀きせ、鞘黒、下緒駿河打
一脇差　壱
身丹之字一字在之、柄糸茶、頭角縁赤銅斜子、目貫色絵茶
薄、鎺金着、鮫常体、鍔鉄地彫、切羽金着、鞘蠟色、下緒
黒糸
右当月朔日已来質物ニ取、又者買請候者在之候ハヽ、西御役
所へ持参可訴出候事
十月

三五〇【真】
一今度為上使酒井左衛門尉上京、河原町三条下町松平式部屋
敷旅宿ニ候間、右屋敷近辺ニ而下宿可申付候、尤先方ゟ手
当者格別、宿料等之儀乞請候儀致間敷候、追ゝ下宿割当等
も可有之候得者、実ゝ差支難渋之者共ハ、其段下総御役所
へ可申出候、紀之上いつれ共可申付候、此旨左衛門(尉脱カ)旅宿最
寄町ゝへ可申通事
十二月

安政 十一月二十七日改元

安政二年

三五一【真】
覚
一黒奉書《男もの之分》紬綿入　壱
但し、丸ニ千切紋付
一茶紬同　壱
但し、紋右同断
一黒紬袷　壱
但し、右同断
一同七子袷羽織　壱
右同断縫紋付
一黒竜門同　壱
但し、三ツ目紋付
一小紋絹草(ママ)羽織　弐
但し、丸ニ千切紋付

女もの之分
一生壁縮緬綿入　壱
　但し、靏丸ニ紋付
一茶羽二重綿入　壱
　但し、三ツ割菊紋付
一小紋縮緬同　壱
　但し、靏丸紋付
一同晒帷子　壱
　但し、右同断
一飛色紬綿入　壱
　但し、菊紋付
一丁子茶奉書紬同　壱
　但し、なてしこ紋付
一利久茶同　壱
　紋同断
一靏羽色紬同　壱
　紋同断
一こひ茶縮緬同　壱
　紋同断
一空色紋縮緬袷　壱
　紋同断
一小紋縮緬綿入　壱
　但し、三ツ割桐紋付
一同さらし帷子　弐
　紋同断
一鼠色奉書紬綿入　壱
　右同断
一小紋縮緬同　壱
　但し、牡丹紋付
一空色越後帷子　壱
　但し、靏菊紋付
一晒粟(栗)梅色同　壱
　但し、二羽蝶紋付
右ハ当十六日以来質取、又者買取候もの有之候ハヽ、早ヽ東御役所へ持参可訴出旨可申通事
　十月

三五二 〔真〕
四品以上諸大名留主居無之分、用達名前所付相認、明後十八

日迄ニ東御役所江可致持参旨可申通事

十一月

三五三 〔真〕

四品以上諸大名方御家来名前所付被致承度旨、備後守被申候付、明後十八日右書付御差出可被成候、以上

十一月　　岡部備後守組与力

上田覚太郎

山田廉之助

四方田酉作

本多弥太郎

神沢虎之助

石嶋牧之助

草間列五郎

諸大名方

御家来中

三五四 〔真〕

風立候間、裏借屋ニ至迄火之元弥可入念旨、洛中洛外へ可相触者也

十二月八日

三五五 〔真〕

今出川通伏見殿構内新道出来候ハヽ、雑人者右新道往来可致、尤仮皇居御構今出川通木柵者、全御所向江携候向斗通行之筈、当六月触置候処、此度伏見殿練塀如元補理可相成候間、今出川通木柵之内前之通雑人往来不苦候、此旨洛中洛外へ可相触もの候（ママ）也

十二月

安政三年

三五六 〔真〕

御鉄炮奉行

依田吉左衛門

右御役宅ゟ来六日御用荷物牛車三輛并人数召連、二条御城西番場、南へ南番場、南へ大宮通、東へ三条通、北へ西堀川車橋ゟ東堀川、東へ二条通、南へ河原町通、樋之口迄、高瀬川乗舟、伏見へ罷越候、此段為心得道筋之ものへ可申聞置候事

三月

川口町

三五七 〔真〕

今度従公儀加茂川筋浚方被仰付候、右者近来加茂川筋并高野川筋共出水之度毎、山谷ゟ者土砂流出、段々川床高ク相成候故、追々堤危ク自然堤抔切れ込候而者不容易、御太切之御所方を奉始、市中一体之洪水落込ミ可申も難斗、左有時ハ市中町々之者安住いたし、銘々家業之営も難出来、一統当惑難渋可致儀ニ付、今般格別之御仁恵を以右川筋浚方被仰付、後之患なく永久安居之上家業相営候儀、全ク昇平之御恩沢与子孫迄難有可奉存儀ニ付、此度浚方之御手伝銘々冥加之ため可奉願道理ニ有之候間、右之趣相考他之見競等不致精々相励出金致、御差加可奉願儀を有志之輩へ申諭候様、上古京拾弐組年寄共へ申渡置候、右ニ付右之趣意を以、町々年寄共江可申談間、十弐組年寄共ゟ相招候節者、早速罷出可申、尤此段組々町々へ当町ゟ通達致置候様、西御役所於御白洲ニ川方御掛り御役人中様御立合ニ而被仰渡候事

四月

触当町 稲荷町

舟頭町

三五八 〔真〕

口達

加茂川浚土砂市中一躰江敷ならし之外、川筋左右へ五町之内往還へ公儀人夫ヲ以漉砂為敷平均候間、其旨可存候、尤小砂利ニ而者差支候町分も有之候ハヽ可申立候

辰五月

右之通被仰渡候間、小砂利ニ而者差支候町も有之候ハヽ、来ル廿九日迄、壱町毎ニ差支有無共書附ヲ以、西石垣四条下ル町元御会所へ申出候様被仰渡候事

但し、西之方ハ高倉通迄

五月廿七日

右之通被仰渡候趣承知仕候、已上

安政六年

三五九 〔真〕

魯西亜、仏蘭西、英吉利、阿蘭陀、亜墨利加ト条約為御取替

相成候付、右条約写相達候、条約之趣末〻之者ニ至迄相心得
候様可致候
右之趣御料私領寺領共不洩様早〻可触知者也
六月
右御書付従江戸至来候条、洛中洛外へ不洩様可相触者也
十月

三六〇【真】
城刕葛野郡木辻村麟祥院鎮守社其外等大破ニ付、修覆為助成
天満宮相対を以授(守札脱カ)候、右者紛敷儀ニ無之段、洛中洛外在町へ
無急度可申通事
丑四月
右之通嘉永六丑年四月御触流有之処、町方之内ニ右之趣不相
弁町分も在之趣ニ付、猶亦得与申通、右役人罷越候ハヽ、信
仰之輩精〻助成ニ相成候様取斗致可遣旨、持場限可申達置様
被仰渡候事
十二月四日至来

万延元年

万延 三月十八日改元

三六一【真】
脇差壱腰
但し、鞘黒、鍔赤銅、柄黒糸
右十六日已来、質ニ取買取候もの有之候ハヽ、早可訴出事
二月十七日至来

三六二【真】
*先日以来、追〻御触書を以被仰渡、且御出役場所ニ而も被仰
付候浪人、其外烏乱成体之もの穿鑿方之義、町所ニ寄ニ而者
兎角等閑ニ而名聞而已ニ心得、気薄之町役人も有之哉ニ相聞
江候、此度之義者格別重キ御吟味者之義ニ付、裏借屋隅〻迄
も日〻入念、年寄共用人等召連、日〻両三度宛見廻り、平日
不見知もの有之候ハヽ、早急ニ御出役場へ相知らセ候様、町
〻江為申聞候様格別厳敷被仰渡、右者太切之義ニ付、町〻ニ

而厚相心得精々入念取調、無間違御取斗可被成候、已上

閏三月七日　同

＊この触書の差出「同」は、原本の記載によれば「当町　下丸太町、塗師屋町」をうけている。また、十二―一〇二五の元触と思われる。

三六三 〔真〕

覚

一しま縮面小袖　もん所うら桔梗

一さらし小紋帷子　同揚羽てふ

一同　同うら桔更（ママ）

〆右女もの

右者当三日以来質ニ取、又者買取もの有之候ハヽ、早々東御役所へ可訴出旨可申通事

申五月　当町　大黒町

山崎町

張出ニ不及事、被仰付候、以上

三六四 (参) 〔真〕

真町　錦嚢円　三拾九服　壱包ニ付三十五文

右丸薬売弘之義、先達而申通書御差出ニ成、右者諸堂及大破候ニ付、修覆為助成売弘之義相願御免ニ相成候ニ付、於町々精々厚世話可致、成丈多分売捌出来、残薬無之やう町々家別ニ裏借家ニ至までも相廻し、不洩やう弘方行届候やう御沙汰之趣承知仕、則右夫々包数相改慥ニ受取申候、早速組町へ相達、猶弘方之義も得与申達、右売高代銭ハ来六月中ニ不洩やう取集、都合勘定書相添差出候やう可仕候、已上

申五月　山崎町

大黒町

右之通受書差出し有之候間、此段御達申候

三六五 〔真〕

先達而ゟ御達有之候町々相変之義、紛敷体之者止宿有無之義申来候処、尚又右之外何事ニ不寄平日ニ無之義有之候ハヽ、早々其町々ゟ御出張所ニ御達可被成候、此段御達し有之候間、申上候

五月　触当町

右之趣奉畏候、已上

元治 二月二十日改元

元治元年

三六六 ［控］

廻状

市中見廻り場所　北　蛸薬師通より
　　　　　　　　南　松原通まて
　　　　　　　　東　鴨川辺より
　　　　　　　　西　御土居際まて

右場所之儀者新選組昼夜見廻り被仰付候間、万一見廻り跡ニて狼藉様者有之候ハヽ、壬生旅宿江早々願出可申者也

四月廿二日

右場所之町人共江、不洩様廻文順達可致者也

新選組

右場所町役人共江

右之通御廻状参候間、御順達申上候、以上

町役

三六七 ［控］

新選組
北　蛸薬師
南　松原迄
東　加茂川辺ゟ
西　御土居迄

歩兵組
東加茂川辺ゟ
西御土居迄
北松原ゟ
南九条迄

右書面仕切方角之場所之肩書之御役方御持場所ニ付、御廻り之節町々ニ而相心得居之様被仰渡候事

六月廿三日

右之趣承知仕、組町々へ早速申通し可仕候

当町　恵美須□（之）町

三六八 ［控］

一近来帯刀人等猥ニ山林江立入柴草幷ニ松茸或ハ山野ニ生□菓物□取荒候趣相聞、右ハ当節初而当地江罷登居ノ者不少候間、土地之事□不相弁、松茸幷ニ菓物等者自然生□之者故、如何程狩取候而も不苦□相心得候ゟ右躰之及所業候哉ニ可有之、惣而松茸幷ニ菓物等ハ地主ゟ市在又ハ受負人共

売渡、年貢之一助共相成、殊ニ松茸ハ季節向ひ候得者銘々持山之内縄張等致、猥ニ立入候義を相防ギ、価ニ応し夫々為買採身過罷在候義ニ有之候処、右様之次第ニ成行候而者活□（計）を失ひ難義致候者不少、別度之義願出候向も有之、官家等之内ニ者御所表へ調進御崇敬ニも拘候趣を以被申立候向も有之候条、旁以帯刀人ハ不申及、雑人迄も猥ニ山林へ決而致間敷筈ニ付、向後万一右躰之及所業候ハヽ名所等相尋、所役人共ゟ月番御役所江可訴出候

右之趣山城国中在々へ不洩様早々可相触もの也

九月　　当町　植松町

三六九　［控］

焼場之内、町中持地面并ニ是迄借屋立之地面之□、差当り家建難出来場所へ御役所表□ニ借屋取建之上、相応安宿料を以御貸渡し可被成候間、明地面有之向者、持主名前地所間数等御書出し可被成候、尤所柄ニ応し地料も可申候間、是又地料直段壱坪ニ付何程与申渡御認、明日中ニ私宅へ御差出し可被成候、以上

但し、何れも家建借屋等追々出来候向、御貸渡し可申候、地面無之分ハ其段も書付以御返事可被成候

十二月三日　　石垣甚内

右之趣承知仕候、夫々組町入念相違し、有無共書付ヲ以御返事可申候、以上

当丁雁金町写取

慶応 四月七日改元

慶応元年

三七〇 〔控〕

覚*

一脇差　壱本

作り合口

中身無銘長七寸五部(分)

柄出し鮫目貫四分一月ニ猥(限)形

鞘頭黒角鞘　朱溜小抑

鐺赤銅石目　縁金

小柄真鍮銅ニ而牛人物

右当十七日以来質ニ取、又者買取候者有之候ハヽ、早ヽ東御役所江持参可訴出候旨可申通事

当町　貞安前之町

* この触は月日を欠くが、原本の記載順によれば九月のものと思われる。

慶応二年

三七一 〔控〕

*高瀬川筋□(五)条上ル丁

塩川文□(鱗)

右之者共方、此度御所御絵御用被仰付候間、右近辺火之元入念［　］、四丁四方町ヽ之者江可申通事

当町　貞安前之町

* この触は月日を欠くが、原本の記載順によれば六月のものと思われる。

三七二 〔控〕

御上洛ニ付御旅館向為御用、別紙之通諸品并諸職雇上等之儀、其筋渡世之者共、右品書ニ銘ヽ直段付入札いたし、来ル廿二日迄御作事方旅宿神泉苑町姉小路下ル来迎寺へ持参可給候、尤入札名所前以東御役所江可届出候

右之趣其筋渡世之者共へ可相触もの也

九月

材木屋　大工　鍛冶職　屋根屋　戸屋　畳屋

表具師　左官　瓦師　石屋　人足

当町　蓮池町

三七三 ［控］

市中為御救当六月以来白米壱升代銭五百文之積を以、安直御払下ヶ米切手之儀者、来月五日限ニ而不通用ニ相成候条、今以右切手品物之者ハ、同日迄最寄米商ひ共□迄引替可申候間、切手相渡候町々裏借屋ニ至迄、品（所）役人ゟ念比ニ為申聞候様、早々持場限可及口達段御沙汰ニ候事

九月廿五日

三七四 ［控］

*米価を始諸色未曽有之高直ニ付、必至窮難之者とも為御救、去月十日ゟ日数三十日之間

一小川頭報恩寺境内

一西陣本隆寺境内

一寺町妙満寺境内

一五条御影堂境内

一祇園林下町御救場

一壬生寺境内

右六ヶ所ニおゐて粥を焚被下候処、今以万価同様之義ニ付而者、左之名前有志施財をも御差加、追々申立候分共、窮民凡壱万三千四百五拾人江、尚又当十一日ゟ日数三十日之間、是迄之通粥被下候条、此上ニも可及飢寒ものも出来候ハヽ、無等閑町役人共ゟ可告来候

外ニ有志名前書之義ハ追而御覧ニ入候

当町　石不動之町

＊　この触は月日を欠くが、原本の記載順によれば十月のものと思われる。

慶応三年

三七五 ［控］

*明廿九日辰刻、准后御方泉涌寺江御参詣御道筋

清和院御門ゟ寺町、三条東江縄手通、大仏正面西へ、伏見海道泉涌寺江、還御前同断

右御道筋ハ勿論、其外町々裏借屋ニ至迄、火之元入念可申候、此旨洛中へ早々不洩様可相触もの也

当町　本覚寺前町

＊　この触は月日を欠くが、原本の記載順によれば正月のものと思われる。

三七六　【控】

海外諸国江学科修行亦者商業之為相越度志願之者へ御免之印章相渡候付而者、印章受取節於当地者外国奉行、神奈川長崎箱館表おゐて其所之奉行江手数料可相納□、納方(ママ)与之義者印章相渡候節申達候筈、右之通可相触候

八月

三七七　【控】

天保度関八刕上酒試造り上ケ株、関内并遠国与江貸渡シ置候通、近年引続減造相成、関内之義ハ御府内近〻場所ニも有之、別而減方江出候付、兎角隠造り過造致候者不少、右者造高小石数ニ而稼人多き故、別而違犯および候義与相聞候間、関内貸株之義ハ追而被仰出候所も可有之候間、夫迄者休道可致候、其地之分当卯年酒造り之義、諸国共三分一造り被仰出候間、取締所義去寅年相触候通可被相心得候

右之通り諸国御領私領寺社領共へ不洩様可相触候

九月

三七八　【控】

歩兵組江御渡し有之短筒壱挺、去ル廿一日紛失致候、右玉目六匁程、長サ台共壱尺弐寸程、筒長サ八寸五部(分)程ニ而、真鍮丸形台ジリ、同用心鉄、同帯鉄ニ而釣瓶込矢、右体之品見当り候もの有之候ハヽ、早〻奉行所へ持参可訴出旨可申通候事

十月

三七九　【控】

御冥加銀壱軒役ニ付壱分九厘ツヽ并町代給分共、当町江取集メ、来ル廿日朝五ツ時、当町へ御持参可被成候、以上

十月　　辰巳組当町　烏丸四条「(下ル町カ)」

三八〇　【タ】

此度兵庫御開港ニ付而者交易筋弥盛大可相成ため商社御取建相成候処、商社之外ハ取引難出来様存取候もの有之哉ニ相聞、右者心取違之事ニ候間、商売を遂度者共ハ神奈川、長崎、箱館同様勝手次第取引可致候

右之通御料ハ御代官私領者領主地頭ゟ不洩様可被相触候

十月

三八一　［控］

御政事向之儀ニ付、今般被仰出候趣も有之候処、五海道并脇往還共人馬賃銭払方之義、追而御規則相立候迄者是迄之通りたるへき旨、御所ヨリ被仰出候

右之趣向〻江可相触候

十月

三八二　［控］

御政事向之義ニ付、今般被仰出候趣も有之候処、大宮御所御造立御入用国役金之義、追而御規則相立、是迄之手続ニ而可被取扱旨御所ゟ被仰出候間、最寄(前)相達候通相心得、夫〻納方可被致候

十月

三八三　［控］

今般金貸(貨)融通之為五畿内近国当分之内通用被仰出候金札之義、当卯年より来ル午年十一月迄三ヶ年之間、正金銀請取通用ノ筈ニ付、右ヲ限り正金銀引替可相渡候、右之趣五畿内近国御領私領寺社領共不洩様可相触ものなり

十月

三八四　［夕］

此度金貨融通之ため当分之内通用被仰出候金札之儀、金百両金五拾両金拾両金壱両金弐歩金壱歩之札御施行相成候間、五畿内近国共当十一月朔日ゟ有来金銀取交無滞通用可致事

右之趣御料私領共不洩様可相触候

十月

右御書付従江戸至来候条、洛中洛外江不洩様可相触もの也

十一月

当町 永原町

三八五　㊂参　［控］

先達而ゟ来降神を祝ひ、花美之衣類を着し、中ニハ異形之風体ニ而大勢連立町〻踊歩行、座敷内迄《マデ》土足之侭踊騒キ、産業之差支ニ茂相成候、迷惑之者も有之、又ハ夫を祝候者も有之、誠に前代未聞之義ニ而、天保度今宮地築ゟ初踊り候訳とハ違、

来降神之義ニ付、祝酒を振舞之義ハ勝手次第之事候得共、呉形之風体ニ而大勢連立町々踊歩行、無縁之者へ理不尽ニ土足之侭深更ニ至迄座敷内踊騒キ候而者災を引出シ可申哉、右体前後弁なく当節季も不取（ママ）やらず、極月迄其侭ニ相成候而ハ迷惑可及候事ニも相成候間、御触書之趣御申通書御差出相成、然候処、自今追々神仏降臨之祝せん時ハ凶事出来候由之風聞も有之、夫ハ身元次第笹も立、右祭祝酒も振舞内ニ而致す事ならば、三味線太鼓ねだのぬける程踊る共御差留有間敷哉、呉形之風体いたし町々踊歩行候得者、思ハぬ災を引出シ難儀ニも可相成哉、其辺勘弁致御申通之趣深ク味ひ候様ニ組町々申合候様御諭之趣拝承仕、付而ハ御諭之義箸か棒ニ不相成候様、工風致申合候様、結構ニ被仰渡候事

十一月十六日

古京巽組給候て

塩竈組当町　塩竈町

三八六【控】

妙法院御門跡貸附銀之義、此度御家来大仏本町七丁目横山数太宅おゐて取扱有之ニ付、右貸附銀借受度者者、右数太方へ

可及対談候、此旨無急度洛中洛外可申通事

十二月

明治 九月八日改元

明治元年

三八七［控］

盗賊其外変軍都(事)而裁判所江御届ケ申上候通、同様書付を以、阿刕屯所へ茂早速申出候様、松原通ゟ下之町々江早々可申通候事

三月

三八八［夕］

*御親征御留主中京師御守護当藩へ被仰付候条、上ハ松原通より下ハ七条通、東ハ東山、西千本通町外レを限り、右町内ニおゐて潜伏或ハ乱暴等之者及見聞候ハヽ、急速左之通屯所迄可届出候様、右町役人共ゟ不洩様早々可被達事

三月廿八日

阿刕屯所

下京三役人中

大仏耳塚通骨屋町称名寺　隊長 坪内玄番

大仏正面通専定寺　同 梯津守

七条東洞院東入町　同 森平馬

東本願寺連枝仮殿　箕形伝　若山五蔵

伏見街道大仏正面上ル香具屋茂助方　寺沢藤太郎　二宮恒太郎

右之通早々可相触もの也

三月

* この触は十三－四八六と共通するものと思われる。

三八九［夕］

此節浪人躰之者抜身等相携夜中町家へ押入、金銭又ハ衣類等相掠候趣相聞候ニ付、此後松原通ゟ以下七条通迄之間、合壁又ハ最寄ニ而両三軒又ハ四五軒申合、互ニ致合図近隣之者ゟ兼而相達有之候屯所へ早速可申出候事

右之通町々役人共ゟ不洩様可有通達事

三月廿九日

阿州屯所

町々役人中

三九〇［控］

一物貫体之者町〻軒《のき》下等江召置候義不相成候ニ付、夜分ハ立退《のき》候様可申付候、毎夜惣廻り申付候間、右体之者見当り其町〻役人可為落度候事
　但、悲田院支配下ニ而兼而人体分明シ者ハ不及其儀候
一町〻兼而火廻り等申付、聊等閑之義ハ無之筈ニ候得共、御留主中之義ハ一渥行届候様可取斗候事
一町内押込近頃甚敷哉ニ相聞江候ニ付、疑敷者罷在候ハヽ、早速注進可有之事
一下宿　何方藩
　上何人
　下何人
右町〻下宿頼談之上貸渡候ハヽ、人数出入之届ケ可申出候事
一諸所旅籠屋株
　但、旅人生国性名一泊り又ハ何日滞留在之訳《わけ》可申出候事
一諸問屋株、職屋之外何歟之訳《わけ》有之、旅宿被致候義も有之候ハヽ、是又同断之事
　但、無手配頼之者等、内〻止宿為致候義承り及候ハヽ、無遠慮《えんりやう》御役筋へ可申出候間、宿主迷惑ニ可及候事
右六ケ条日〻町役承り届、十日越ニ当屋敷へ届出可申候事
右ハ今般就御親征御留主中、上ハ松原通ゟ下ハ七条迄、当藩江向而警衛被仰付、就而者兼而裁判所ゟ夫〻御取締向茂被仰渡置候得共、別段警衛被仰付義ハ、第一火附盗賊押込等之無憂人心安堵いたし候様との御趣意ニ候条、其段厚相心得、前条之通取調、町役ゟ時〻無油断届可申出候事
　三月晦日　阿州役所
　松原通ゟ七条迄東西共
　町〻役人中

三九一［夕］

明七日大坂御出輦、淀城御一泊、翌八日還幸ニ付、御道筋御通輦之砌、左之通相心得可申候
　淀城御出輦、城南宮御昼、夫ゟ鳥羽海道、四ツ塚、東寺南門東へ、大宮北江、七条東へ、六条東邸御小休、間之町五条、五条西へ、烏丸北江、三条東へ、堺町北江還幸
一御出輦之節男ハ十五才以上土間ニ可罷在候、女子并拾五才以下之男子ハ床之上罷在不苦候事
一洛中洛外火之元入念御道筋并近辺者大火焚申間敷事

右之通山城国中寺社共不洩様早〻可相触者也

閏四月　　当町　鍵屋町

三九二 ［夕］

一御土居藪垣外江出越笋

一同とまり笋

一同竹之皮

右当年御払ニ相成候間、望之者ハ入札可致候、尤来ル十七日当裁判所江持参候事

右之通洛中洛外江不洩様可相触もの也

閏四月　　当町　鍵屋町

三九三 ［夕］

町組五人組仕法

一上下京と両組とし、上大組下大組と唱へ、三役之名目大年寄役と被相改候事

但、洛外洛西之儀も是迄市中同様三役より通達等いたし来り候処、方角を以両大組へ割付候事

一是迄組外ニ相なり居候離レ町を本町へ組合セ、最寄二十町を一組ト定メ、之を小組トし、一弐番之数を以上何番組、下何番組ト相唱へ、町数不同有之、二十町ニ組合セかたき処ハ十七八町、又者二十二三町ニ而も差つとい（ママ）無之様ニ組合セ、一町内年寄役之義ハ是迄之通ニ而、名目小年寄ト被相改候事

但、一組ニ付中年寄役壱人、添年寄壱人被差置候、一組内へ諸通達を始メ、諸世話駈引を引受として、時ニ依り一組中の惣代ニ相立へき事

一町内五人組ト相定候事

但、家並五軒を以一組として順ニ組合セ之内家数多少出来之処ハ、七八軒又ハ四軒迄ニ而も組合すへし、家並差閊之処ハ隣り合せ向ひと三軒之割を以組合せ、一組内年長又ハ頭立者を以五人頭とすへし、若五軒なから老人幼少又ハ婦人斗ニ候ハヽ、家並之順次ニよらす、五人頭ニ可相成者之家入交可組合事

以上

別帋之通、此度町組五人組御仕法可被相改之処、先達而御沙汰之通り前以広く評議ニ被懸候条、町内申合せつとい筋又ハ気付等も有之候ハヽ、無憚来ル廿四日五日両日迄ニ書取を以

可申出候事
但、一町前年寄役ゟ申出るニ不及、是迄諸町組合居候一組ニ而気付筋等申談し、年寄役議事者之間壱両人相束ね、上京廿四日、下京廿五日、辰之刻ゟ午之刻迄ニ可申出候、別帋之内不審之廉〻猶又書取之外ニも演説等有之候ハヽ、是又無腹蔵可申出候事

六月　　京都府

三九四【控】

一昨日古町方ゟ御沙汰有之、上下町代之義去ル八日下町代不残暇願罷出し、上町代之義ハ同十四日右同様之義罷在、御聞届ケニ相成候、此段古町方より御通達有之、御心得迄ニ御達申上候、以上

七月　　当町　塩竈町

尚又、上京町代ハ勝手ニ而弐三人、今日迄相勤候ものも有(カ)之候、此段乍(序)席申上候

三九五【夕】

町夫人足　　但、壱人ニ付銭百五拾文

右ハ例年正月上納可有之分、来ル八月九日迄ニ中年寄江取集、翌十日朝五ツ時、別紙雛形之通上納帳相添、京都府江可被相納候事

七月　　懸り三役

右之通御通達申上ハ、町夫人足銭壱町別ニ当町へ来ル五日迄、中年寄方へ御差出し可被成候、尤壱町限何拾何人何〆何百文と御記し御差出し可被成候

当町

但、納銭之儀ハ吉文字町へ御差出可被下候

七月廿九日夕　　弐拾八町組
中年寄
当町
恵美須屋町

三九六【控】

来ル十七日、山陵御参拝被仰出候付、御通筋牛馬車留
一境(堺)町御門ゟ山科山陵迄御道筋、溝外出張候囲并番部屋、月代床車除石等取除之事
一地蔵堂石碑囲方之事、并雪隠共
但シ、御道筋直シ其呼(ママ)各無余事、其外見斗

右之通相心得、御通町〻日岡村御陵村とも可触もの也
　八月

三九七【控】

*御出輦之砌、左之通相心得可申候
一御道筋家並ニ手桶箒差出下ニ不及候事
　但シ、蒔砂ニも不及候事
一御通輦之節、男者十五才已上土間可罷在候、女并十五才以下之男子者床之上罷在不苦候事
一洛中洛外火之元入念、御道筋并近辺者大火焚申間敷候事
一御道筋へ罷出候町役人共、羽織袴可為着用事
右之通被仰出候間、洛中洛外寺社共御通筋江茂無洩様可相触もの也

* この触は月日を欠くが、原本の記載順によれば八月のものと思われる。

三九八【控】

来ル十七日、山陵御参拝御通筋、境(界)町通南、三条東へ、青蓮院宮御小休、同所
山科御出輦御通筋如前、青蓮院宮入御、昼同所
御出輦三条通り西へ、白川橋東、川端南へ、知恩院古門前西へ、縄手南へ、建仁寺町大仏正面ゟ入御、妙法院宮御小休、同所
御出輦西門、七条西江、伏見海道南へ、大路橋御順路、泉山着御、還幸御通筋
泉山ゟ如前御順路妙法院宮、御出輦大仏正面門西へ、伏見海道北へ、五条西へ、寺町北へ、三条西へ、境町北御順路
右之通被仰出候間、洛中洛外へ寺社共不洩様可相触もの也
　八月十二日　三役
本文御道筋見込共寺社在之町分ハ、其町之役人ゟ申(衍カ)中通可在之事

三九九【控】

*来ル十七日御延引ニ相成候而、改廿九日ニ御参拝ニ相成候事、又候廿八日ニ御触廻候也
御陵御参拝被仰出候ニ付、洛中洛外火之元入念候様可相触もの也
　大火焚候義仕間敷候事
右之通被仰出候間、洛中洛外へ不洩様可相触もの也

＊この触は月日を欠くが、原本の記載順によれば八月のものと思われる。

四〇〇【控】

九月廿二日者聖上御誕辰相当ニ付、毎年此辰を以て群臣ニ踊宴ヲ賜《タマ》ひ、天長節御執行相成、天下之刑戮被差停候、偏ニ衆庶与御慶福ヲ共ニ被遊候思食ニ候間、於庶民も一同御嘉節を奉祝候様被仰出候事

九月　　　行政官

四〇一【控】

一　退遠願之義大年寄　　　但(組)ゝ中年寄
　奥印取斗可申事　　　　　添年寄
一　退遠願之義中年寄　　　町ゝ　年寄
　大年寄奥印取斗可申事　　議事者

右之通被仰出候ニ付、為心得申達候事

辰九月　　　大年寄

四〇二【浦】

山城全国社寺録改正ニ付、組町内ニ在之大小之社寺由緒書雛形之通取調可差出旨、町ゝ役人共より可及通達旨過日廻状御差出在之候分、夫ゝ社寺承知之書付ニ印形可致、来ル廿五日中ニ可差出候事

但、社寺無之向ハ其段書出候様可致事

十一月十七日　　　大年寄

四〇三【浦】

洛中洛外七十才ゟ八十七才迄之男女、来ル十二月七日限取調可差出候事

但シ、御救助扶持被下候分ハ不及差出候事

右之通り町年寄へ相達者也

十一月卅日　　　京都府

四〇四【浦】

来ル六日、三条通教諭場ニ而諸人江教諭在之、御出張も有之候間、兼而御布告御座候難渋人、寄特人、所業不宜町内之難渋筋ニ相成候者取調、同日教諭場江可申出旨御沙汰ニ付、夫ゝ通達可在之事

十二月二日　　　大年寄

当町　朝倉町

四〇五 〔浦〕

諸国寺院之領地徒（従）来守護不入と相唱候分、政務等自分取行も
全以府藩懸（県）之所轄ニ不相成も有之趣相聞候間、右等之寺院取
調早ゝ可申出御沙汰候事

十二月　　行政官

右之通被仰出候条、山城国中寺院江相達者也

京都府

四〇六 〔夕〕

先達而及布告置候活（治）河之義、弥来ル廿三日八幡ゟ取掛り候条、
近辺村町江夫役差出候様出張之役場ゟ及差図候ハヽ、無遅滞
差出シ受指揮、且又最寄村町ニ限らす山城国中百姓町人共難
渋ニ付為稼、右人夫ニ罷出度候ハヽ、相懸（応之）も賃銭可相与間、
無遠慮罷越出張之役場へ可申出事

右之通山城国中無洩相達者也

十二月廿日　　京都府

主殿寮佐伯方下司
駈仕丁
田中長三郎

四〇七 〔夕〕

右之者去ル十七日、伏見京橋辺江罷越候途中ニ而兼而御渡有
之候非常鑑札取落シ候付、拾取候者有之候得者当府へ可訴出
候事

右之通洛中洛外社寺共へ無洩相達者也

十二月廿日

四〇八 〔夕〕

宮堂上府藩県及社寺之家来小者等、且雇《やとい》仲ケ間鳶躰之者之
内、間ゝ商戸之店ニ於て高価之品ヲ纔之代銭ヲ以て押買致し、
又煮売家等ニて飲食之上代料不相払立去り候者も有之候哉ニ
相聞候付、向後右等之振舞致候者ハ直チニ召捕候間、家来末
ゝ迄決而心得違無之様、兼而示シ置可申旨被仰出候事

但、心得違之者召捕候節、若逃去候ハヽ、仮令主家之門内
たり共付入穿鑿可致候間、何方ニ匿居共速ニ引渡可申事

十二月　　行政官

右之通被仰出候条、山城国中社寺共無洩相達もの也

十二月

京都府
世話町永原町

四〇九［控］

下京
十番組　三拾五番組
十三番組　三拾九番組
十四番組　四拾番組
十八番組　弐拾番組
三拾四番組　弐拾弐番組
三拾三番組　三拾六番組

此度小学校建営之事議事ニおよひ候処、右之組〻衆儀一決建営之義申出候ニ付、組〻ニおゐて可然場所取定め、早〻可取建事

但し、場所取定め候ハヽ早速可申出候事

右之通相達するもの也

辰十二月　京都府

右之通被仰出候ニ付、五条御影堂境内東橋詰御年寄中村屋六兵衛様御伝ニ而、御影堂御役者江御掛合被成下候、左ニ地面図御府へ奉申上御聞届ケ相成候間、此段御組町へ御沙汰申上候、以上

中年寄
添年寄

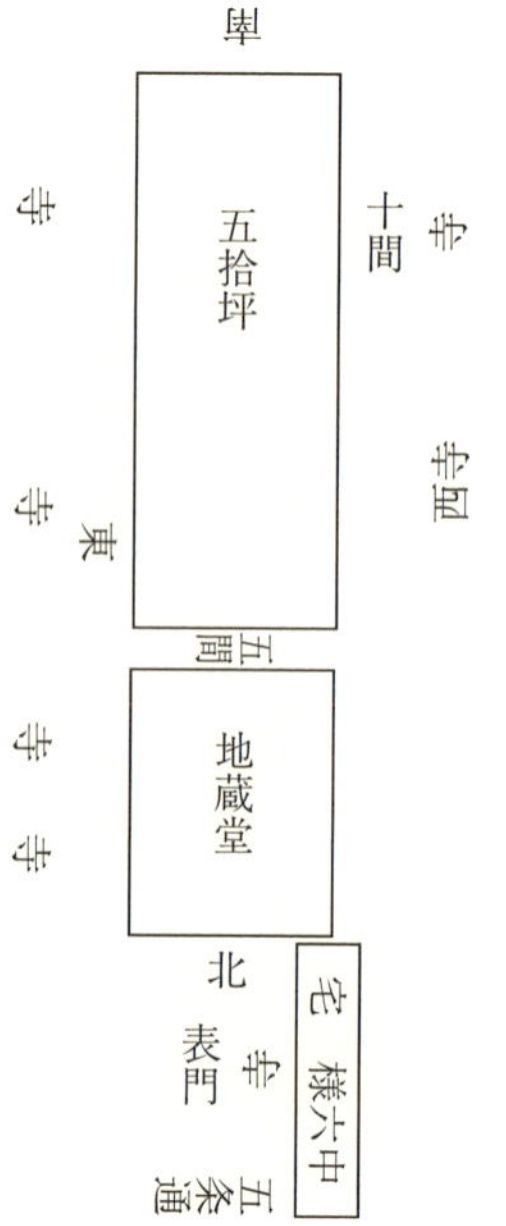

右之通ニ御座候

辰十二月十一日ニ写

四一〇［浦］

一廿二日平安隊夜廻り之節、五辻ゟ上七軒馬喰町南今小路東浄福寺迄之間ニて

朱印	高岡春之助

右雛形之通袖印取落シ候間、拾ひ候者ハ早〻当府へ可訴出、此旨洛中洛外へ相達者也

十二月　京都府

平安隊出張之会所江掛札

平安隊出張所　掛ケ札之寸法ハ会所代掛ケ之札之通り

一平安隊之出張所江燈候蠟燭油并ニ炭等仕向之事
但シ、京中之諸町より可弁や、十二月此入用ハ受取之通りヲ以、会所代ゟ大年寄詰所江受取可参事

当府印附腰差提灯、御地廻り神泉苑町より車や町迄之間ニ而提灯張鉄相外シ取落シ候者有之候間、拾ひ取候者早々当府へ申出候、此旨洛中洛外へ無洩様相達者也

十二月廿三日　京都府

四一一〔浦〕

過日拾弐番会所代江詰番之儀、毎夜人替り候而者不都合ニ付、四組相談之上已後者雇人仕候ニ付、已後出勤ニ不及候事

十二月　中年寄
当町　朝倉町

四一二〔控〕

一来巳年正月八日早朝、御出町牧野様、
魁屋町仏光寺下ル
下京十九番組 廿番組 会所代江

下京組々中添年寄之内御達諭之事

右之通下京組々江被仰出候事

十二月廿八日

四一三〔夕〕

*申渡之覚

一町々年寄議事者共交代之儀願之通聞届候条、謹而御仁政之御趣意を奉し可遂精勤事
一町内より申出候儀を是非をもわかたすさし押へ情実を上達せす、或ハ公事訴訟ニ付賄賂を受、依怙之取斗等致間敷事
一追々触達候趣屹度相守、旨趣審らかに町内之者江可申聞事
一町内家々離散せさるよふ相心得、貧乏之もの有之ハ難渋ニ行詰らさる内扶助之手立をなすへし、自然下々ニおゐて心ヲ不任程之事候ハヽ速ニ可申出、常々花靡の奢を警め、無益之費を省き職業を勤め、諸人成立之心遣肝要たるへき事
一善を勧め悪を戒しめ風儀を宜敷に導事、町役勤方にあり、心得方不宜敷ものあらハ精々教諭を加へ、行状をあらたむ

へし、且又諸人ニ抽心得宜敷者あらハ速可申出事
一常ミ戸籍の取しらへ不怠、町内ニ不審なるもの留置へから
　さる事
一火之元入念夜廻り等無怠相勤候様可申付事
右之通り可心得もの也
　　　　　　　　　　　　　　　京都府
右之通町役人共交代願聞届之節被申渡候事ニ付、当時在役之
町役人共も書面之通相心得候様相達し、中年寄添年寄江も為
心得相達候也

＊　この触は月日を欠くが、原本の記載順によれば十二月のものと思われる。

四一四［浦］

＊正月八日早朝、牧（ママ）村様御出張、下京十《廿》九番会所代江下京組ミ
中添之内壱人御達諭ニ付、戸籍入用欤ト存候間、正月五日迄
ニ御差出シ無之御町ハ早ミ御差出し被成候事
付而者、竈数名前書出シ之儀戸籍之順ミ御認メ、正月三日
迄ニ御差出シ被成候事

＊　この触は月日を欠くが、原本の記載順によれば十二月のものと思われる。

明治二年

四一五［浦］

今般諸町御組替ニ附、名残之盃抔与号シ、議事者酒会致候趣
相聞、以之外之叓候、右様旧弊御一洗之折柄無益之振舞於在
之、急度御沙汰ニモ可相成候間、心得違無之様早ミ申達候事
　正月十五日　　　　　　　　　　　　　　大年寄

四一六［控］

　御達書
一先達而平安隊御見廻り御役人様ゟ狼藉もの又ハ盗賊等有之
候節者、廿六番組烏丸高辻角会所代へ可申出候様被仰出候、
右ニ付万一左様之義有之共、当家ゟ会所代江届出候義難成
節ハ、向ひ両隣り等ゟ深切を以右会所代江早速可申出候様
御沙汰候間、此段御町ミ御心得可被成候様御通達仕候
　巳正月十七日　　　　　　　　　　　　　中年寄

四一七［浦］

来月朔日大原野祭日ニ附、勅使三条西大納言殿参向御道筋、
左之通
　従御里亭京極通、三条、油小路、七条通、朱雀御小休、夫
　ゟ丹波海道順路、御帰路前同断
右御道筋町々刻付順達之事
　正月廿八日　　大年寄

四一八［浦］
明後二日御土器被下置候間、朝五つ時ニ町々年寄壱人印形持
参罷出可申候事
　但シ、中添年寄付添可罷出候事
　二月卅日(ママ)　　大年寄

四一九［夕］
今般町組再御改正ニ相成候ニ付、役数別紙雛形之通相認め、
来ル十五日五ツ時持参可有之事
　但、免除札有之向も書加、其訳下ケ紙を以町名之下タ江可
　書記事
　三月　　大年寄

御触書写し順達可為致事

軒役 町夫　明治二巳年三月 員数帳 何京何番組 何十何町

何町通何町上ル下ル東入西入何之町
役数合何百何十軒
町夫合何百何拾人
内訳ケ　役数何十何軒　——　——
　　　　町夫何十何人　——　——
内　——　駕輿丁一軒役免除　何条何某
内　——　何役何軒役免除

四二〇［浦］
安米御売下ケニ相成候義ニ付、小前御引立相成居候者相除、
小窮之者取調、名前書可差出旨過日御沙汰ニ付、夫々可差出
候処、今般右御引立ニ相成候者も御差加へ可相成筈ニ相成候
旨更ニ御沙汰ニ付、明後二日四ツ時名前書詰所へ御差出有之

事

五月廿九日　　大年寄
月当番　油屋町

四二一［浦］

来ル十五日、八坂臨時祭ニ付、勅使西洞院侍従参向道筋、大宮御所御門前、境町御門通南へ、三条通東江、大和大路　四条、夫ゟ順路通行候間、右道筋不都合之儀無之様相心得可申事

右之通御道筋町々江無洩相達るもの也

六月三日　　京都府

四二二［浦］

口達

丁銀豆板銀、去辰年八月五日迄ニ会計官へ員数書可差出旨、同七月御布令在之候節、右御官江差出候旨員数幷ニ所持主名前町々ニて為取調、中年寄へ書付取集、来ル八月五日五ツ時迄可差出事

七月廿九日　　大年寄

但し、八月三日まで御遣し

四二三［浦］

一断獄方御役人上下拾人様斗明四日夜中小学校江御居り為被在候、此段為御心得申上置候事

右之通中年寄ゟ通達有之間、兼而御心得可被成候、以上

十月三日　　年寄

四二四［浦］

一豆板丁銀各目ヲ印封ニシテ名前員数付記、早々当府江可差出、兼而御定之通り引替可遣事、右之通御沙汰ニ付、去辰ノ年八月組々ゟ員数書被出候向更ニ取調相改候員数ヲ以、保字政字其外銀品ヲ分ケ別包ニ致し、中年寄江被取集、来ル十三日持参可有之事

但、持参之跡ニ而員数不相増様、夫々所持之者入念取調可差出候事

十一月八日　　大年寄

四二五［浦］

一市中沽券地之外ニ仏堂等取建有之分并ニ社寺境内之内ニ而も高塀等を打抜キ、表側町家往還相並居候堂社等有之候得者、壱丁限篤与取調、来ル十三日迄有無共以書取可申出候事

十一月十日　大年寄

四二六［真］

下京八番組
添年寄
松嶋与七

市中商社組立可遂心配段、被蒙御命候付、諸組々中添年寄江懇談被罷出候儀可有之候条、無疑念御相談有之度、此段及御通達候也

十一月　大年寄

四二七［真］

十一月廿七日至来

口上

贋金之儀、両替町御池上ル為替会社へ御持参之儀御触有之候、尚又為念十二月三日御持参之様中年寄後る御沙汰ニ付、此段申達る（マヽ）

当町　御旅町

四二八［真］

口述

今般市中ニ而風説致候正金者、札ヨリ直打相下ケ候趣ニ而困り候由御聞ニ相成候、全以右様之義決而無御座候間、右様御心得可被成下候

右ニ付迷惑ニ相成候ハヽ、正金御池両替町通商司江御持参可被成候、其まゝ御引かへ被成下候間、組町々不洩様御申通可被成候事

十二月六日　中年寄

四二九［浦］

一来廿三日辰刻、大宮御所泉山御年拝御道筋左之通、

境町御門南江、境町通三条東江、寺町南江、五条東江、伏見街道南江、御順路

還御道筋

泉涌寺ゟ伏見街道北江、大仏門前東江、同所南門内北江、
妙法院御室同所北門前江、馬町通西江、建仁寺町通北江、
五条西江、寺町通北江、三条西江、境町通、御順路
一右ニ附御道筋牛馬車差止メ可申事
一無作法之義無之様可致事
一火之元別而入念御道筋并ニ近辺共大火焚申間敷事
右之通御道筋并最寄町々社寺共無洩相達者也

十二月十四日　　　　京都府

四三〇［真］

高瀬川筋沼町浜地羽（拝）借地子銭上納、明後廿四日九ツ時迄ニ納
切仕様可被致事
但、納済之ものも有之候間、納済之もの者名前之下江、相
納候と申儀張紙江相認メ、早々廻達可致候

十二月廿二日　　　　京都府

真丁
美濃屋吉郎兵衛
土洲屋敷名代
山崎屋幸吉

四三一［真］

其組々小学校師教（マヽ）御給分御渡しニ付、明廿四日朝五ツ時、中
添両役之印形持参ニ而、壱人御出頭可在之事

十二月廿三日　　　　大年寄

明治三年

四三二［真］

*一当日巳刻、其町組中添年寄町年寄出席事
一講師三道師并ニ学童同断
一聖像菅原神孔宣父拝之事
一中年寄市中制法ヲ拝読、継而講師経ヲ執テ一章ヲ講ス
一神酒頂戴、右畢而退散、此日学童休暇
右之通稽古始式相定候条、組々中年寄江無洩相達者也

午正月　　　　京都府

小学校稽古始式

一来ル十五日辰刻揃、知府事、大参事、権大参事、其外掛り

有司出席、町役心得条目読知并儒書訳之事
但し、上京於廿七番組、下京十四番組共ニ第一建営出来
場所ヲ(以脱カ)ナリ
一聖像菅原神孔宣父拝之事
一諸組中年寄御祝詞申上之
一諸組中年寄神酒頂戴、各持場之小学校江捧帰ル
諸組小学校稽古始式
右之通小学校稽古始式相定り申候付、来ル十五日巳刻、当学校所江年寄無余無遅滞出席之事
但し、学童男女出席之事、袴無之向き者不苦候、有之向ハ持参之事、年寄上下ニ而出席之事

正月　中年寄

* この触は、十三－一〇〇九と内容は同一である。

四三三 [浦]

当午年戸籍〆高昨年之通取調、来ル廿日五ツ時無遅滞持参可在之、此段申達候也

三月十三日　大年寄

四三四 [真]

宮華族取調書今ニ御差出無之、明廿三日五ツ時、無相違持参可有之事

三月　大年寄

四三五 [真]

*四月朔日ゟ三日之間、遙拝所并加茂社江拝礼之節、中添年寄は麻上下着用、町年寄等は上下着用ニ不及候、此段為心得相達候事

大年寄

* この触は十三－一〇五三に付随するもので、三月に触れ出されたと思われる。

四三六 [真]

童仙房江出稼御聞済之上罷越候者悉く取調、左之雛形之通、来ル九日五ツ時迄書取ヲ以、無間違御返事可有之候事

四月八日　中年寄

一何年何月ゟ出稼　何之町 何商売 何屋某 何十歳
妻なに 何十歳

一何年何月ゟ出稼

何之町 何商売 何屋 某 何十歳

忰 何 何十歳

〆何十人

右者童仙房江出稼之人数御尋ニ付、当組内取調仕候処、書面之通御座候ニ付、此段御断申上候、以上

年号月　何京何番組 何町通何町 年寄 何兵衛印

口代

右之通御町々御取調へ可被成下候、即刻有無共書取ヲ以御差出し可被成候、早々以上

四三七 ［真］

諸組小学校講釈、是迄一月六度可相勤申付置候処、度数相減一月三度可勤申付、此旨可心得候事

庚午五月　京都府

上下京諸組 講師中

右之通講師江御沙汰ニ付、御心得迄町々江申達シ候事

中年寄

四三八 ［真］

諸組小学校講釈日割

初ノ八日　旬ノ八日　念ノ八日、左ニ

下京拾弐番組　足立雪枝

右之通り可相定者也

庚午六月　京都府

師範心得

講師　講釈者定日を極め成へき丈ケ説和け、聴もの倦てなきよふ王政御趣意追々布告之条々等を申聞し、風儀を正しきに導き、人知を開化ニ進しむるを要す

句読師　商家有用之書よりはじめ、音訓誤りなく、自分文意に通するを庶幾すへし

筆道師　第一誤字を正し、民家日用之文字をはじめ、通俗文案自在ニ相整、広ク世間に通し易きを要として教導すへし

算術師　商職有用之算を専ら教授し、熟達之者者海外之算

法をも了解せしむへし

助教　心得方本師ニおなし

右之通り師範各其学所を勉励して教導すへきもの也

出勤之規則

講師　毎月定日兼而布告之通り

三教師　朝六ツ時(ママ)半　八ツ半時退ク

但し、出勤録江印を押、遅参早暇等を書記すへし

学童　朝六ツ半時　八ツ半時退

右之通り可相勤、教師若不勤之節者同勤江相届ケ、学童者出勤之日教師江届可申事

右之通相定候条、不可有緩怠者也

但し、暑中早出早退出并地所祭礼等之節、休暇等之儀者格別之事

休暇之則

正月　十六日　　二月　朔日、十五日、廿五日

三月　朔日、三日、十五日　　四月　朔日、十五日

五月　朔日、五日、十五日　　六月　朔日、十五日

七月　朔、七日、十三四五六日　　八月　朔日、十五日

九月　朔、九日、十五日、廿二日　　十月　朔日、十五日

十一月　朔日、十五日、廿五日　　十二月　朔日、十五日

稽古終

右之外氏神神事火焚等者、教師之指揮ニ任すへし

庚午六月　京都府

早々順達之事　大年寄

四三九〔真〕

今般被仰出候両役之内日勤之義、拙者共持受之内より壱人ツヽ出勤割ニ而、明後廿二日ゟ御出勤可有之事

六月廿日　杉本治郎兵衛

右之通大年寄ゟ至来仕候、此段御心得迄申上置候

四四〇〔真〕

恭明宮御普請中近火之節、火防人数駈付候内一組ハ、兼而輪番立置、迅速右場所江駈付、当府出張官員之指揮ヲ受可申候事

庚午七月　京都府

右之通被仰出候ニ付、火防組々申合、左之通相定候

七月　拾五番組　八月　五番組
九月　六番組　十月　三番組
壬月　九番組　十一月　八番組
十二月　四番組　未正月　拾二番組
右之通輪番相定候ニ付、町々御心得迄ニ相達し申上候、以上
庚午七月　中添年寄

四四一［真］

昨年御沙汰在之候盆ニ付、小児雑話申歩行候、当年者一向不申神妙之事、御褒ニ御座候、尚矢張右雑話申歩行致候儀難相成候、乍然暑サ之節故、夕景ゟハ情々遊はし候事ハ宜敷、尤提灯相持事不苦候

一呉国車ニ打乗道路ヲ走歩行事決而難相成、尤怪我等在之候而者不宜敷候間、両用急々御達し之趣御通達可被成候
但し、車之儀者誓願寺川原道場等、其外ニ而人車売場所試乗候儀者不苦候事

右之通御沙汰ニ付申達シ候事
七月廿七日　中年寄

四四二［真］

表
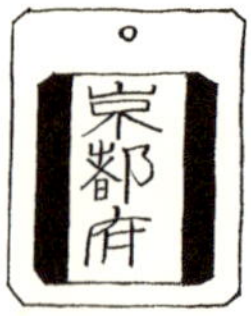

裏

右中年寄添年寄両役江下ケ渡シ相成候間、組町々御心得迄申上候、御承知可有之候
午七月

四四三［真］

一今般世界国尽と申書物、学校ニ一部ツヽ被下候ニ付、今朝御府江参上仕受納仕候間、跡ゟ夫々御覧ニ入可申候、此段申上置候事
一御講釈ハ此月斗十二日ニ相成申候、御承知可被成候
庚午九月六日　中年寄

四四四［真］

今般蠶種製造之儀ニ付、御布告同規則同褒賞規則共、別紙之通被仰出候条、此旨可相心得事

右之通山城国中社寺共無洩相達るもの也

庚午九月　　京都府

蠶種製造之儀御布告

同　　規則

蠶種褒賞規則

四四五　［真］

鴉片煙草之儀ニ付、去月御布令之通、来ル十九日迄ニ取調、別紙之通相認メ、中年寄より東洞院物産惣会社江無相違可被差出候事

九月十七日　　大年寄

右之通御達しニ付、今十八日中ニ無相違取調、無有（ママ）共書付を以御差出し可被成候事

　　　　　　中年寄

紙品半紙
何年何月御改済
一鴉片量目何程　　何番組何町
　　　　　　　　　何屋
　　　　　　　　　誰　印

一未政（ママ）受不申候　――――　印

右之通外当町内ニ所持之者無御座候ニ付、此段御断申上候、已上

庚午年九月　　年寄　印

京都
御政府

四四六　［真］

下京四番組六角堂前町河村惣左衛門娘いと年七才ニ相成、昨二日家出いたしまよい子ニ相成候趣、行方一向相わかり不申、見当候ハヽ早々学校へ届ケ可出事

閏十月三日　　両役

四四七　㊫　［真］

*一芝居名代之者

一席名代之者

一揚弓損料渡世

一本弓損料渡世

一半弓損料渡世

一吹矢并からくり的渡世

一席貸渡世

一借馬渡世

右渡世之者共、今度鑑札相渡し候条被仰出候ニ付、組町々年

寄ニ而巨細取調、来ル十日限中年寄江可差出事
但し、世話町江集之上、中年寄へ差出し可被成事
閏月七日　中年寄

＊　この触は十三－一一七七と関連すると思われる。

四四八【真】

来月九日、下京拾壱番組并拾弐番組小児等、拾壱番組於会所為致種痘候間、前以名簿相渡候間、其組未痘之児名不洩様相記置可申事
但、謝物之儀者無用之処、中ニ者持参之者も有之候ニ付、右様心得違無之様御申付可有之事
閏十月廿七日　大年寄

四四九【真】

提灯之印総而赤印相用候儀不相成候事相達候事
大年寄
右之通ニ付、決而赤印難用候、但し文字紋等ハ不苦候、仍而町先分相渡し有之候組内印、墨ニ早々御直し可被成候事
庚午閏十月　中年寄

右之通ニ付、町用ニ持参致候提灯、早々張替被成候義ニ付、当組町毎持寄之節、何れも印同様ニ致申度候間、一応御談之上取極メ申度候ニ付、両役江御尋之上、右張替可被成候様御達し申入置候、以上
閏十月廿九日　添年寄

四五〇【真】

伏見宮四男
公現
改名能久、願之通被聞食候事
庚午十一月　太政官

伏見宮四男
能久
依思食自今宮ト可称旨、御沙汰候事
庚午十一月　太政官

右之通被仰出候条、山城国中士族卒社寺とも無洩相達もの也
庚午十一月　京都府

四五一　(参)【真】

兼而相達置候通、来ル七日中学開校ニ付、国典古事記漢藉（籍）書経講釈教官相勤候条、小学校中諸教師并生徒中聴聞いたし度

向者、同日第九字（ママ）迄出校可致事

右之通市中小学校江相達るもの也

庚午十二月四日　中学

四五二〔真〕

養老御扶持頂戴被在候内、当正月以来病死之向其有無取調、早〻御返事有之事

庚午十二月　大年寄

四五三〔真〕

下京

三番　四番
五番　六番
八番　九番
十二番　十五番

恭明宮御普請中近火之節、輪番之内ゟ駈付方兼而申付置候処、御普請出来候ニ付、右場所江駈付差免候事

庚午十二月　京都府

四五四〔真〕

拝借金年賦上納、当十五日限可相納様相達置候所、未タ未納之向も有之哉ニ付、来ル廿二日五ツ時ゟ四ツ時迄ニ無相違上納可致様、市中拝借いたし居候者へ無洩可申達候様御沙汰之事

十二月十九日　大年寄

但シ、両替町為替手券ニ而上納可致事

右有無共明廿一日朝迄ニ書付ヲ以御返事可被成候、以上

十二月廿日　美濃屋町

明治四年

四五五〔真〕

藩県出張所并ニ用達等一組限無洩取調、別紙振合ニ相認メ、来ル十五日迄ニ小学校開之節、上京ハ十一番組、下京ハ拾番組江弐通宛持参、出張同勤中江差出可有之、且又当時在勤之三道師性（姓）名書、是又其節差出可有之候事

正月十日　大年寄

何藩御出張所
何町通何町上ル下ル何町 何条某
同断用達 何条某
何県御出張所 何条某
同断用達 何条某

右之通ニ御座候、以上

年号

中年寄 何条某

講師 何条某
句読師 同断
助教 同断
筆道師 同断
助教 同断
算術師 同断
助教 同断

右之通御座候、以上

年号

中年寄 何条某

四五六 ［真］

*海外留学規則

一海外留学生徒ハ都而大学管轄ノ事
　但、大学ヨリ留学免状并外務省ヨリ渡航免状可相渡事
一留学中諸般ノ事務ハ都而弁務使へ依頼シ、其指令ニ従フ可シ、且生徒ノ中人撰ノ上生徒惣代ノ者一人或者幾人弁務使ヨリ可申
一留学生ハ尊卑ノ別ナク皇族ヨリ庶人ニ至ル迄、都テ被差許候事
一留学ニ官撰ト私願トノ別アリ、因テ規則ヲ分ツテ之ヲ掲示スル如左

官選留学規則

一華族ハ太政官ニテ選挙《エラヒアケ》、大学生徒ハ大学ニテ選挙、士庶人ハ其府藩県ノ庁《ヤクショ》ニテ相選、其姓名ヲ弁官へ差出、許可ヲ可受事
　但シ、藩庁ノ選ニヨリテ可差遣生徒ハ大藩三人、中藩ハ二人、小藩ハ一人ト其員ヲ定ハ、尤小藩ハ暫ク其便宜ニ従フヘシ、且藩々ノ都合ニヨリ申立次第、定員外ヲモ可

被差許事
一士庶人ノ内府藩県、学校并ニ私塾等ニ在テ、学力抜群ノ者
ハ直《タヽチ》ニ大学ヨリ選挙候儀モ可有之候事
一選挙心得ノ事
生徒ヲ選挙スルニハ左ノ三件ヲ精細ニ検査シテ其人ヲ注擬
スヘシ
第一稟性《リンセイ》誠実《セイシツ》敏《ヒ》達《タツ》ノ者ヲ選フヘシ
第二年齢十六歳以上廿五歳迄ニ限リ選フヘシ
但、非凡俊秀ノ者ハ此限リニアラス
第三和漢ノ古典史乗等ニ略渉、且洋学モ一通リ研究、第一
其在留国語学ニ達スル者ヲ選フヘシ
但、非凡俊秀ノ者ハ洋文不解トイヘトモ時宜ニヨリテ之
ヲ選フヘシ
一留学学科ノ事
学科ハ其人材ニ依テ可命事モアリトイヘトモ、通常当人ノ
望ミニ任セ可差許事
但、普通学科成業ニ至ラントスル前、其志ス所ノ専門学
科ヲ弁務使江可申立事
一年限并学費ノ事
留学年限ハ通常五年ト相定候事
学費ハ通常一ケ年□（ママ）元ト定メ、留学中一切諸費此内
ニテ弁スヘシ、尤往返旅費ハ別ニ可給候事
但、上程前為支度料□可賜事
右学費ハ毎年九月中大学ニテ其管轄ヨリ受取、其十月コレ
ヲ弁務使ノ許江可差送事
一上程并帰朝ノ事
生徒上程前、其地方ノ氏神ヘ参拝シ国恩報効ヲ祈念シ、神
酒ヲ拝戴シテ国體ヲ辱メサルノ誓願ヲ可立、帰朝ノ時亦告
賽スベキ事
但シ、東京ヨリ上程ノ者ハ神祇官ヘ出頭、神殿江参拝ス
ヘキ事
一留学中心得ノ事
留学中第一言行ヲ慎ミ、学業ヲ勉ムルコトヲ専一トシテ、
決シテ国體ヲ汚候様ノ所業有之間敷、万一留学中懶惰、或
ハ不行跡ノ聞ヘ有之者ハ直ニ之ヲ呼戻シ、相当ノ咎メ可申
付事
留学中拝借金ハ勿論外国人等ヨリ借財イタシ候儀一切不相
成候事

私願留学規則

一私願ノ者華族ハ直ニ太政官、士庶人ハ府藩県江願立候得ハ、其所ニテ一応其稟性身體年齢并学業ノ浅深等吟味ノ上差許スヘシ、検査甚タ厳ナルヲ要セス、且洋文不解者トイヘトモ許可スヘシ、尤其管轄庁ヨリ直ニ大学ヘ達スヘシ、留学中ハ大学ノ管轄トナスヲ以テ官選同様留学免状可相渡、且外務省ヨリモ渡航免状可相渡候事

一年限ハ通常当人ノ願ニ任セ候事

一学費旅費等私弁勿論ノ事

但シ、一ヶ年大凡六七百元以上ヲ費スニアラサレハ留学為シ難キヲ以テ、右丈ノ費ヲ弁スルコト能ハザル者ハ許サス、且右入費ハ官選同様大学ニテ受取、弁務使ノ許ヘ可差送事

一上程帰朝等ノ規則官選同様ノ事

一留学中心得亦官選同様ノ事

○

一諸官員ノ内ニテ渡航諸学科研究可命者年数ノ多少ニ不拘、質問ノ名儀ニシテ別ニ規制アルヘシ

一其外海陸軍生徒并一時游歴商法等ニテ罷越候者モ別ニ規制アルヘシ

右之通ニ候条、此旨相達候事

庚午十二月　　太政官

* この触は十三―一二六四の別紙にあたるものと思われる。

四五七【真】

陸軍徽章海軍服制別紙之通り候条、紛敷品相用ィ申間敷候

別紙ハ村上方ニ而相求メ置候事

右之趣山城国中無洩相達るもの也

辛未正月　　京都府

四五八【真】

春日祭ニ付、来ル廿三日暁、宣命并ニ宣命使阿野留守次官発遣、往通道筋

河原町ヲ丸太町通西入、寺町通り南江、五条通東、伏見街道南江、夫ゟ順路奈良江

但し、廿五日帰京之事

幣物并ニ奉幣使北小路神祇大祐往返道筋

内丸太町東江、寺町南、五条通、伏見街道南、夫ゟ前同

断

右町村ゝ不都合無之様道筋江無洩相達るもの也

　辛未二月　　京都府

四五九 ㊂ ［真］

一学童句読之書名、且相授候順序如何哉

一習字之手本同断

一算数何より何迄之術相授候哉

右市中小学校三教師ゟ夫ゝ附記し、諸組中添年寄手元江取纏ひ、来ル廿日迄ニ中学校江差出可申事

　辛未二月□（十）五日　　中学

四六〇 ［真］

杉本氏仍願役義被免、船橋氏本役ニ被仰付、自今其組ゝ同人被引請候ニ付為心得申達候事

　二月晦日　　大年寄

四六一 ㊂ ［真］

市中小学校学童及試検候条、此程書出候試業請之学童丈ケ、左之組ゝ来月六日明六時、下京五番組富小路通六角下小学校江集置可申候事

　未二月晦日　　中学

下京

壱番組　弐番組

三番組　四番組

五番組　六番組

拾壱番組　十二番組

廿四番組　廿五番組

廿三番組

右組ゝ

三教師中

追而至急廻達、留りゟ当校江返却有之度候、病気不参之者者五日朝迄ニ中年寄より断書当黌江可差出候也

四六二 ［真］

昨日村上ゟ郵便心得方本差出候得共、売出候義相見合、其侭預り置可被申候事

　辛未二月晦日　　大年寄

四六三 [真]

畝火山御例祭ニ付、諸陵寮官御弊《ママ》物守護参向、明九日暁発遣道筋

御所より堺町御門、三条、寺町、五条、伏見街道、豊後橋、長池、玉水、木津、奈良、夫より順路、畝傍山東北陵江

来ル十三日帰京道筋

同断

右之通猶又相達るもの也

辛未三月

京都府

右之通帰京日限御達相成候間、御道筋江通達候事

三月八日

大年寄

四六四 [真]

老養御扶持并窮民御救助米御下ヶ日限、左之通

来ル十二日十三日、天気ニ候ハヽ十四日

但、雨天ニ而十五日之事

右十二日十三日、両日之内一日雨天ニ而

十五日

右十五日、雨天ニ而

十七日

右之通被仰出候条、不取違様入念夫ゝ御申達可有之候也

辛未三月十日

大年寄

四六五 [真]

来ル十六日、当学校所江参事制法読知セ、戸籍取糺等之義御達相成候処延引、来ル廿一日当学江出張順延之趣御達相成候所、右布令拝見不仕候所人ゝ町ゝ有之候由請承申候、右之趣為念申入候、尤御当日者竈壱人ツヽ出仕可被成様、夫ゝ御申付可被成候、刻限明六ツ時相揃候様聢与御申付可被成候事

辛未三月十四日

中年寄

四六六 [真]

先達御布令有之候町人住居仕候所者、軒役相勤可申候趣ニ御座候処、高瀬川筋浜地拝借地面ニ於而人民住居仕候もの有之、右者夫ゝ軒役相勤可申候筈之処、未タ何等之義御申越し無御座候間、夫ゝ間尺名前等書印、中年寄江至急ニ御差出可被成、且又軒地之外人民住居被致候而無軒役之向、同様御申越シ可

被成候

辛未三月十四日　中年寄

四六七　［真］

去ル午年地子免除被仰出候付、上下京町々内高地并ニ地子地共夫々取調之上、全買得地之分ハ地子免ニ相成、貸地之分ハ其地主江地子免除被仰付候義ニ而、其後追々新ニ沽券状御割印願出シ候分、且未願出分者別帋雛形之振合ニ相認、来ル廿五日迄ニ中年寄ゟ可及持参事

三月十六日　大年寄

御断書

去ル午年地子免除被仰出候付、当町内夫々取調之上、新ニ沽券状御割印願出候上、則一統御割印頂戴仕候、此他高地并ニ借地等此度取調書付可差出候様被仰付候処、当町内沽券状之外地無之候、此段御断奉申上候、以上

辛未三月十七日　年寄――――

御両役

四六八　［真］

小前引立之内家出亦者転宅品変り等有之候節者、右引立出張所江届出、其後御政府江御届可申上候様先達御達申置候処、右引立出張江不届出、直ニ御政府江御届申上候町々有之不都合ニ候間、以来右体品変有之候は丶引立出張所江届出、其上ニ而御政府江御届可被成候、此段御達申上候、以上

未三月十八日　中年寄

四六九　［真］

一来ル廿一日、参事御出張有之候ニ付、明十九日学校所江掃除可致候間、町々より壱人ツ丶掃除人足朝飯早々御差出可被成候、但シわさひおろし、大根弐本、雑巾桶、雑巾壱筋、塩弐合為持御差出可被成候、以上

三月十八日　中年寄

四七〇　［真］

*辛未年中種痘組町出張順

正月四日　上京三十三番組

　　　　三十二番組

十日　同　三拾番組

十六日　同　三十一番組
　　　　　　二十八番組
　　　　　　二十九番組
廿二日　同　七番組
　　　　　　六番組
廿八日　同　十三番組
　　　　　　十弐番組
二月四日　上京五番組
　　　　　　弐番組
十日　同　拾壱番組
　　　　　　四番組
十六日　同　三番組
　　　　　　壱番組
廿二日　同　九番組
　　　　　　八番組
廿八日　同　拾番組
　　　　　　十四番組
三月四日　同　十七番組
　　　　　　十五番組

十日　同　十八番組
　　　　　　十六番組
十六日　同　十九番組
　　　　　　三十番組
廿二日　同　二十四番組
　　　　　　二十三番組
廿八日　下京壱番組
　　　　　　弐番組
四月五日　下京七番組
　　　　　　二十弐番組
　　　　　　三十弐番組
十一日　同　弐十一番組
　　　　　　十九番組
十七日　同　十三番組
　　　　　　八番組
廿三日　同　九番組
　　　　　　拾番組
廿九日　同　拾壱番組
　　　　　　拾弐番組

五月五日　下京拾五番組
拾四番組
十一日　同　拾六番組
拾七番組
十七日　同　拾八番組
二拾番組
廿三日　同　廿九番組
三十一番組
廿九日　同　三拾番組
六月五日　下京弐拾八番組
廿七番組
十一日　同　弐拾六番組
三十三番組
十七日　同　廿四番組
廿五番組
廿三日　上京三十三番組
三十弐番組
廿九日　同　卅一番組
三十番組

七月六日　上京廿八番組
廿九番組
十二日　同　七番組
六番組
十八日　同　拾三番組
八番組
廿四日　同　拾弐番組
拾壱番組
晦日　同　五番組
弐番組
八月六日　上京壱番組
四番組
十二日　同　三番組
八番組
十八日　同　九番組
拾番組
廿四日　同　十四番組
十五番組
九月朔日　同　十七番組

十八番組
九月七日　上京弐拾番組
十九番組
十三日　同　廿四番組
廿三番組
十九日　同　弐番組
八番組
廿五日　同　七番組
八番組
十月朔日　下京弐拾弐番組
三十弐番組
十月七日　下京弐拾壱番組
弐十三番組
十三日　同　拾九番組
拾三番組
十九日　同　拾六番組
拾四番組
廿五日　同　九番組
拾番組

十一月二日　同　拾壱番組
六番組
十一月八日　下京拾弐番組
拾五番組
十四日　同　拾七番組
弐拾番組
廿日　同　拾八番組
廿六日　同　廿九番組
三十一番組
十二月三日　同　三拾番組
十二月九日　下京廿八番組
廿七番組
十五日　同　廿六番組
廿三番組
廿一日　同　廿四番組
廿五番組
廿七日　同　三十三番組
三十弐番組
右之外

上京
弐拾壱番組
弐拾弐番組
弐拾五番組
弐拾六番組
弐拾七番組
下京
三番組
四番組
五番組
右者種痘館ニ而施行事

＊この触は十三―一三五五に付随したものである。

四七一［真］

一砂持之節車大小ニ而も決而不用様通達之事
一遥拝処江砂持罷出候ニ付而者、御尊（カ）判預り居候町分并ニ町御預ケ、其外都而御咎筋之者有之候分ハ、本人方者急度為相慎置、其余町内之者罷出度段、来ル九日五ツ時迄、願書詰所江可差出旨町々江通達可有之候事

四月八日

四七二［真］

一遥拝所江砂持道筋、寺町、松原、烏丸、三条、縄手、四条、八坂神社、夫ゟ加茂川家形ヲ置、四条大橋ゟ八坂之神社迄、夕七ツ時迄行かよひ勝手次第、川原ニ而休息之事
来ル十日十一日両日罷出候事
火防人足絆半天衆中、右家形之手伝ニ罷出候事
右夫々御通達し可被成候

四月八日

四七三［真］

来ル十日ゟ砂持ニ付市中町々之もの砂運ニ罷出候付而者、火防道具等相携罷出候儀者勿論、火防駲揃抔決而不相成候付、此段申達事

四月九日　北条
長尾
舟橋

四七四【真】

諸組修築罷出候節者、四条橋会所詰大年寄方江必す御届ヶ、休息場所書記シ御差出可有之、右者迷ひに有之候節早速相訳り候手筈ニ付、無相違御差出可有之候事

四月十日　大年寄

四月廿日　大年寄

右之通達シ有之候ニ付、取調書明廿一日昼迄ニ世話丁無相違有無共御返シ可被成候、以上

四月廿一日　中年寄

右ニ付、

御断書

郵便切手売捌所之義、是迄壱組ニ壱ヶ所ニ而不便利ニ付、今三ヶ所斗も名前取調可差出旨被仰付候得共、右売捌所当町内弁利之方無之候間、此段御断奉申上候、以上

年寄　中井安兵衛

御両役

四七五【真】

上京五番組大宮通寺之内東江入
妙蓮寺前町　佐木利平殿
忰　宇之介
八才

右之男子迷ひ子ニ相成候ニ付、御見当り被成候ハヽ、早ヽ御為知可被成下候

辛未四月十二日　中年寄

四七六【真】

郵便切手売捌所之義、是迄一組ニ壱ヶ所宛有之候処、右ニ而者不弁利ニ付土地之盛衰ニ応し、三ヶ所又者五ヶ所ニ而も右切手売捌所弁利之方ニ而名前取調、明後廿二日無相違御書出可被成候、以上

四七七【真】

明廿二日より二条城ニ有之候弾薬大坂兵部省江水陸運送道筋、二条通ヲ河原町、夫ゟ角倉屋鋪向ヒ浜ニ而船積之上、高瀬川筋を伏見船改所脇、同所ニ而浜川筋船へ積替シ、夫ゟ大坂江下候事

右之通候間、追而運送済相達候迄者、日ヽ右道筋水陸共火之

元格別入念、積替船場近辺へ地船近寄不申様可致事
　但、目印として船并車江赤籏印押立候事
右之通道筋町在無洩相達候もの也
　辛未四月廿一日　　　　　　京都府

解題

一　参考資料

(1)　所司代戸田因幡守殿御役中、町奉行丸毛和泉守殿ゟ被差出候いろは帳

個人蔵。四つ目袋綴の冊子。表紙が装丁され直接書名が記されている。原蔵者は、京都所司代の与力を務めた家系である。本書には嘉永六年(一八五三)八月に源充均によって書写されたとの奥書がある。この人物は、下雑色の小嶋吟次郎のことで、上《うわ》雑色松村氏の配下であった(「京都武鑑」)。原本は、本文を墨書し、「充均云」などとして小嶋充均による注記を朱書している。小嶋充均の日記(京都大学文学部日本史研究室編『京都雑色記録　三』思文閣出版、二〇一二年)の筆跡と比較すると、本文・注記とも同一人物のものと判断できる。このように、本書の伝来、書写の過程から推して、京都所司代の系統で伝来したものである。

表紙に記される戸田因幡守(忠寛)は、天明四～七年(一七八四～八七)に京都所司代に就任していた。丸毛和泉守(政良)は、天明二～七年に京都町奉行であった。このことから、本書の元となった原本は、天明四～七年の間に丸毛から戸田に提出されたものであることがわかる。但し、本書の冒頭に、小嶋の注記として、「原本いろは之部分ナシ、附込トミユ」とあることから、戸田に提出された原本が後世に書写される過程で「いろは帳」と名付けられるようになり、それを小嶋が写したものが本書である。実際、本書に記された内容には、天明七年以降のことが含まれており、およそ寛政八年(一七九六)ごろまでの内容が加筆されている。

本書の内容は、「京都御役所向大概覚書」など「京都覚書」系統の京都町奉行所の執務マニュアルと同様のものであり、共

通する項目も多い。しかし、これまでに知られているものよりも後の時代の情報が含まれていることから収録した。

なお、本書の類書に大阪府立中之島図書館所蔵の「京洛支配方雑録」(内題は、「雑録　一二　いろは帳写」であり、上掲の書名題は、図書館で付けたものである)があり、こちらもまた本書と同系統のものを万延元年(一八六〇)ごろに筆写したものと推測できる。本巻では、この写本を用いて異同表記している。

(牧　知宏)

(2)　武辺大秘録

国立国会図書館所蔵。全体は一四巻一五冊(朝鮮綴七冊)からなる。本書は、京都町奉行所による支配・仕置・裁許に係る史料としては、最も網羅的に条文が編集されている。本巻では、この内の巻之三~巻之六を翻刻した。各巻にはそれぞれ表紙があり、書名題も記されていることから、元々は単独の冊子であったと思われる。墨付丁数は、巻之三が三二、巻之四が三五、巻之五が三〇、巻之六が三二丁である。しかし、現状においては、巻之三と巻之四、巻之五と巻之六が合綴され、二冊の冊子となっている。また、合綴した際に新たに表紙が装丁されたが、巻之三・四が綴じられている冊子の題簽には「武辺大秘録　四、五」とあり、巻之五・六が綴じられているものには「武辺大秘録　六、七」と記されている。おそらくは、外表紙を装丁した時に書き誤ったものと思われる。巻之弐に記録されている京都町奉行は、「小笠原長門守　安政五午年七月廿七日上京」とあり、内容としては安政五年(一八五八)以前の状況を書き留めていると推測される。

ところで、同名の冊子は、国立公文書館内閣文庫にも所蔵されている。この史料は、すでに「近世法制史料集」としてマイクロフィルム化され市販されている(雄松堂フィルム出版有限会社、一九六五年)。しかし、第四冊目が巻之三、四とあるものの、巻之四の本文は欠けている。写し漏れ、ないし合綴漏れなのであろう。そのため、本巻では参考本として用いた。翻刻文中の字句の左に傍点を打ち、右に異同表記をしているもの、および〔　〕内に文字を挿入しているものは、この内閣文庫本によることを示している。

なお、本巻で翻刻した武辺大秘録も写本の一つであり、別に原本が存在したと思われるが、未確認である。また、後に「武辺秘録」や、本巻で翻刻した部分が「科定類聚」の名称で写本が作成されたことも判明している。もっとも、全てが同文というわけではない。これら写本類の子細については、宇佐美英機「「科定類聚」と「武辺秘録」「武辺大秘録」」(同『近世京都の金銀出入と社会慣習』清文堂、二〇〇八年)に略述されている。

(宇佐美英機)

(3)　洛中之内上下京七拾町用人共古来勤書

個人蔵。四つ目袋綴の竪帳。本文二七丁、内一丁は白紙。この史料が昭和十二年(一九三七)に開催された京都市公同組合記念展覧会に出陳されたものであることは、当時の出展史料目録に記述があることや史料の表紙に貼付されたラベルの記載から明らかである。内容が共通する史料として「年行叓六方故来書」(後述)がある。しかし、この史料にはほとんど全文に振り仮名が施されており、「洛中之内上下京七拾町用人共古来勤書」の方が、より原本に近いものと判断して翻刻対象とした。

ここに記されている町用人は、いわゆる「年行事」のことであり、個別町の用人ではない。「年行事」の来歴について記している史料としては、本史料が唯一のものであろう。なお、「年行事」については、塚本明「町抱えと都市支配——近世京都の髪結・町用人・「年行事」を中心に」(『日本史研究』三二一号、一九八九年)がある。

(宇佐美英機)

(4)　年行事故来書

個人蔵。四つ目袋綴の竪帳。内表紙に「年行叓六方故来書」と「年行事故来書」と記された二つの史料を合冊している。本巻では後者の史料を翻刻した。本史料は墨付九丁である。前者の史料は、文政十一年(一八二八)四月に作成されたものの写しであり、本巻で翻刻した「洛中之内上下京七拾町用人共古来勤書」と同一内容である。もっとも、本文中の但書の位置が異なっていたり、一部の記事も相違しており、いずれが原本に忠実であったかは今後の検討課題である。

本書の最終丁裏には、「明治十四年(一八八一)六月十七日、中野久七郎ゟ買□(求)メ之、西氏蔵書」とある。

(宇佐美英機)

(5)　籠屋諸事仕置改書・板倉伊賀守殿籠屋法度書等覚・雑色中座諸役勤方覚

京都市歴史資料館所蔵荻野家文書。文書名は同館で与えられている名称による。近世期の京都においては、触の伝達等は洛中は町代《ちょうだい》が管轄したが、洛外町続と山城国村々は雑色が管轄した。四条通室町の交差点を基点として、それぞれに延長線を引いて山城国を四区分し、それぞれの区域（方内《ほうだい》）に雑色が置かれた。荻野家は、東北（艮《うしとら》）区域を支配する上雑色であった。雑色は、近世初期以降方内における触頭として触書の伝達を行い、洛中の籠屋敷支配を担ったが、寛文八年（一六六八）に京都町奉行所が設置されて町奉行の支配下に入るとともに、次第に職務権限が増えていった。彼らの支配・監督については、前掲『京都雑色記録　三』の「解題」（朝尾直弘執筆）に詳しい。

本巻に収録した史料に関連するものとして「雑色并見座中座勤方覚書」（『京都雑色記録　三』収録）があるが、同覚書は延享三年（一七四六）のものであり、本巻に収録した史料はその後の変化も確認できることから翻刻した。（宇佐美英機）

(6)　科定類聚　下（抄）

関西大学文学部古文書室（津田秀夫文庫）所蔵。「科定類聚」の書名題をもつ冊子は、山城国紀伊郡唐国村の庄屋であった竹内家伝来の五巻三冊の竪帳と国立国会図書館所蔵の五巻五冊の「京都町奉行所科定類聚」、および関西大学文学部古文書室所蔵の横半帳三冊等が知られている。「科定類聚」は、本巻に収録した「武辺大秘録」の一部を抜粋し編集されたものと考えられるが、関西大学所蔵本の三冊目である「科定類聚　下」には「京都律令」が編集され、共通する条文が多い。目録には「一京都支配所相違之事」から「百十七　酒代銀取立済方之事」まで記されている。しかし、本文には百十七の項目以降にも「追放并御払」と「非（悲）田院并小屋頭者共隠シ言葉」が編集されている。また、一部の条文は「武辺大秘録」に見当たらないものも含まれている。本巻では、「武辺大秘録」に見当たらない項目、かなりの加筆がみられる項目、「百十一　堂上方家来召捕并菊紋灯燈」から百十七までの項目、およびそれ以降に記されているうち「非田院并小屋頭者共隠シ言葉」のみ翻刻した。

なお、「武辺大秘録」「科定類聚」などの各条文の異同は、宇佐美英機前掲書に一覧表が作成されている。（宇佐美英機）

二　町触拾遺

(1)　梅忠町・永楽屋文書（【永】）

京都橘大学文学部歴史学科所蔵。本巻に収録した触書は、三条通東洞院西入る梅忠町に所在した太物商の永楽屋細辻伊兵衛家の旧蔵文書と考えられている。本史料群には、本来町代部屋で保管されていたと推測される町触の正本など一通文書が一〇三点伝来し、その他に触留も存在している。とりわけ町触正本は、『京都町触集成』が刊行された後に発見されたものである。刊行時には、その当時に見つかっていたごく一部の正本を翻刻し、他の触書は写本に依拠した。しかし、本史料群の町触正文は、『京都町触集成』収録の触書の字句を修正できる情報を含んだ貴重なものである。本巻では、『京都町触集成』において写本に依拠した触書でも新たに正文によって再収録した。また、既刊の集成に未収録の触書も、すでに横田冬彦によって翻刻されているが、本巻にも改めて収録することとした。

なお、本文書群に含まれる触書や全体の解題・解説は横田冬彦によって記されている（『京都橘大学　史料研究報告集　第一集』京都橘大学文学部、二〇一一年）。

（宇佐美英機）

(2)　歓喜町文書

六針眼袋綴の触留。表紙に「寛文拾年（一六七〇）八月吉日　従御公儀様触条写」、裏表紙に「観《（ママ）》喜寺町」と記されている。「紙数三拾丁」と記されているが、墨付三九丁である。元和八年（一六二二）八月廿日の七ヶ条令（『京都町触集成　別巻二』三一一）を留めているものとしては希有の触留であるが、触書以外に元禄三年（一六九〇）八月十六日の「拝借米覚」も記録している。起筆後に書き継いだものである。

歓喜町は、初期には歓喜寺町とも記されたが、元禄末年ころには歓喜町と改められている。同町は寺之内通北裏大宮西入る二丁目に位置し、上京上西陣組古町の歓喜寺三町組に所属した。史料は京都市歴史資料館の写真本によった。

（宇佐美英機）

(3)　西方寺町文書

当町の触留については、京都市歴史資料館の写真本によった。なお、『京都町触集成　別巻二』の解題を参照されたい。

（宇佐美英機）

(4)　月堂見聞集【月】

京都大学大学院文学研究科図書館所蔵。本島知辰（月堂・梅子）著の見聞雑録。「岡野随筆」「月堂見聞雑録」ともいう。全二九巻に、元禄十年（一六九七）から享保十九年（一七三四）まで、京都を中心に江戸・大坂や諸国の巷説を書きとめている。政治・経済・災害・風俗など幅広いその内容は、『近世風俗見聞集』所収の翻刻本によって研究に利用されてきたが、活字本は抄録版であると認識されながら（『続日本随筆大成　別巻』吉川弘文館の解題参照）、未収録分についてはあまり顧慮されてこなかった。今回、活字本と京都大学大学院文学研究科図書館所蔵本（以下、京大本と略記）とを対照した結果、入札触を中心に多くの町触が活字本に収録されていないことが判明した。その傾向は時期が下がるほど甚だしく、今回の作業を通じて既刊分に未収録の町触を少なからず確認できた。京大本も見聞集という性格上、町触本来の書式を踏襲せずに書写されていることが多いが、収録に当たって町触の体裁にあわせた。

著者本島知辰の人物像については不明な点が多いが、収録された町触から居住地域を推測することができる。町組内に触を廻達する当番町が記された例を見ると、曇華院前町・梅屋町・塗師（屋）町・鎰屋町・綿屋町・高田町・東片町・亀甲屋町・杉屋町・扇（子）屋町・丸木材木町・大坂材木町・木ノ下町があがっている。これらはいずれも下京上艮組新町二十三町組に属した町であり、現在の中京区、御池通を挟んで北は二条通から南は三条通、東は堺町通から西は車屋町通に囲まれた区域である。また京都町人の年頭拝礼や町代役料について、町代あるいは当町から請求した書類が収録されているが、そのあて名はすべて大坂材木町であるから、本島知辰自身がこの町に住んでいたと考えられる。

（安国良一）

(5)　杉浦家文書【浦】

東京大学法学部法制史資料室所蔵。列帖装の横半帳五冊。表紙には「御触書」または「御触」、裏表紙には「杉浦店」「杉浦」「椙浦店」「大三」等とある。但し、一部は文字が摩滅して判読できないものもある。一冊目は天明五年(一七八五)正月朔日～寛政元年(一七八九)閏六月二日、二冊目は寛政四年七月二十八日～同十一年十二月三十日、三冊目は天保五年(一八三四)五月～同八年十一月、四冊目は天保十三年十二月～弘化三年(一八四六)五月二十日、五冊目は明治元年(一八六八)十一月～同三年六月十九日の期間の触書が写し留められている。杉浦家は、大黒屋杉浦三郎兵衛家であり、京都・江戸で呉服太物・小間物類を商った豪商であった。本触留は、杉浦家が所在した下京三町組新町三条五町組中之町に触れられたものを個別に写し留めたものであろう。大黒屋杉浦家に伝来した史料群は、京都府立京都学・歴彩館や国文学研究資料館三井高維収集文書の一部としても所蔵されている。

(宇佐美英機)

(6)　御所司阿部伊予守様御触書写(『御』)

個人蔵。四つ目袋綴の竪帳。本文・墨付九三丁。宝暦十三年(一七六三)二月二日から十二月までの一年間分だけが留められている。表紙に「御所司阿部伊予守様　御触書写　一　御奉行小林阿波守様 松前筑前守様」と列記されているところから、「二」番以降の触留も存在したと思われる。また「年寄　宗兵衛」とも記されており、触書発給町代として「山中仁兵衛」を確認できるが、当町名などの記載もないため、どこの町の触留であったかは不明である。

(宇佐美英機)

(7)　真町《しんちょう》触留(『真』)

京都府立京都学・歴彩館所蔵。天明六年(一七八六)八月～明治四年(一八七一)八月の期間に発布された触書を留めた九冊の「御触書之写」が残されており、この外にも触書の綴りが伝来している。四条通高瀬西入る真町は、上京下中筋組の差配町下河原三十二町組に属していた。

(牧　知宏)

(8)　天明火災実録(『天』)

愛知県の西尾市岩瀬文庫所蔵。京都の儒者山本榕室(亡羊)の読書室旧蔵本で、版心に「読書室蔵」とある罫紙に書写されている。題簽に「天明戊申平安火災実録」とあるが、書名は内題によった。禾乃山人の序文がある。天明八年（一七八八）正月末に起こった京都大火の見聞実録の一つで、附録に寛政二年（一七九〇）の新造御所への還幸までの記事を収める。自らの見聞や他の書物の考証を行うなど、内容は詳細にわたる。「京都大火ニ付御触」の項に収録された町触には、本来の体裁をとどめないものもあるが、参考として収録した。なお、本書の全文翻刻が、近世災害研究会編『近世京都災害関係資料』（立命館大学、二〇一三年）に掲載されている。

（安国良一）

(9) 大文字町史【文】

京都教育大学教育資料館所蔵。表紙には「町史」、裏表紙に「京極通大文字町」、小口に「大文字町史　巻之〇」とある。小折本の目録によれば、本文は一七巻の構成であったことがわかるが、現存するのは＊印を付けた目録と横帳形態の本文一一冊の計一二冊である。内容は、次に示すように巻毎に仕分けされた部類記である。

＊目録、　＊巻之一（本朝王代・中興武将伝）、　＊巻之二（遷都略伝・平安城興基など）、
＊巻之三（御所之部・御上使）、　巻之四（御通之節町内仕様之留など）、
巻之五（御江戸之部・御所司代・町御奉行など）、　巻之六（御触書之留）、
巻之七（年頭御礼并献上物・宗門・雑色・町代など）、　＊巻之八（外国人・糸割符貨物之事・金銀銭之事など）、
＊巻之九（京都故事・古町応対・組町応対など）、　＊巻之十（拝領・窮年・御停止日限之留など）、
＊巻之十一（連判帳）、　巻之十二（御制札之写・御公辺・町内年寄並五人組など）、
＊巻之十三（町内会所・町用人など）、　＊巻之十四（精進日・参会巡文献立）、
＊巻之十五（相撲・遊女・歌舞伎など）、　＊巻之十六（町中譲状之控）、　巻之十七（御触書之留）

大文字町は、現在の中京区寺町通四条上る西側の東大文字町で、維新期まで下京南艮組の新町西雲組に属した。本書は同町役人が編集した編纂物である。巻之一の奥書によれば、明和五年（一七六八）春に同町の町人と思われる寺村邦雅が発起し、寛

政七年（一七九五）まで上田重羽が書き続け、その後は町役人が断続的に記したらしい。寛政中ごろまでは詳しいが、あとは分類ごとに記事に精粗がある。残念ながら触留の巻之十七は現存しないが、今回各部を点検し既刊分に未収録の触を選び収録した。

（安国良一）

（10）　海老屋町触留〔海〕

東京大学法学部法制史資料室所蔵。竪帳二冊。一冊目の表紙には「寛政元己酉歳（一七八九）閏六月以後筆（カ）　御触書之控」、裏表紙には「御幸町三条下ル　海老屋町」とあり、寛政八年十二月末までの触書を留めている。また、二冊目の表紙には「寛政九丁巳年正月ヨリ　御触書之控」、裏表紙には「御幸町三条下　海老屋町」とあり、文化元年（一八〇四）八月二十四日までの触書を留めている。一冊目の一丁表には「御触書一章の初ニ於テ一圏を付置ハ、一章一章を相分ツ為也、後皆倣之」と記され、留められている触書に○印が付されているが、本巻に収録するにあたってはこれを省略した。さらに、二冊目の一丁表には「入札御触ハ写無之」と記されており、入札触は留められなかったことがわかる。

なお、御幸町通三条下る海老屋町は、下京南艮組新町の西雲組十五町に所属する町であった。

（宇佐美英機）

（11）　大文字屋触留〔控〕

個人蔵。表紙に記された起筆年月は補綴紙のため判読できないが「御触扣　七番」とあり、裏表紙に「大文字屋　源蔵」と記されている。一丁表には「文久四甲子年（一八六四）初春ヨリ明治二己巳歳（一八六九）九月迄」とあり、当該期間の触書を留めている。起筆年は、一丁裏の貼紙に「写　明治元」とあるところから、その年に文久四年正月の触書から写し取り、書き継いだものと思われる。触留作成者の「大文字屋源蔵」の名前は、慶応二年（一八六六）七月の窮民御救の有志名前書（『京都町触集成第十三巻』二四六）に銀三貫目を拠金した者として確認できる。その所書きは「松原寺町西入」とある。この表記に従えば石不動町の住人であったと思われる。触留に記された「当町」名も石不動町が属する下京巽組新町の塩竈組の町々と一致していることから、そのように判断できる。原本は列帖装された縦三一・横二一センチメートルの竪帳であるが、虫損・破損が著しい。

（宇佐美英機）

(12)　夕顔町触書綴【夕】

本巻に収録したものは、「徳川大政御一新朝廷御変更御触留メ」（明治元年・一八六八）と無表紙のもの（明治二年）の二冊である。なお、慶応三年（一八六七）と思われる触も錯綜した形で綴られており、紙型や内容から復元して収録した。現在は京都府立京都学・歴彩館に石田善明氏旧蔵京都関係文書として所蔵されている。堺町通高辻下る夕顔町に伝来した触書の綴り留である。夕顔町は下京巽組新町松上組に属していた。

（牧　知宏）

【付記】　解題は、宇佐美英機・安国良一・牧知宏が分担執筆し、全体を朝尾直弘が監修した。分担者名は、それぞれの資料ごとに記した。

跋

『京都町触集成　別巻三』を刊行する。本巻の刊行をもって『京都町触集成』(以下、本集成と略記する)の刊行を終了するものとする。

本集成は、一九八三年十月に第一巻を刊行し、一九八九年三月に全一三巻と別巻二巻、合計一五巻の刊行を終えた。その後、一九九四年六月から一九九五年八月にかけて、初版の誤植や読点の誤りなどを修正した重版を刊行した。また、一九九六年六月には、本集成を編集する過程で得た知見をもとに論文集『京都町触の研究』を編み、町触等を利用した近世京都研究の成果を公にした。これに先立ち同年五月には、本集成の編集時に利用した三条衣棚町に伝来した史料を整理し、『三条衣棚町文書目録』を刊行した(同文書は現在京都府立京都学・歴彩館に所蔵、公開されている)。

これらの編集と刊行を行った京都町触研究会は、一九七〇年に発足し、会員が中心となって他の多くの学生・院生・社会人の協力を得て事業を遂行した。本集成を刊行することになった経緯は、別巻二の跋文に記されている。それから四半世紀の年月を経て、このたびさらに別巻三を刊行することにした。その事情を少し述べさせていただきたい。

本集成が刊行されたことにより、近世都市史研究のみならず村落史研究などにおいても、実際に領主から発布されたことを確認できる触書をもとに史実を明らかにする分析方法が重視されるようになった。本集成の刊行をうけて『江戸町触集成』が編まれ、大坂を対象として町触の発掘・翻刻と分析が深められていったこと、あるいは全国各地の自治体史においても現地に残された触留が史料集に収録されるようになったことなどは、本集成の刊行がなにがしかの影響を果したものと思われる。

本集成においては、町触を翻刻するにあたって多くの史料から触書を採録した。それらの子細は本集成別巻二の「解題」で述べたところである。別巻二の跋文で「将来にわたる拾遺の継続」を行うことを表明したように、刊行後も未発見の触書を見つける作業は継続させ、情報を事務担当のもとに集約することにしていた。牛歩ではあったが、以前の本集成編集過程では未調査であった史料所蔵機関の史料の点検や、京都を研究対象としている研究者あるいは京都関係の史料整理に関わっている方々の情報提供を受けて、触留類の調査を行ってきた。その結果、いくつかの未見の触留類を点検し、本集成収録の触書と照合して新しい触書を見出すことができた。しかし、洛外の村方や寺社などに残されている触留に洛中に触れ出されたと推測できるものも留められていたが、洛中の町々や商家に残された触留類から採録するという、当初の編集原則に準拠して、それらは除外することにした。

そのため、新たに発掘した触書だけでは一冊の書物にする原稿の分量としては不十分であり、別巻一・二に収録したような京都町奉行所による支配の実態を知る上で役立つ史料を参考資料として収録することにした。これは、本集成が刊行されたにもかかわらず、一九九〇年代以降は江戸・大坂を対象とする研究が深化する一方で京都研究が停滞している状況にあることに鑑み、未刊行の史料を発掘、翻刻することによって研究が活性化すると考えたためでもある。これらの収録史料は、本巻の編集にあたった者が選定したが、いくつかの史料はかねてその存在を知られていたものの翻刻されていなかったもの、一部抜粋して翻刻されながら原本の所在が不明で全文をつかめなかったもの、あるいは本集成刊行後に発見された新史料である。

近年、これまで知られていなかった京都町奉行所や京都所司代に関係する史料の翻刻が、旧京都府立総合資料館(現・京都府立京都学・歴彩館)や研究者の手によって進められている。町触の研究もまだ未解決の部分を残している。本巻に収録した触書や史料もまた研究に幅広く利用されることを願っている。

本巻に収録した触書・参考資料等の提供については、次の方々や施設にご協力を得た。ここに記して、あらためて感謝申しあげる。

宇佐美英機　大阪府立中之島図書館　岡田正治　関西大学文学部古文書室　京都教育大学教育資料館　京都市歴史資料館　京都大学大学院文学研究科図書館　京都橘大学文学部歴史学科　京都府立京都学・歴彩館　国立公文書館　国立国会図書館　東京大学法学部法制史資料室　富井恵子　西尾市岩瀬文庫

また、触書・参考資料等の収集、読稿作成にあたっては、左記の方々の協力を得た。その氏名を掲げ、謝意にかえたい。

石津裕之　岡井たまき　小倉宗　高井多佳子　橋本充悠　牧知宏

本巻を出版するに際しては、再び岩波書店にお世話になることになった。当初「京都町触拾遺集」と題することも考えたが、採録できた町触が存外に少なかったにもかかわらず、『京都町触集成　別巻三』として世に送り出していただけることになったのは望外の喜びであり、深く感謝する。

二〇一七年四月

京都町触研究会

京都町触研究会

代表　＊秋山國三

代表世話人　朝尾直弘　＊仲村研

会員　池内敏　井ヶ田良治　＊石躍胤央　☆宇佐美英機　＊岡光夫　鎌田道隆　＊酒井一　坂本博司　菅原憲二

＊高尾一彦
高久嶺之介
塚本明
＊富井康夫
藤井讓治
＊藤井学
＊藤田彰典
＊藤田貞一郎
☆牧知宏
松尾寿
水本邦彦
＊宮垣克己
守屋敬彦
安岡重明
☆安国良一
横田冬彦

（＊印 故人、☆印 本巻編集担当者）

京都町触集成 別巻三 参考資料・拾遺

2017 年 5 月 26 日 第 1 刷発行

編 者 京都町触研究会《きょうとまちぶれけんきゅうかい》

発行者 岡本 厚

発行所 株式会社 岩波書店
〒101-8002 東京都千代田区一ツ橋 2-5-5
電話案内 03-5210-4000
http://www.iwanami.co.jp/

印刷・法令印刷 製本・牧製本 函・加藤製函所

ISBN978-4-00-008738-4 Printed in Japan

岩波講座

日本歴史

全22巻

編集委員　大津透　桜井英治　藤井讓治　吉田裕　李成市

第1巻　原始・古代1
第2巻　古代2
第3巻　古代3
第4巻　古代4
第5巻　古代5
第6巻　中世1
第7巻　中世2
第8巻　中世3
第9巻　中世4
第10巻　近世1
第11巻　近世2
第12巻　近世3
第13巻　近世4
第14巻　近世5
第15巻　近現代1
第16巻　近現代2
第17巻　近現代3
第18巻　近現代4
第19巻　近現代5
第20巻　地域論(テーマ巻1)
第21巻　史料論(テーマ巻2)
第22巻　歴史学の現在(テーマ巻3)

A5判・上製函入
定価＝各巻三二〇〇円＋税